· 培训管理系列 ·

培训管理

PEIXUNGUANLI

（第二版）

高文举◎编著

廣東省出版集團
广东经济出版社

图书在版编目（CIP）数据

培训管理／高文举编著. —广州：广东经济出版社，2012.7
（广经企管白金书系，培训管理系列）
ISBN 978－7－5454－1381－6

Ⅰ.①培… Ⅱ.①高… Ⅲ.①企业管理—职工培训—研究—中国 Ⅳ.①F279.23

中国版本图书馆 CIP 数据核字（2012）第 154858 号

出版发行	广东经济出版社（广州市环市东路水荫路 11 号 11～12 楼）
经销	全国新华书店
印刷	湛江日报社印刷厂（湛江康宁路 17 号）
开本	730 毫米×1020 毫米 1/16
印张	16
字数	295 000 字
版次	2012 年 7 月第 1 版
印次	2012 年 7 月第 1 次
印数	1～4 000 册
书号	ISBN 978－7－5454－1381－6
定价	32.00 元

如发现印装质量问题，影响阅读，请与承印厂联系调换。
发行部地址：广州市环市东路水荫路 11 号 11 楼
电话：（020）38306055 38306107 邮政编码：510075
邮购地址：广州市环市东路水荫路 11 号 11 楼
邮购电话：（020）37601950 邮政编码：510075
营销网址：**http：//www.gebook.com**
广东经济出版社常年法律顾问：何剑桥律师

总 序

今年7月底，我应《新快报》管理沙龙第190期之约，做了一次“用《弟子规》培育员工”的专题报告会。会前，我与一位相识10年的老朋友——广东经济出版社姚丹林社长聊起该社改革开放30年来在企业经营管理领域出版的一系列优秀作品，还谈及中国的优秀企业——华为、联想、海尔的经营管理之道，大有“如数家珍”和“酒逢知己千杯少”之感。此后，我荣幸地接受了姚社长的邀请，为本系列图书作序。

“文章千古事”。正如姚社长所说的，广东经济出版社作为一家在全国有一定影响力和知名度的出版社，乐于承担社会责任，为广大企业读者服务。最近，广东经济出版社通过多种渠道对企业经营管理、经济管理领域的广大读者群进行了广泛深入的调查研究，并根据读者群的反馈意见和建议，对该社10年来出版的几百本企业经营管理、经济管理图书进行排序，精选出百种优秀图书，编制了一套“广经企管白金书系”，期待她能够为从事企业经营管理和经济管理领域的同仁们带来更多的实用参考价值。

著名的英国哲学家、文学家弗兰西斯·培根在回答读者“读什么和怎样阅读”时说：“书籍好比食品。有些只需浅尝，有些可以吞咽，只有少数需要仔细咀嚼，慢慢品味。所以，有的书只要读其中一部分，有的书只需知其梗概，而对于少数好书，则应当通读、细读、反复读。”

正如培根所说的那样，从事企业经营管理和企业中高级管理者教育培训以来，我和我的许多同事一直在案头热读、通读、细读、反复读广东经济出版社那些优秀的图书，受益匪浅。作为这些优秀图书的“受益者和老粉丝”，归纳起来，我觉得这套图书对我们有以下三个方面的学习和典藏价值：

1. 高屋建瓴，形成经典——这套系列图书的作者多数来自国内外优秀企业的中高级管理者和长期从事企业管理咨询、培训的专家教授。其中大多数人是优秀企业的总经理、副总经理、公共关系管理专家、市场营销专家、人力资源专家、物流与供应链管理专家、精益生产管理专家、质量管理专家、企业培训管理专家和现场管理专家等。本书系是他们在改革开放30年中从事企业经营管理智慧的结晶。

2. 简明易懂，方便实用——改革开放头20年，从我国著名的工商管理学院给企业管理者开设的EMBA和MBA的核心课程来看，学习、消化、吸收欧美国家企业先进的科学管理经验似乎成为我们学习企业经营管理的主旋律。但是，实践证明：由于国家、企业文化、制度、语言等环境的差异，对于欧美企业的管理经验真正做到“消化吸收、洋为中用”确实需要一个比较漫长的过程。许多有识之士发出了“哈佛学不到”的叹息！最近10年来，我国本土的企业家将西方的先进管理经验与自己企业的具体实践相结合，创造了许多超越欧美企业的第一业绩，并总结管理经验，形成了这套书系的雏形。她来自中国企业，用于中国企业，自然简明易懂、方便实用。

3. 立足实战，讲求实效——多年来，广东经济出版社紧紧依托广东作为经济强省、金融强省和全国第一制造业大省形成的作者、选题、市场资源，策划出版了一大批来自于企业管理实践和各种经济活动，又回到企业管理实践和经济活动中去，服务于广东企业和经济投资活动主体的“广味”图书，打造了“实际、实用、实操、实效”的市场图书品牌。这套白金书系主要定位于企业培训学习，尤其在岗位培训方面具有全面覆盖各个行业、针对性强、应用性强的特点，反映了“实际、实用、实操、实效”的品牌特色，以及广东经济出版社多年来秉持的品牌化运作、市场化运营、特色化方向、专业化道路的发展理念。

企业家、专家学者最重要的责任就是总结过去、利用现在、开创未来。“人生终有限，事业总无限。”任何一个人的生命都是有限的，因此，任何一个人的经验也是有限的。但历史是永恒的，他人的经验是无限的，用他人的经验来丰富自己的经验永远是明智的选择。那么，就让我们做一次“开卷有益”的选择吧！

金井露

作者系中山大学EMBA课程教授、

华为集团总部签约导师

再版序言

国家的强大在于经济的腾飞，经济发展的根基在于企业，企业的发展在于人才，而企业解决人才需要的方法只有“引进”和“培训”这两条途径，前者往往解决燃眉之需，后者实为解决人才需求之本。无论是世界500强跨国公司中的苹果、GE、微软、沃尔玛、IBM，还是中国的联想、海尔、阿里巴巴、百度等一批优秀企业的骨干人才基本都依靠企业自己的培养，“培训管理”作为企业内部人才的生产线，将越来越成为企业决策者突破企业发展人才需求天花板的有效武器。

我们共同分享一个小故事。有一个博士分到一家研究所，成为学历最高的一个人。有一天他到单位后面的小池塘去钓鱼，正好正副所长在他的一左一右，也在钓鱼。他只是微微点了点头，这两个本科生，有啥好聊的呢？不一会儿，正所长放下钓竿，伸伸懒腰，蹭蹭蹭从水面上如飞地走到对面上厕所。博士眼睛睁得都快掉下来了。水上漂？不会吧？这可是一个池塘啊。正所长上完厕所回来的时候，同样也是蹭蹭蹭地从水上漂回来了。怎么回事？博士生又不好去问，自己是博士生哪！过一阵，副所长也站起来，走几步，蹭蹭蹭地飘过水面上厕所。这下子博士更是差点昏倒：不会吧，到了一个江湖高手集中的地方？博士生也内急了。这个池塘两边有围墙，要到对面厕所非得绕十分钟的路，而回单位上又太远，怎么办？博士生也不愿意去问两位所长，憋了半天后，也起身往水里跨：我就不信本科生能过的水面，我博士生不能过。只听咚的一声，博士生栽到了水里。两位所长将他拉了出来，问他为什么要下水，他问：“为什么你们可以走过去呢？”两位所长相视一笑：“这池塘里有两排木桩子，由于这两天下雨涨水正好在水面下。我们都知道这木桩的位置，所以可以踩着桩子过去。你怎么不问一声呢？”

和各位分享这个小故事。不是为了讥讽“博士”是书呆子，而是从另一个侧面，在帮助我们思考，很多“博士”毕业或其他有很好教育背景的高才生，的确具备所研究领域的专业知识，但“高才生”也一样有不足，有缺陷，有他的“天花板”，特别是在工作实战经验方面有“胜任力”的缺陷。而经验一是从实践中来，同时也是培训管理所应关注的重点。

这个小故事，也让我们想起了管理学领域的“彼得原理”（The Peter Principle）。著名管理学家劳伦斯·彼得根据千百个有关组织中不能胜任的失败实例的分析而归纳出来一个组织内常见的规律：在一个等级制度中，每个职工趋向于上升到他所不能胜任的地位。在彼得的研究专著中指出，每一个职工由于在原有职位上工作成绩表现好（胜任），就将被提升到更高一级职位；其后，如果继续胜任则将进一步被提升，直至到达他所不能胜任的职位。由此导出的彼得推论是，“每一个职位最终都将被一个不能胜任其工作的职工所占据。层级组织的工作任务多半是由尚未达到胜任阶层的员工完成的。”每一个职工最终都将达到彼得高地，在该处他的提升商数（PQ）为零。至于如何加速提升到这个高地，有两种方法。其一，是上面的“拉动”，即依靠裙带关系和熟人等从上面拉；其二，是自我的“推动”，即自我训练和进步等（当然这里也包含组织中来自其他人的培训），而前者是被普遍采用的。由于彼得原理的推出，使他“无意间”创设了一门新的科学——层级组织学（Hierarchiolgy）。该科学是解开所有阶层制度之谜的钥匙，因此也是了解整个文明结构的关键所在。

凡是置身于商业、工业、政治、行政、军事、宗教、教育各界的每个人都和层级组织息息相关，亦都受彼得原理的控制。从社会发展和人才激励的角度来说，“每个职工趋向于上升到他所不能胜任的地位。”又是现实需求，那么如何解决“不胜任”的问题呢？有了“不胜任”的普遍现象，就提出了另一个课题：如何让“不胜任”变成“胜任”或“准胜任”？解决好这个课题是我们企业领袖们和做培训管理工作者的重要责任。

距离《培训管理》第一次出版到今天，已经有10年了，弹指一挥间，中国企业的培训工作取得了很大进步，社会培训行业也涌现出了大批精英，甚至出现多位享誉全国的明星级人物，他们在推动中国企业进步、提升企业参与国际市场竞争能力、提高团队综合胜任力素质及能力和提高产业创新能力等方面，都起到了非常重要的作用，特别是在提升职业经理人职业化程度、职业生涯发展能力方面，也肩负起了再教育的义务，这是值得我们庆祝的事情。培训市场的火热，恰恰说明了企业家和职业经理人群体对培训的普遍需求，在“王婆卖瓜，自卖自夸”的浮躁喧嚣中，不乏有很多经不起科学验证、更经不起实践检验的N多培训课程，如何不要在乱花之中迷了双眼，需要我们冷静的思考和正确的选择，我们应该学什么？什么才是正确的？什么才是可以应用的实践的？

用这样的心态和眼光来评价我10年前以工作实践为背景写出的《培训管理》一书，经常让我有一种无地自容的感受，因为书中的内容虽然不至于误人子弟，但距离真正要做好“培训管理”工作的“教科书”的标准还有很多的不足，特别在关注环境影响人、人才的自我本我以及超我的不同需要、人才成长的社会规律、培训对象细分与培训方式方法的对应关系等方面，仍然需要做深入的研究和实践的探索。之所以作出修订后再版的决定，一是有广大读者热情洋溢的来信，他们有来自华为集团、万科集团、正大集团、格兰仕集团、远大集团、希望集团、新浪科技等几百家从事 HR 和培训公里工作的同仁，信中他们给予该书的肯定和对我作者本人的感谢让我深受鼓舞。二是自该书出版后，出版社曾几次印刷推向市场，但仍然会经常接到一些企业家和业内同仁们通过电话、来信和 e-mail 期望购买《培训管理》一书的殷切期望，这让我从工作实操层面感受到了对广大职场朋友来说，该书内容仍然有其基础性的价值。为了能够更加方便与读者交流分享该书内容，在本次修订中主要做出了如下调整：

一、在整体结构方面做了大的调整，该书原稿分为：培训战略和培训战术两大部分，但在实际工作中，“战略”与“战术”在很多时候是难以严格划分界限的，为体现内容的逻辑性和工作的流程性特点，修订后的内容中删除了“培训战略”和“培训战术”的相关内容。

二、本书第一版中的有关海尔集团、香港李锦记集团、IBM 公司、中国石化集团、乐凯集团、海信集团等优秀企业团队培训的相关案例内容，因再版篇幅的局限性，做了删除处理，有需要的朋友请发邮件给本人，邮件地址为：ngw001@163.com，本人非常乐于与您分享更多案例资料。

三、由于本书第一次出版于 2001 年，内容关注的更多是日常培训管理基础知识和工作技能，这远远不能解决“人才培训”这一所有国家、政党、企业乃至全人类都高度重视的课题，因此也激起了本人更深入研究这一课题的兴趣。本人在系统研究学习自然科学、教育学、心理学、管理学、军事科学、计算机科学、组织行为学以及宗教文化等等关系到“人才”成长规律性内容基础上，将于近期推出《培训管理》的姊妹篇——《老板不是孙悟空》（暂定书名），敬请各位关注。

最后，在长期的培训管理实践过程中，本人不断总结、提炼了一些利于做好培训管理工作简单易行的顺口溜，概括起来 52 个字（内容如下），在此与各位朋友分享，并请大家在此基础上多提宝贵建议。并祝各位读者朋友不断进步，再创佳绩！

环境里——染

文化里——熏

日常里——带

精神上——导
心态上——调
潜力上——挖
习惯上——养
知识上——教
技能上——练
机制上——励
榜样上——感
胜任上——补
岗位上——轮

高文举
2012 年 6 月 1 日于北京

前 言

“以人为本”的竞争时代来临

这是一个初春的傍晚，在南中国这个充满现代商业气息的繁华都市——广州，我和几个同在跨国公司就职并负责培训与发展工作多年的朋友坐在邻街的一家麦当劳店中一边聊天，一边喝着饮料。身边的喧嚣与热闹都无法把我们从争论的话题中拉开，这也许是一个探讨过多次的话题，但每次争论与批判都能给我本人以新的启示——如何确立培训与发展在组织中的角色？如何解决新员工的培训问题？如何使培训更加适用？如何通过培训来更好地推动企业文化建设？选择什么样的培训模式才能够更加有利于培训管理？培训的信息系统应该怎样建立并保持良性运作？培训评估怎样才能够更加客观？培训需求如何界定才能更加准确？培训计划怎样制订才更加科学？培训工作应该怎样配合企业战略的实施？如何提高企业对培训工作的重视，特别是属于我们民族的企业的企业家们的重视？等等。

一阵不同观点的强烈碰撞，接下来是一段沉默。大家也许都在思索是否应该有更好的交流方式，或是否有更好的答案。但就在此时，有一个身影吸引了我们每一个人，从衣着上看肯定是麦当劳店的员工，就在这即将下班的时间，当我们多数企业的员工早已经离开工作岗位的时候，他却拿着一块抹布在细心地擦拭这邻街窗台上的本就看不见的灰尘，而且是那样一丝不苟，接着又开始擦拭悬挂在街边的一块灯箱广告牌，那块广告牌也许早上刚刚有人擦过，因为根本看不出擦拭前后的区别，但他还是反复擦了几次……

于是，我们的话题转到了这位麦当劳员工的身上。

这个麦当劳的员工同是炎黄子孙，教育背景也不高（我们做了个小调查——高中文化。），如果他不去反复的擦拭这个邻街的窗台和广告牌未必就会受到处罚，是什么原因令他有如此强烈的责任心呢？也许在原来的单位里他不会这样去做。看看旁边的豪华酒店的窗台吧，看看旁边餐馆挂满灰尘的招牌吧，难道是豪华酒店与旁边餐馆的员工不如麦当劳员工的素质高吗？这种假设我们每个人都持否定态度。最终，我们找出的原因一致认为是——培训。麦当劳很早就成立了麦当劳大学，专门培养企业发展所需的专业人才，正是这样对人才培养的重视和不惜重金的投入，才保障了麦当劳迅速向全球市场扩张的人才资源，也正是对从上到下的员工培训的重视，才出现了我们看到的那动人的一幕。

1999年11月15日，中美谈判代表团就中国加入世界经贸组织一事达成协议，标志着中国在历经13年的艰苦谈判后向容入世界经济贸易一体化的道路上迈进了关键性的一步，并在此前和之后先后和东南亚相关国家、欧共体等国，就中国加入世界经贸组织一事达成协议。另据《北京青年报》2000年5月26日刊载文章报道：美国众议院以237票对197票通过对华永久正常贸易关系议案，以上事实说明中国离正式加入WTO的日子已经近在咫尺了。当然，中国加入WTO之后带来了很多发展的机遇，对于某些行业来说可以说是非常有利的。纺织行业就是其中之一，因为中国纺织行业在国际市场上具有竞争优势，但对于更多的产业带来的是艰巨的挑战，像汽车、电信、金融保险等等，而且目前具备优势的产业过一段时间之后完全可能转化成企业竞争的弱势。

中国加入WTO之后，就必须按照WTO的游戏规则办事，不同的产业将以不同的速度逐步进行开放，将不存在过高的关税和行业保护及地方保护，市场环境将完全按照其自有的规律发展，大量的实力雄厚的跨国公司将携着他们的国际名牌、成熟的管理、高新的技术、丰富的市场运作经验和大量的资金储备进入中国市场，而最为可怕的是他们拥有经过系统教育和长时间、跨国市场历练的人才，虽然存在短期的文化和环境陌生的问题，而如果把我们的优势寄希望在这一点上是非常不成熟的，记得有位哲人曾经说过：千万不要将胜利的希望寄托在对手的薄弱环节上，否则下一个失败的就是你。难道您没有发现本土的大量人才都被跨国公司所谓的高薪和优厚的条件像磁石一样“吸”去了吗？当我们的企业家们在惊呼“狼来了!”的时候，是否真正认清了“狼”的本性？是否真正清楚“狼”的优势？是否认识到在企业内部实施人才再造工程才是解决问题关键所在？是否意识到这一天已经迫在眉睫？

2000年年初，在广州有一位企业家作演讲报告的时候，有听众向他提出一个问题，问他：作为一个企业最重要的是什么？这位企业家回答说最重要的是“人”，提问题的听众进一步问他为什么，他解释到：“企业有资金、有品牌、有产品、有广阔的市场占有率都是一时的，如果没有好的人才这些迟早都会变成零，而没有资金、没有产品、没有市场也都是一时的，只要有了人才一切都可以创造!”这位企业家的回答真的是太精彩了。他的观点正符合“知识经济”的特点。经济发展历经农业经济时代和工业经济时代，目前已经发展到知识经济时代，而之所以称之为知识经济，就是因为知识成为推动经济发展的核心财富，而这一核心财富的载体就是——人才。“以人为本”的竞争体现的也正是知识经济时代的竞争特色，而“培训”正是打造企业这一核心竞争优势的重要手段。

于是我借着对培训事业的热爱，借着多年在国内外知名企业从事培训发展工作的实战经验，并在朋友们的鼓励和帮助下，开始了这本书的写作，希望能够为正在或即将从事培训工作的朋友提供一本工作参考；希望能够为推动培训事业这一巨轮献上自己的绵薄之力，能够为打造中国的职业化经理人才尽一份赤子之心，当中国民族工业崛起于世界之林的那一天，我会感到更加自豪，因为我曾经为此付出了不知有多少365个日夜！

作者

2001年2月　于广州

目　录

政治路线确定之后，干部就是决定的因素。因此，有计划地培养大批新干部，就是我们的战斗任务。

——毛泽东

一个组织必须具备不断地向外界学习的欲望和能力，并且还要以最快的速度，将所学得的一些转化为行动和能力：竞争力就是这样提升的。

——杰克·韦尔奇

松下电器公司是培育人才的公司，并且兼做电器商品的生意。

——松下幸之助

学习的压力首先来自市场，现在的市场需要决策人具有较高的综合素质，正如我们创出的OEC管理模式所倡导的“练为战，不为看”一样，只有抓紧每一分钟时间来提高自己的综合素质，使自己的知识水平、认识能力、判断能力都进入一个高层次，才能适应市场的变化。

——张瑞敏

永远相信人是最重要的，钱是其次的。关注自己的人要超过关注外面的人，最好的人才都是自己培养出来的。他们适应自己公司的文化。

——马云

在新经济时代，知识不仅仅是与土地、人力及资本这些传统资源并存的另一类资源，而且是当今唯一有意义的一种资源。

——彼得·德鲁克

第一章　培训管理的挑战

在新经济时代，知识不仅仅是与土地、人力及资本这些传统资源并存的另一类资源，而且是当今唯一有意义的一种资源。

——Peter Drucker

第一节　重视是做好的基础

一、组织自查

▲ 培训投入少，资源匮乏；

▲ 决策者对培训工作漠不关心，更多的关心组织业绩和其他的事项；

▲ 培训者的角色只是被列入人力资源管理的范畴，甚至企业内部根本就不设专职培训人员；

▲ 组织中有机会参加离职培训的机会寥寥无几；

▲ 组织中的部门经理并未把培训视为自己的重要职责之一；

▲ 培训管理者的工作往往是由上级主管进行指派；

▲ 培训管理者在组织中缺乏应有的影响力；

▲ 在列为人力资源的所有工作中，人员的招聘和解雇、薪酬福利以及管理制度的制定往往比培训看得更为重要。

以上种种苦恼和困惑都是我以往在工作曾经切身感受到的。不幸的是至今仍有很多培训管理者仍旧陷于这些苦恼之中而无法自救，即使苦苦思索，甚至作出很大牺牲和努力，其结果往往是无法扭转现状。而作为一名职业经理人所期望的，规划已久的令培训展现其在企业中应有的重要价值，似乎只能是水中月，镜中花。长期处于这种现状则培训管理者对自己从事的工作也失去了那份热爱和信心，最终甚至一走了之另谋高就。并就此得出一个结论：做培训工作没有什么大的发展前景，有的还发誓永不再从操旧业。种种现象的发生，在企业中存在多少不一而足，在此且不去讨论，最为重要的是揭示了组织中存在的重要问题：对培训工作缺乏应有的重视。

二、原因分析

暴露这一问题的组织无疑是非常危险的，但存在这一现象有其必然性。中国改革开放以来，市场经济建设应该说从初级阶段逐步过渡到发展阶段，还远不够成熟，民营经济在完成其一次创业之后正向规模化、产业化迈进，在这一阶段企业决策者更多关注的是产品质量、企业品牌、市场份额、和完善服务的问题，追求企业的高速发展，人才危机不严重，而往往忽视了人才的培训工作。同时目前国有企业在摆脱旧有体制束缚开始大踏步转轨之际，还有很多方面需要向现代管理模式靠拢，而对人才培养的重视程度和投入便是其中之一。而西方发达国家对培训工作的重视程度是远远高出国内的，英国的很多组织每年投入其经营收入的2%～3%作为培训的专项开支，由此可见一斑。

三、重要危害

培训与企业文化建设

企业文化已经是企业家和管理学家们非常重视的一个课题，且企业文化在企业未来发展中日益显示出其重要的作用。一般认为，企业文化是由不同的几个层面组成的，主要由核心层、行为层、实现层、和环境层组成。这便要求企业在不同的环境下，不同的发展时期针对不同的员工采取不同的影响方式和方法。见表1所示。

表1　企业发展不同阶段的文化发展策略

发展阶段	员工	传播内容	培训方法
创业期	高层	实现层	参与式培训
发展期	高层、中层	行为层	表率式培训
成熟期	高层、中层、基层	核心层	体系化培训

因此培训工作不论在何种阶段，不论以何种方式方法出现，都是企业文化建设不可割舍的一部分，而且是最为关键的一部分。

曾经有一位企业家形象地谈论过企业文化的建设问题，他说："企业文化不应该像草坪一样是铺上去的，而应该是从地里面长出来的。"这一说法有一定道理，但企业文化不是加以选择并择优推广则会"杂草丛生"，另外企业文化本身必须要体现其统一性，如果一个企业的员工在行为上各不相同，甚至在企业标志上都不一样，那么我们对其企业文化是否要提出质疑呢？而作为企业文化的主要载体——员工本身就具有人的本性，即“世界上没有两片相同的树叶”，特别是80后、90后在团队中比例越来越高，追求个性化张扬的今天，体现得尤为突出，只有通过培训才能够塑造统一文化，传播统一文化，消除不适宜的企业文化。不重视培训工作，企业文化建设只是纸上谈兵罢了。

培训与全面质量管理

产品质量是消费者最为关心的问题，因此产品质量也成为企业安身立命之本。日本企业在20世纪50年代便以质量管理精益求精而闻名全球，且给很多西方企业在市场上造成冲击，并因此掀起质量管理的革命，很多国家和国际组织为了提高产品质量并最终提高竞争能力，先后制定了相关的质量认证体系，正是这场革命的标志。近年国内很多企业热衷的ISO认证即是其中之一，而这些认证体系更多关注的只是产品本身质量的管控。即使这样如果不把培训工作重视起来，任何质量认证也只能是走走过场或花大价钱买来一堆无用的制度、流程、表格而已，有很多企业在这方面已经给我们深刻的教训。随着时代的不断发展，市场环境的不断变化，消费者成熟度的不断提高，对“质量”提出了更高的要求。由于生产技术的不断提高并为更多的工业组织所掌握，仅仅靠提高产品本身质量已经很难确立企业的竞争优势，产品同质化已经越来越严重，消费者在购买产品或服务时有了更多的选择，也开始提出更高的要求，他们在购买产品时希望能够得到更多的价值，如品牌所代表的身份、售后服务等。于是很多企业家和管理学家赋予“质量”以更加广阔的内涵，并提出全面质量管理的概念。

“全面质量管理”已经远远超出了对产品本身质量的关注。他涵盖了企业经营过程中的所有行为的质量。即便有很多工作是无法量化的。全面质量管理既强调每个工作环节之间的独立性的同时，更强调其相关性，每个工作环节如果不做好质量控制，就必须承担其应负的责任，因为下一个工作环节会拒绝接受其“产品”，这样在企业内部也实现了市场经济。海尔集团CEO张瑞敏先生提出的“企业内部市场”便是基于这一思想。而如果不进行单位环节的质量控制，到了最后会导致企业出现很多问题，且会层出不穷，甚至造成巨大的损失，员工的责任意识也会受到影响。海尔集团在发展之初因生产出的产品质量不过关，导致砸毁76台冰箱的事实就是一例，很多人从这一事实只是看到海尔集团对产品质量控制的决心和追求完美的精神，却不曾反思造成这种损失的内在因素，而张瑞敏先生的总结却是十分精当的：产品质量不是检查出来的，而是生产出来的。这句话也道出了“全面质量管理”的深刻内涵。

“全面质量管理”也不是万金油，不是每一个企业都可以导入的，因为员工素质对于导入的成功与否起着决定性的作用，企业员工旧有的习惯、观念往往会与新的工作指导思想乃至具体工作方式方法产生冲突，就像改革开放初期，产品还按照一等品、二等品、三等品和等外品来分类和销售，这是在商品短缺的计划经济向市场经济转型初期的普遍现象，现在如果哪个企业把不合格的二等品、三等品推向市场，那等于是自取灭亡。而这种改变经历了几十年的历程，甚至今天还有以“山寨”为生的投机者。系统培训在这个过程中扮演了重要的角色，市场的教训本身也是一个培训教育的过程。因此忽视培训工作的组织应该首先从重视培训工作抓起。道理从很多人都知晓的“木桶管理理论”得以更好地理解：可以将企业管理比喻成一个木桶（见图 1 所示），企业管理的各项工作就如组合成木桶的每一块木板，决定企业管理水平高低的不是管理的长项，效益往往是从管理的漏洞中流失掉的。就如同决定木桶盛水量的多少，不是最长的木板而是最短的木板一样，要提高木桶的盛水量，最重要的不是加高最长的木板，而是加高最短的木板。同样要提高企业的管理水平重要的不是将管理水平最高的项目提高，而是将管理水平最弱的项目提高。从这个角度来讲，决策者如果一直缺乏对培训工作的重视将无法取得持续的成功。

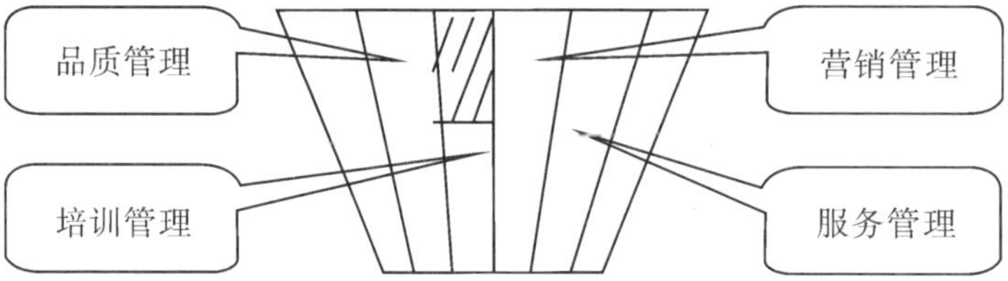

图 1　管理木桶原理

培训与人才危机

我们经常看到企业家们发出缺乏人才的感慨，这是非常可喜的，也说明对人才的重视程度有所提高。于是便出现很多挖墙脚的事件，猎头公司如雨后春笋遍地开花，又开始了急功近利的做法，不加强企业自身生产制造“人才”的能力，只想去挖其他企业现成的人才。我们且不去考察出大价钱“挖”来的人才是否物有所值，仅就如此重视人才的观念提出一点疑义。晚清时期有一位大名鼎鼎的人物——曾国藩。人们认为在当时的社会时代曾国藩是成功的，乃至到今天，以曾国藩为招牌的各种出版物随处可见。而曾国藩能建功立业，其成功的重要奥秘之一便是对人才的重视，他曾经用八个字非常精辟总结其经验：广揽、慎用、勤教、严绳缺一不可。“广揽”乃广泛招集之意，和我们今天经常到人才市场招聘殊途同归，虽然方式方法和渠道不同，但目的却是一样的；“慎用”即为任用要慎重，不可凭一时感觉，而要考虑所用之人的长短，并在任用时取其长，避其短，这一点和目前人力资源管理的很多理论不谋而合；“严绳”实为一种比喻的说法，意为要用严格的法令、制度规范管理。这一点多数企业也能够做到；“勤教”按今天的理解也就是经常培训的意思，通过培训使其改正错误观念，端正态度，理解企业的战略和目标，融入企业文化环境，丰富知识，提高技能，激发在市场上“攻城掠地”的奋斗热情，从而更加胜任或者出色地完成任务，尽其职责，实现决策者和管理者的目标。可见古人已经对培训的重要性有了充分的认识。

很多组织不是缺乏对人才培训重要性的认识，而是担心投入很多资源培养出一个人才，没有给企业自身创造多少价值反给竞争对手培养了人才。从而人为的减少了对培训的投入。其实这大可不必，企业的核心骨干人才必须是依靠自己培养的，再配合系统的激励机制、合理授权、留人策略等，得人心者必将得人才。此外，人才的流动是难以避免的，有其弊同样也有其利，只要加以事先约束是不难控制的，同时只要控制在正常的人才流动比例，或许会因为吸收一些新鲜“血液”而激活企业的一些落后的做法。

企业有方向性的培养适宜本企业发展需要的人才，在许多跨国公司中已经是不可忽视的问题。著名的西式快餐巨头麦当劳当属典型。多年以前，麦当劳公司就已经创办“麦当劳大学“，而”麦当劳大学“培养出的人才源源不断地满足了”麦当劳“公司全球化战略和快速发展的需要。令得其他跨国公司纷纷效仿。而不加强培训的组织不仅经常面临人才断层的危机，就连现有的人才也很难留住，看一看各种媒体上的招聘广告，我们不难发现，提供良好的培训机会已经是吸引人才的重要策略之一。

培训与销售业绩

重视销售是目前组织的普遍观点和行动，很多企业将销售活动视为企业一切活动的龙头，这也正是市场经济的重要特点之一。而销售人员的素质高低、技能水平、心态自我调整能力则是决定销售活动成败的核心因素。限于目前国内对专业销售人员的教育培养无法满足市场需求这一现状，很多从事销售活动的职业者都是非专业出身。这就决定销售人员不仅缺乏系统理论的学习，同时实践方面也是依靠自己摸索，而这种销售人员在从事销售活动时和跛脚的人走路是同样道理。掌握系统理论的可能缺乏脚踏实地工作的心态，掌握丰富实战经验的在业务发展到一定阶段后又会出现很多不适应，既是做销售多年的老将，也会经常碰到销售瓶颈而郁闷闹心，而培训工作做得好，不仅仅能够提高销售队伍的专业水平，更能够激发销售队伍的战斗力，只有通过系统培训、时时的培训方能解决企业对优秀销售人员的需要。

组织的商业行为，如售后服务等，仅仅销售人员掌握还远远不够，很大程度上需要销售商（经销商、代理商）的一致配合，销售的业绩好坏甚至还需要消费者进行配合，这给组织提出了更为艰巨的任务：培训你的销售商甚至是顾客。否则销售活动便会出现断层，策划非常优秀的销售活动无法落到实处。

缺乏对培训应有的重视给企业带来的危害是全方位的，影响也是深刻的。当然“为培训而培训”也是要不得的，培训成为时间与资源的浪费是每一位职业培训经理所不能接受的。培训之所以重要，是因为他必须结合未来而展开，结合需要而开展，结合改变而展开（有关培训需求的论述将在后面的内容中与各位分享。），并因此为企业带来更大的收益，不论这种收益是长期的还是短期的，是可以考证的还是无形当中体现的。

第二节　培训文化的缺失

一、何谓培训文化

培训文化是企业文化的重要部分，也是新环境下企业的重要特征之一，缺乏培训文化的企业就缺乏学习氛围，也就无法成为学习型组织。更是考察组织中培训发展现状的“温度计”。

二、培训文化之作用

▲ 衡量培训工作完整抑或残缺的工具；
▲ 体现培训工作在组织中的重要地位；
▲ 检验培训的发展水平；
▲ 明确培训的资源情况；
▲ 提高员工积极参与培训的意识；
▲ 审查培训与组织目标和员工具体需求的相关性；
▲ 明确培训的管理目标、战略、组织和职责；
▲ 体现培训信息的交流，培训内容的资源共享；
▲ 明确组织的文化及文化的发展需求，并加以传播和建设；
▲ 明确培训工作存在的问题及解决问题的方法。

三、培训文化自查

培训文化淡薄表现
▲ 培训工作只是培训工作者的职责；

▲ 培训被视为是浪费时间与金钱的活动；

▲ 培训的内容单调，多为知识和技术性内容；

▲ 培训形式死板，激发不起参与者的兴趣；

▲ 培训工作没有计划性，经常是想起什么做什么，且缺乏坚持；

▲ 培训活动结束后便无人问津；

▲ 培训活动与商业目标没有明确的关系；

▲ 没人过问员工对培训的需要；

▲ 培训资源投入还没有招聘新员工的投入高；

▲ 只有少数高层管理者才有接受培训的机会；

▲ 培训管理没有明确的目标和责任；

▲ 无人问津是否管理者以现有的素质能够胜任目前工作并能满足企业发展需要。

培训文化处于发展阶段表现

▲ 培训成为人力资源或销售活动的重要职责；

▲ 培训被视为胜任工作的重要途径；

▲ 培训内容更加丰富，形成知识、技能、心态文化、精神等体系化内容；

▲ 培训的形式多样，给接受培训者以更多的参与机会；

▲ 培训工作有计划性并强调培训的系统性；

▲ 重视培训信息的收集和整理；

▲ 对培训效果进行评估；

▲ 有更多的培训资源利用；

▲ 配合人力资源规划的需要；

▲ 强调对培训需求的确认；

▲ 有明确的培训管理职责和目标；

▲ 多数人有机会参加在职或脱产培训。

培训文化处于成熟阶段的表现

▲ 培训工作者将培训与组织目标和组织战略相结合；

▲ 培训工作不再只是培训工作者的职责，也成为决策层、经理层的重要职责；

▲ 培训被视为组织发展与个人发展的有效途径；

▲ 培训战略得以体现并能够不断调整；

▲ 参加培训者在选择培训内容、形式、时间、地点方面有着很高的自由度；

▲ 培训计划更加强调系统性和成长性；

▲ 完备的培训信息系统得以建立并良性运作，

▲ 更进一步强调对培训需求的满足，对培训效果的跟踪评估，对培训成果的转化；

▲ 员工可以得到培训交流信息；

▲ 培训资源社会化，更加合理的资金、资源投入；

▲ 允许失败并将其视为学习的过程；

▲ 培训结果成为组织评估个人发展的重要部分；

▲ 通过培训企业文化得以更好地发展。

由上面的内容不难看出培训文化的建设是多层面的，而且是一个渐进的过程，并且培训文化的建设并非培训管理者能够独自完成，他受到来自组织多方面因素的制约和影响，不同的企业有其各自的现实环境，所以不可能每一位培训管理者都能实现培训文化建设达到成熟阶段的目标。处于第一阶段的面临向第二阶段发展的挑战，处于第二阶段的面临向第三阶段发展的挑战，培训文化发展的不同阶段为我们培训管理者指出了发展的方向和路径，同时也提出了任重道远的奋斗目标。

另外，不同的企业培训文化有其行业特点或涂上了其经营模式的色彩，而企业的不同发展阶段将影响培训文化发展阶段的模糊，有时兼具两个阶段的特点，因此培训管理者不可只根据以上标准来制订组织的培训发展规划。文化本身就带有丰富的内涵，个性化和独特性的特点是文化的生命，因此发展企业特有的培训文化是培训管理者义不容辞的责任。

第三节　培训职能的错位

一、培训职能发挥情况自查

企业内部缺乏培训职能发挥主要表现为以下几种情况：

▲ 企业内部培训管理缺乏计划性或没有统一的培训计划；

▲ 培训目标性缺失，培训支援滞后于培训需求；

▲ 培训工作者工作职能不明确；

▲ 各部门的培训工作缺乏协调；

▲ 没有统一的培训体系发展规划；

▲ 培训信息得不到有效流通；

▲ 部门经理缺乏对培训职责的认同；

▲ 企业发展战略与培训没有有效结合；
▲ 员工个人发展在培训中没有很好结合；
▲ 对外部培训资源缺乏了解；
▲ 培训工作缺乏后期跟进（评估和转化）；
▲ 企业文化建设推进力度不够，员工缺乏认同；
▲ 最新工作技能掌握不够；
▲ 企业内部团队胜任力不足；
▲ 企业内部没有良好的学习氛围。

二、企业内部培训者的不同角色

在以往的企业当中，培训工作者基本上扮演的是一种实施者的工作角色，也就是具体负责一些培训计划的制订，培训活动的实施组织工作。但是，随着企业对人才培养的与日重视，人本化管理思潮的兴起并被广泛认同，市场环境的不断变化，企业与企业之间的竞争核心向企业人才之间的竞争转变，为培训者开创了更加有利的发展机会和环境，最高决策者希望员工能够满足企业不断变化、不断扩张、不断适应新的市场环境的需要和实现更高目标的追求，最高决策者希望在自己与员工之间能够搭起一座肩负如此重任的桥梁——战略促进者的培训者角色开始浮出水面。

三、培训者职能

关于培训工作者的职能一直是具有争议的一个课题，作为培训工作者应该在组织中扮演什么样的角色一直很难定位，因为环境的不断变化，组织各自的发展状况不同，对其有着不同的要求和提供不同的生存环境。

英国经济学家马丁·索罗门曾在其有关培训的著作《*AHANDBOOK FOR TRAINING STRATEGY*》一书中提出培训者的任务是“战略的促进者还是实施者”的课题，并引用 PETTIGREW 等人在对英国化学工业培训管理者进行抽样调查时提出的观点：组织中培训职能的分工将越发明确，执行培训的职能将从专职人员转向所有管理者。这样，培训将日益与各种职能相融合，每一位管理者都将成为“培训”管理者，并且根据类似与此的调查结果得出其倾向的结论：组织中的培训者应该扮演战略的促进者，而非培训的实施者。近年来，企业领导、职业经理人的“教练技能”得以普遍推广也验证了这一点。马丁·所罗门所倾向的培训者的职能与本书前文已经谈到的培训文化发展到成熟阶段时培训者的职能是接近的，可喜的是，目前国内很多优秀的企业已经作出了丰富的实践。无独有偶的是目前美国个别跨国公司巨头在组织内部设立了“首席知识官”，以规范、体系化管理组织的无形资产——知识体系，这一职能与培训文化发展到成熟阶段培训管理者的职能类似，因此界定培训工作者的职能有必要结合组织实际情况并根据不同的岗位需要来进行。但本书主要站在培训管理者的立场来讨论这一问题，而作为一名合格的培训管理者，应该准备主要肩负起以下任务：

▲ 企业发展目标的推进者；

▲ 企业文化建设实践者；

▲ 超前储备企业发展目标所需的人力资源开发；

▲ 提供个人职业生涯发展所需；

▲ 促进企业发展战略的实施；

▲ 促进企业业绩的良性提升；

▲ 促进企业确立核心竞争力；

▲ 提高企业内部所有岗位的胜任力；

▲ 建立企业人才的自我造血系统和无性繁殖能力。

以上种种任务对于每一位培训管理者都是巨大的挑战，因为这标志着培训管理者不仅要掌握很专业的培训理论和实践经验，还要求培训管理者是一个多面手，在环境局限的情况下要有很强的分析能力、说服沟通能力和坚持不懈的自我成长能力。

第四节　培训的系统性

缺乏系统性的工作也就缺乏连贯性，就像一个人讲话一样，正在谈论美国总统克林顿却突然说这个月企业销售了多少产品，对于讲话的受众也许不会产生什么影响，但培训如果缺乏系统性其培训就会存在断层，效果是可想而知的。通俗一点说，就是楼房要一层一层盖，树木要一年一年的长，培训也要做到系统性，才会收获良好的效果。培训缺乏系统性主要表现在两个方面。

一、培训内容缺乏系统性

目前国内很多组织进行的培训多是简单的知识或技能，如：公司介绍、产品知识、产品推广方法、电脑操作、财务常识等，内容的相关性很差，而且不管参加培训的对象如何，培训的内容都大同小异，而作为组织培训的内容结构也不健全，一般来讲，概括国内外组织内部培训的内容大致可以分为三类（如图 2 所示），每一类中包含很多子类，如知识类中可以包含组织常识、组织纪律、组织制度、产品文化、新文化新技术、专业理论、市场营销知识、管理知识、国内外的法律法规、竞争者的资料等；“技能”又可以分为管理技能、沟通技能、教练技能、办公技能、销售技能、服务技能、电话沟通技能、演讲技能，等等。单就以上三大类中的每一子类都具备，还不能够称其已经在内容方面形成了系统，还要在此基础上将每个子类分成低、中、高三个层次，同时要与胜任力模型等相结合来设计培训内容体系，才能适应不同岗位的人员或水平不同的员工的培训需要。而培训内容又不是一成不变的，要保持不断的修订、完善、淘汰和更新补充，这样庞大的工程对于培训工作人员来说可谓路漫漫其修远兮。

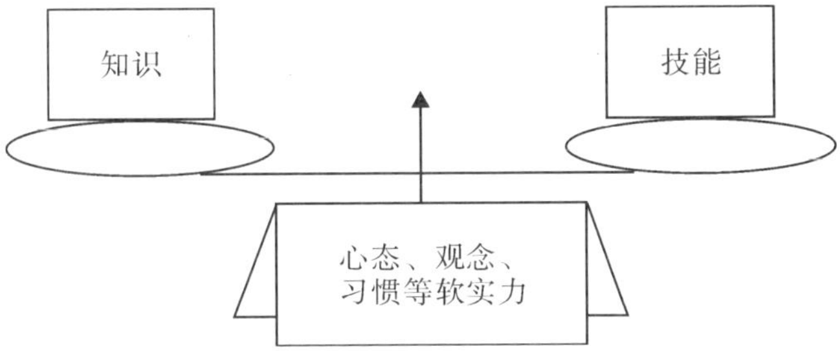

图 2

二、培训活动缺乏系统性

目前很多组织没有明确的培训计划，更谈不上长远的培训规划，有一些有培训计划的企业，想寻找其计划前后之间在培训内容上的相关性是不多见的，一般是“缺什么补什么”，培训活动往往是由上级指派任务，然后培训工作者充当的是实施者的角色，培训活动也没有连续性，往往是半途而废，更谈不上体现发展的特点。今天企业培训管理应该走“中西医结合”的路线，既要解决紧迫性任务，又要从根本入手，系统性“治疗”。

第五节　培训的实用性

实用性是任何培训活动的生命，如果你的培训活动被视为是浪费时间和金钱的行为，培训活动结束后没有改变，参加培训的人没有将所学的内容运用到工作中，那么你就应该检讨一下培训的实用性了。导致培训缺乏实用性的原因主要有以下几个方面：

一、需求调查不够

培训活动开展之前没有进行培训需求调查，完全按照老板或上级的指令办事或者仅凭自己或本部门员工的推断，结果出现培训的内容根本不是参加培训者所需要的，或者以前曾经接受过内容完全相同的培训再重复培训，肯定是收效甚微的，也有一些虽然进行了培训需求调查但得出的结论不准确。如学员需要进行有关电脑应用方面的培训，结果派学员参加一个电脑培训班，学到一半才发现这个培训班主要讲授的是高级程序语言，而学员只需要掌握基本的办公软件的应用就可以了，从而出现培训需求与培训供应错位的现象。

二、培训内容过于理论化

理论化过强培训活动往往效果不佳，曾经有的组织导入全面质量管理体系，给所有的员工都进行了培训，培训结束后没有出台一系列的政策和管理工具，结果过了一段时间后发现一点效果没有，反倒白白花掉很多“银子”，只好宣告失败，像此类事件俯首皆是，不胜枚举，因此培训的内容设计一定要理论结合实际。

三、培训方法不当

现代培训方法虽多，但在实际应用的过程中并非全部适合企业培训之用，而且不同的培训内容，不同的培训对象、不同的培训内容和不同的培训环境都决定了培训方法的应用。培训销售人员仅仅靠在课堂上的理论讲授无法达到提高销售技能的目的，培训生产作业人员仅仅靠课堂讲授，培训出来的学员也难以胜任具体工作，只有灵活运用培训方法，符合天时、地利和人和，方可实现最佳培训效果。

解决培训的实用性是培训工作者确立岗位角色的基础，也是培训工作地位和在组织中影响的基本要求，是确立培训管理者在组织内部影响的最有效的途径。

第六节　在线学习的需要

随着世界经济的一体化发展进程日新月异，多数组织开始全球化市场战略，将分支机构设在海外各国，将工厂设在国外，为拓展国际本土市场，为细分市场而开设很多分支机构，有的企业已经有几十家甚至上百家，面对众多的分支机构的培训需求，不可能在所有的分支机构设立培训机构或专职人员，而处于组织核心的培训职能部门，过于庞大的培训团队又是不合理的组织架构配置，因而培训管理者必须突破两种局限为培训需求者提供优质的远程培训服务。远程培训服务主要可以应对如下培训管理难题：

▲ 团队分散，空间的距离过于遥远，集中培训投入过高；

▲ 团队分散，分头提供培训成本高且应接不暇；

▲ 时间的安排怎样同步，使组织得以同步发展；

▲ 学习的即时性需求。

第二章　如何使培训工作得到重视

在新兴的知识时代，一个企业的唯一的可持续的优势就在于其善用和利用其自身知识的能力。

——Larry Prusak

第一节　外部环境的影响

市场环境是企业生存的基础，就像人的生存离不开空气和水一样，在自然环境中只有适者方可生存，这是自然界进化的规律。同样企业也必须适应环境或创造环境才能够生存，才能够发展，反之违背现实环境的组织必将失败或最终走向灭亡。过于超前或过于落后都无法逃脱这种命运。创维集团曾经在前几年就开发了电视上网的产品，结果因当时的国内市场环境还没有像今天这样“无处不网”，产品没有销路，给企业造成很大损失，甚至陷入困境，要不是黄宏生先生及时调整企业战略，创维集团也许就不会像今天这样成功。这样的事例在许多跨国公司的发展历程中都可以找到。那么今天中国企业面临的是什么样的环境呢？除了跨国公司的挑战外还有哪些呢？

一、学习型组织与可持续性发展

江泽民总书记提出国家发展要贯彻执行“可持续性发展”的方针政策。不仅仅国家是这样，其实企业的发展也必须要考虑可持续性发展的问题，没有哪家企业不想成为历经百年而不衰的百年品牌。《中国企业家》杂志 2000 年第 6 期上刊登了有关“中国企业梦百年”的调查资料，资料表明：提出创办“百年企业”理念的有联想集团、海信集团、新希望集团等几十家，而没有明确提出这一理念的组织并非没有这样的梦想。企业要想长远发展，其发展必须具有可持续性，这便要求组织不断提出新的目标。（《中国企业家》杂志刊登的有关“中国企业梦百年”这一论题文章中麦肯锡公司的顾问也持同样的观点。）企业新目标的不断提出和实践，要求企业具有不断的创新能力以满足企业的发展之需，目前业界较多谈论的“学习型组织”其实最终目的是发展成为“创新型组织”，“学习型组织”中，“学习”不是组织的最终目的，目的是通过“学习”掌握新知识、新技能、新观念从而使企业具备更强更持久的创新能力。而“学习型组织”也正是企业中“培训文化”发展到成熟阶段的特征。因此企业的组织变革必将给培训创造更多的空间。

二、国家的政策影响

西方发达国家早在20世纪80年代就制定了有关法律法规，明确要求企业必须给雇员提供培训和发展的权益，并且要求组织以经营收益的一部分作为专项培训基金，还设立相关政策鼓励培训活动的发展和研究，英国就设立了“国家培训奖”作为对培训事业作出突出贡献的企业和个人进行奖励，虽然目前中国也已经出台了有关培训的法律法规，但在实施方面还存在一定距离，相信在不远的将来也一定会得到强化，“科教兴国”的大政方针就是很好的表现，国家的政策必将对企业中的培训活动产生积极的促进作用，这只是迟早的问题。

以上所有论述，旨在强调一点：目前乃至未来企业所生存的环境必将推动企业提高对培训工作的重视程度，而机会永远属于有远见的那个人。

第二节　内部因素的促动

企业的领导者和决策者对自身的内部情况的关心程度往往要超过对企业生存的环境的关注，这一点从以往的企业行为中不难发现，财务系统就表现出企业的领导者对来自企业内部信息的高度重视，而对于企业外部的信息则疏于问津，这一现象对于生存在目前市场环境下的企业来讲是非常被动的，而且是非常危险的，但对于来自企业内部的因素促动组织变革是非常有利的，提高企业对培训的重要性的认识就是其中之一。

一、人员流动与危机

本人曾经到人才市场进行过一次抽样调查，访问在人才市场的应聘人员，主要问题是探讨选择一家企业或一份工作主要看哪几个方面，结果发现80%以上的应聘者都主要有三方面考虑。其一是看有没有发展空间；其二是看能否学到东西，积累个人资历；其三才是看待遇是否满意。当然这一调查不一定具有权威性，但至少表现出一个趋势，即越来越多的人将能否有在工作中接受培训的机会看得比以往重要，其实跨国公司不正是具备满足这三方面要求的条件才使众多的莘莘学子趋之若鹜的吗？仅从跨国公司打出的招聘广告上就可以看出这一现象，多数跨国公司在招聘广告上都会明确注明：本公司提供系统培训机会，甚至注有“提供海外培训的机会”等字样，由此说明，当今的就业者已经不能只通过提供较高的薪水就可以满足，就业者更加看重的是未来的发展，看重能否在企业中得到成长。如果企业中人员流动频繁，大量的人才出现外流，甚至跳槽到竞争对手那里去，这个企业就应该进行一次彻底的自查，调查一下是否以往缺乏对员工培训的重视，是不是以前很少给员工提供培训和发展的机会，如果回答是肯定的，那么导致人员流动频繁，大量人才外流的原因很可能就是因为培训工作做得不够，使员工对企业的文化和目标不清，能力得不到提高，看不到希望，最后只好带着是失望离开。

二、劳动者的素质要求

早在 1959 年美国著名管理大师彼得·杜拉克先生就已经提出了“知识型工人”的概念，而此后这一论题更是受到了众多管理学专家和企业家们的重视，特别是 20 世纪 80 年代以后，工业生产由劳动密集型逐步向科技自动化的生产方式转化，大批的劳动力被释放出来，从而导致很多国家失业率的居高不下，而被淘汰的劳动力多数是文化水平较低，技术水平较差的。在西方发达国家，大批工厂里面只有很少的掌握现代生产技术的工作人员，很多重复性较强，操作较为简单的工作正由现代化自动设备完成，日本把大量的机器人应用在生产活动中也证明了这一发展趋势，而中国也正向这一方向发展，但中国的劳动者素质与这一发展方向存在着较大的矛盾，劳动者接受的大学教育普及率较低且不说，就连目前很多企业中的技术骨干对于西方的现代化技术掌握程度也普遍存在差距，因此中国的劳动者在向“知识型工人”这一目标前进的道路要比西方发达国家更加艰巨，要试图在短时间内实现赶超，最佳的途径就是加强培训，实施企业内的人才再造工程，并且要借鉴西方发达国家先进的培训技术和方法才可能取得满意的成果。

第三节　培训者的积极行动

本人曾经在一本杂志上看到这样一个故事，说的是两个乡里人到外地去打工，一个想去北京，另一位想去上海。可是就在火车站他们都改变了主意，原因是他们听见有人在议论，说北京的人非常善良，你什么也不做也不会饿死，只要伸出手向人要，北京人就会给你饭吃，还会把穿过的衣服送给需要的人。上海则不同，在上海干什么都得用钱，不过在上海你只要肯干，就一定可以赚到钱，替人引路可以赚钱，卖凉水也可以赚钱。这两个乡下人听了就犯了嘀咕，原来要去北京的想还是去上海好，干什么都可以赚到钱，幸亏我还没有去北京，不然可真是失去了一次发财的机会。原来要去上海的人想：万幸我还没有去上海，不然我真是掉进了大火坑。于是两个人在火车站退票处碰见了，原来想去上海的人得到了去北京的车票，原来想去北京的得到了去上海的车票。去北京的人到了北京之后发现北京真好，一个月下来什么也没干居然没饿着。去上海的人到了上海后沿街观察，凭着乡下人的质朴和对泥土的感情，他发现终日不见泥土的上海人特别爱花，就到建筑工地上挖来泥土掺上沙子和树叶，取名“花盘土”沿街叫卖，结果第一天他就在城乡之间往返了几次，一天下来居然赚到 50 多元钱，不久他就在大上海拥有了自己的一个门面，后来他又发现，上海的很多商店和很多高楼大厦的门面招牌特别脏，一打听才知道原来清洁公司只负责清洗墙体，不负责清洗招牌，他马上抓住这一空挡，找来水桶和刷子等工具，雇了几个同是乡下来的工人便开了工。一年以后，他的手下有了几十号人，业务也从上海发展到南京，一次他乘火车到北京来考察清洗市场，从软卧车厢外伸近一只脏兮兮的手向他要喝剩的酒瓶，就在他递出酒瓶的一刹那，两个人都愣住了，原来在两年前他们曾经交换过一次车票。

为何花费这样大的篇幅讲述这个故事呢？重要的是要说明一个人的心态非常重要，积极的心态会带来成功，消极的心态会导致失败，人生如此，工作中也同样如此。记得以前有一位同事总是在上司面前埋怨说自己没有权利，并力争说服上司给他权利，结果上司送给他一句话：权利不是要靠我给你的，而是要靠你自己争取。这位上司的话给我留下了深刻的印象。因此在我负责培训工作中面临很多困惑的时候，始终会想起这句话，并采取积极主动的办法来克服困境，下面的几种方法就是我曾经运用过的，您不妨也尝试一下。

一、主动提出方案

职业经理人最忌讳的工作原则之一就是只提问题，不拿出解决方案。采取主动的工作态度对你来讲永远只有好处，特别是当你把非常完整的一个方案呈交到你的上司案头时，你的上司将会引起重视。因为他知道你不是在和他开玩笑。制订方案是作为培训管理者的基本技能之一（其他的素质要求将在后面的内容中单独讨论），你最好能够将与你所在企业竞争对手或较有影响的行业领袖的培训信息收集到，并与你所在的企业现状进行比较，通过比较，陈明利弊，从而引起决策者的兴趣和关注，下一步他要关注的就是能够给企业带来什么好处和可行性怎样，所以你在制订方案时一定要强调你的行动与企业目标、解决问题之间的关系，并给出一个具体的日程表，对可能的结果作出客观的预测，也许这就是你作为职业培训经理人新的开端。

二、进行一次内部调查

培训调查往往是解决培训战术层面问题的行为，但运用好，也同样可以帮助您解决战略层面的问题。这完全是一种转移矛盾的运用，因为前面在谈论培训文化的时候曾经提到，当组织中培训文化处于淡薄阶段时，培训活动往往被看成是浪费时间、浪费金钱和功利性的行为，如果仅从培训工作者的角度提出要求，会被怀疑是否有其他个人企图，而如果您组织一次培训需求调查，通过调查结果来说明问题则会更具有说服力，领袖曾经告诉我们：没有调查就没有发言权。而且调查结果代表的是组织内部集体的声音。调查活动的展开最好能够选择有利的时间进行，特别要注意与被视为企业的重要工作不要撞车，否则您得到的结果不一定理想或者说不一定是您想要得到的那个结果。

三、开辟一块实验田

深圳，是中国改革开放的窗口，是“试验田”，香港也是中国推行一国两制统一全国大业的“试验田”，在缺乏经验或者没有做出明显成效的情况下，采取谨慎的“试验田”做法是非常必要的，其实就是创造一个成功的范例。“试验田”培训做法要进行周密的计划，确保要进行的培训活动不会影响其他工作，并争得相关部门经理的配合，最为重要的一点是要保证培训效果确实能够在短期内得以体现。只有这样，让企业的领导者看到实际的效果，形象一点说，就是先让企业中的相关人员和企业中的领导者“尝到甜头”，从而促使领导者变被动为主动，从不确定到肯定，从不理睬到主动要求培训工作者作出成绩。当然采取“试验田”的方法有一定的风险性，如果不成功反而弄巧成拙，培训管理和实施经验不丰富的培训工作者一定要慎重采纳。另外，这种实验性的行为最好不要动用太多的资源，这一考虑一方面是为培训工作者易于把控局面，另一方面主要考虑实现的可能性，再者动用大量资源也会影响决策者对培训的最终看法。

第三章　如何形成良好的培训文化

今天，一个组织所做的80%工作，他的竞争对手同样会做到，因为要完成工作，总需要获取信息、知识、原材料和技术，而这些资源对各方都是开放的。因此，一个组织或国家的成功与失败，就取决于他工作中的另外20%，而这另外20%完全是人的因素。

——Hallet

第一节　处理好整体与局部的关系

本书的前面曾经着重探讨“培训的重要性的问题”，意图并非强调培训工作比组织中的其他工作重要，而是明确一点：培训工作与其他工作同样重要，都是企业实现发展不可分割的一部分，过于单方面强调哪个部门或者哪个工作重要都是错误的，（在某一段时间因特殊情况除外）组织的运作就像一部机器一样，有一个零件出现问题都可能导致整台机器停止运转，这个社会已经不是个人英雄主义张扬的时代，任何唯我独尊的想法都是盲目的，任何唯我独尊的做法都是必定失败的。我们经常听到领导人讲话时强调“以大局为重”，其意义也正在于此。组织同样有整体与部分之分，而培训恰恰是企业中的一个组成部分，如果置整体于不顾，单方面的强调培训，则培训就是去了存在的意义，作为培训工作者必须明确这一点，力求处理好整体与局部的关系，并充分发挥培训在企业中的积极作用。

一、培训目标与组织目标

无论您扮演的是培训战略促进者的角色还是扮演培训工作实施者的角色，都必须考虑培训工作目标与企业目标之间的关系，培训目标如果与企业目标不符则必须进行调整。那么怎样才能保障这种目标的一致性呢，首先你必须要了解企业目标，一般企业目标分为三个层面，即长期目标，中期目标和短期目标，了解企业目标

也要对这三层目标全面了解，了解了企业目标就要根据企业发展目标制定或修正培训目标，培训目标也要分为三个层面，与企业目标配套，即分为长期目标、中期目标和短期目标。并与企业目标一一对应，简单一点说，就是使培训目标成为企业目标体系的一个组成部分。在具体制定时使用“目标对应关系表”（见表 2 所示）则会使您的工作更加轻松而且目标更加明确。

表 2　培训目标与组织目标对应关系

类项 目标	组织目标	培训目标	备注说明
长期目标			
中期目标			
短期目标			

这样就保证了培训工作有了方向性，而如果培训目标的方向与企业目标不一致，则培训投入的资源越多，工作做的越好，则对组织的发展越不利，演绎的是新时代的“南辕北辙”的闹剧。

二、培训战略与组织战略

企业战略是为企业目标服务的，任何组织的战略只有一个意义：保障组织目标的实现。而缺乏企业发展战略的企业目标只是空中楼阁，不论企业中的战略是否得到明确。日本的一些企业家和管理专家，强调要先有企业战术，之后才是企业战略，他们强调的是一种“巧妇难为无米之炊”的观念，可我们所谈到的“企业战略”并不是凭空的想象，他必须建立在企业客观实际条件的基础上，具有较强的可行性，不存在“无米”的问题。因此企业战略与企业目标之间的关系就像鱼和水一样相互依存。这种关系同时决定了企业战略与培训战略之间的必然联系，所以要保障培训目标实现而制订的培训战略必须要考虑这一从属关系。并且“人才战略”就是“企业战略”的重要组成部分，如果一家企业为配合企业目标

的实现，决定采取全面更新雇员的企业战略，要把现有的老员工逐步裁减，那么培训的战略在这一组织战略实施的时候，还保持对原来员工大量的培训资源投入，而当大批新员工进入企业的时候却仅有少量资源可以支配，为保证对新人的培训质量，使他们尽快进入角色就必须追加更多的资源投入，出现追加投入的原因恰恰就是培训战略与企业战略之间的“短路”造成的。可见处理好培训战略与企业战略之间的关系是多么重要。要使这一工作简单化，建议您使用“战略关系对应表”（见表 3）制定培训战略要注重与企业战略的相关性之外还需要明确以下几项原则：

▲ 明确培训资源的分配和来源；如：是由参加培训的员工支付还是由企业承担，或者是二者兼具。

▲ 注意培训的可操作性；

▲ 注意培训计划的可行性；

▲ 明确培训的方向性；

▲ 注意培训的实用性；

▲ 注意培训的系统性。

表 3　培训战略与组织战略对应关系表

类项 战略	企业战略	培训战略	备注说明
人才			
营销			
财务			
公关			
新产品			
新业务			
老业务			
——			
——			

三、培训与企业内部支援

这一论题主要是对应培训管理者履行战略促进者职能提出的，因为当培训管理者履行战略促进者职能时，企业中的培训文化基本已经发展到成熟阶段，这时培训的具体实施工作职责主要由部门经理承担，现在有很多企业的销售培训活动基本已经做到这一点，在这种情况下，培训管理者主要扮演规划、指导、管控和支援者的角色，甚至有些西方专家提出：处于这一阶段的培训管理者是一个内部顾问式管理者的角色。这一提法是基于“咨询型培训模式”提出的，这种培训模式是否适应组织的需要我们暂且不去探究，因为在本书的下一章中我们将探讨“如何选择合适的培训模式”问题，并同时提出一种全新的培训模式设计，至少这一说法是和战略促进者的角色是相近的。基本职能都是提供信息、资源、培训方向、方法的指导、评价和管控机制建设。这种环境下培训计划一般由部门经理提出，在计划中明确需要的资源和需要支援的项目，而这时，培训管理者最重要的就是考虑如何合理有效地分配资源和提供及时的高质量的支援。当您对怎样合理分配资源和提供支援感到头痛时，建议您采用“培训支援对应关系表”（见表4）工具化管理，他将会让您感觉到工作方法的重要性和采用简单有效的工具是一件多么愉快的事。

需要进一步强调的一点是在分配培训资源时一定不要超过企业内外可以提供给培训管理者的量度（特殊情况除外），否则最终会导致自己的被动。

表4　培训支援对应关系表

类项 序号	部门培训计划	培训支援	备注说明

四、培训与各部门工作实施

管理大师彼得一杜拉克提出：现代的组织结构正面临着新的革命，由扁平式的结构向松散式结构演变，杜拉克先生对松散式组织结构的阐述为：世界上没有真正最佳的组织结构，每一个组织都是因为某一目的临时组合在一起，未来的企业内部也将是这样，就像乐队一样。无疑，这种发展趋势也必将影响国内的企业组织的演变，但目前国内真正普遍实现扁平化组织还有一段距离要走，而这种组织建设的重要目的之一就是实现组织内部的分工，以实现组织活动的完整和连贯，保证工作不会漏项。这便给培训实施者提出了一个问题：即组织内部各部门都有其岗位职责，每个部门为完成其岗位职责要制订相应的工作计划，而培训工作往往需要参加培训者暂时停止其本职工作计划，特别是离职培训，在职培训在这一点上影响相对小一些。如果完全按照培训者的工作计划进行，往往会影响到一些重要工作的进度，而完全等每个部门都有时间参加培训，可能其他部门或培训者本身的工作计划又无法形成统一，因此处理好培训工作与组织内部各部门的计划实施关系对于培训工作能否正常进行非常重要。这就要求培训工作者必须扮演组织内部工作计划协调者的角色，这一点对于战略的促进者来说应该不存在很大障碍，但对于培训的实施者来说可不是那么容易办得到的，因此你必须求助于公司的上层，争取拿到各部门的工作计划，同时要保证在培训计划未出台之前，与各部门的经理作有效的沟通。此后，您就可以坐下来，结合各部门的工作计划和部门经理的意见，填写一份“培训实施计划工作对应关系表”（见表5）

表5 培训实施工作计划对应关系表

类项 部门	部门工作计划	培训工作计划	备注说明

第二节 培训成为每位经理的工作

要全面提高组织的培训文化水平，不仅仅要处理好整体与局部的关系，全面提升全员学习、全员培训的意识才是根本的目的，进而才可能谈组织的学习型问题。而提高部门经理人对培训的支持、推进力度并承担起培训实施者的职能，特别是在职培训的职能，将是这一进程中重要的一环。

一、明确经理的培训职能

培训文化发展到较为成熟阶段，企业中的培训管理者主要的职能是组织战略的促进者角色，而此时培训的实施职能基本由各部门承担，较为庞大的企业组织往往在部门内部设立专门的培训人员以肩负起这一职能，像很多跨国公司的销售部门、制造部门就是这样，但有必要明确一点，即培训的责任要由部门经理来承担，否则就出现管理断层或多层管理的问题，一个部门的培训实施者有两个“婆婆”是管理的大忌，也是人力资源管理所不应该出现的。

部门经理的工作职责一般由人力资源部进行区割，如果培训职能未被纳入部门经理的工作职能范畴，则部门经理就会抱着一种帮忙或者是不情愿的态度对待培训实施工作，甚至在有些企业中出现推诿、拒绝的现象。为提高部门经理对培训的正确认识程度和确保培训实施，人力资源管理的领导者有责任配合培训管理者对部门经理的培训实施职能进行明确界定。

明确部门经理职能的方法多种多样，这里仅讨论一种方法以供参考。“KRA”管理法是目前较为普遍使用和广泛传播的管理办法，“KRA”乃英文“KEY RESELT AREAS”的简写，中文译为：主要工作绩效范畴。这是一套将企业目标责任进行细化分工的管理系统，也是绩效管理系统中的重要组成部分。

其中组成部分之一就是明确企业内部职员工作职能。（明确职能的常规工具格式参考见表 6 所示）通过“KRA”进行部门经理培训职能的明确不仅操作简单，更重要的是他与人才资源部的考评系统一脉相承，为企业的评估提供了有效的依据。

那么，作为培训实施者的部门经理具体的培训职责有哪些呢？

▲ 配合企业的整体培训战略；

▲ 明确部门的培训需求和目标；

▲ 明确部门培训的计划日程；

▲ 明确部门培训采用的形式；

▲ 明确部门培训的方法；

▲ 做好培训具体执行者的管理；

▲ 参与或组织培训的项目实施；

▲ 控制部门培训的效果；

▲ 配合企业整体培训信息系统的沟通；

▲ 合理运用部门的培训资源；

▲ 充分利用教练技能达成属下职场辅导；

▲ 培养接班人。

表 6　KRA 职能区割工具表

<table>
<tr><th>主要工作范畴</th><th colspan="2">重要性</th><th>表现项目</th></tr>
<tr><td rowspan="4"></td><td rowspan="4">100%</td><td></td><td></td></tr>
<tr><td></td><td></td></tr>
<tr><td></td><td></td></tr>
<tr><td></td><td></td></tr>
<tr><td rowspan="4"></td><td rowspan="4">100%</td><td></td><td></td></tr>
<tr><td></td><td></td></tr>
<tr><td></td><td></td></tr>
<tr><td></td><td></td></tr>
<tr><td rowspan="4"></td><td rowspan="4">100%</td><td></td><td></td></tr>
<tr><td></td><td></td></tr>
<tr><td></td><td></td></tr>
<tr><td></td><td></td></tr>
</table>

二、在职培训与离职培训

部门经理肩负起培训实施的职能之后，是不是就不需要培训的管理者或人力资源管理者的参与了呢？很显然回答是否定的。这不仅体现在培训管理者作为战略促进者应该提供的战略引导、政策制度和资源等方面，在某些具体问题上也同样需要后者的配合。其中解决好部门人员的在职培训和离职培训问题就是一个典型的问题。在目前的组织中，在职培训出现的概率远远超过离职培训，这主要是因为在职培训的投入相对较低，并且不会对参与正常工作产生影响，在职培训职能主要由部门经理人员承担，而离职培训则不同，他往往需要较高的投入，有些企业将离职培训的人员工资和企业的机会成本也列入离职培训的投入范畴，这无疑为参加离职培训的可能性增加了难度，而有限的离职培训机会怎样分配就需要培训管理者进行科学统筹。另外因离职培训会影响人力资源对参加者的考勤工作，因此要处理好部门内部的离职培训需要部门经理、培训管理者和人力资源管理者三者的有效沟通。至于沟通的方式方法可以根据企业内部情况而定，因本书主要的目的之一是和同仁们分享培训管理的可操作性知识，以及分享简单实用的系统工具，故在此提供员工离职培训的沟通工具，这一沟通工具以申请书的形式出现，以供您实际运用时参考（见表 7）。

表 7　离职培训申请表

类项 姓名	培训目标	培训项目	培训时间	培训成本	备　注
部门经理意见	签署：　　年　　月　　日				
培训管理者意见	签署：　　年　　月　　日				
人才资源管理者意见	签署：　　年　　月　　日				

三、经理人的培训

经理人员作为企业内部的核心骨干成员，在企业中起着重要的影响作用，对他们的素质和能力的要求与一般员工有所不同，如果他们的素质和能力不能够得到不断提高，将会出现不适应企业需要的现象，也就是“彼得原理”所揭示的规律。

2000 年科龙集团等很多较有影响的企业都出现更换经理人员甚至是核心领导人的现象，引进外援，空降高管，这一决策当然有其多方面的原因，更多的是积极的因素，但缺乏对接班人的培训不能说不是原因之一。特别是频繁的更换经理人员对企业的损失是不可估量的。

企业培训文化向成熟阶段发展的过程中，培训实施成为经理人员的工作职能时，最容易忽视也是最重要的一个问题就是出现经理人的培训无人负责，培训管理者的注意力集中在怎样促进组织战略实施上，却忽视了对经理人员的培训工作，而这恰恰是培训管理的误区。

从这一点上来说，培训管理者并不是完全没有培训实施者的职能。

第三节 培训成为员工成长的途径

企业中的个人，对培训都应该持欢迎和支持的态度。这是培训文化的重要体现。现实中也许每一位培训工作者在培训的过程中都遇到过逃课或故意捣乱者，甚至对培训的实施者本人作出不敬的举动，原因可能是多方面的，不排除个人团队协调能力因素，但更重要的是学员没有引起对培训与个人发展之间的关系的重视，或者是现有的培训水平无法满足他的需要，结果失去了对培训应有的态度。那么作为组织中的个人，应该以什么样的态度来参与培训呢？具体有如下几个方面：

▲ 以空杯的心态接受培训；

▲ 不轻易放过每一次培训机会；

▲ 学习是为了应用；

▲ 长者更长，弥补不足；

▲ 勿因对培训者本人的成见影响自己的学习；

▲ 积极地参与和配合；

▲ 视培训为个人资本积累的途径；

▲ 教学相长，互通有无；

▲ 采取建设性的建议；

▲ 多么差的培训都能够有所得。

企业中个人对培训应有的态度，并非能够完全通过自觉和自律实现，需要培训管理者和实施者的有效引导，以及相关培训管理制度的执行，同时更需要配合相应的行动来促使这种文化的形成，目前流行的个人职业生涯规划就是其一。

一、进行个人生涯设计

每个人自从童年就有一种萌生自心灵的渴望，这种渴望因环境的影响往往转化为可能是他毕生为之奋斗的目标——理想。为理想而奋斗的人具有无法泯灭的热情和精力，世界上真正有所作为的人是因为他一直梦想着这一理想，并不懈地向着这个目标前进。然而也因为环境和自身的因素影响，使很多人无法去做他自己想要做的那份事业。企业环境也不例外，因为企业作为一个整体，有他自己的目标或者是使命，企业中的个人必须无条件地服从整体目标，除非你离开这个企业，正因为这样，限制了企业中的个人理想的追求，甚至因为管理不当泯灭了员工的创造性。如果能够将企业的“愿景”与个人所追求的“理想”实现完美结合，使这种对立的矛盾最大限度的统一，那么企业内部将爆发出无穷的力量。美国著名的管理大师彼得·圣吉先生在其所著的被视为管理学经典的《*THE FIFTH DISCIPLINE*》（《第五项修炼》）一书中提出“共同愿景”的概念，并把组织中的“共同愿景”视为“学习型组织”的核心前提。本人理解的组织中的“共同愿景”其实就是企业追求目标与个人追求目标的完美结合，而不是单纯的强调把企业愿望强加于个人，同时也是企业内部培训文化发展到成熟阶段的一个重要标志。此时培训管理者对于企业的“愿景”应该是有深刻理解的，所需要的是对企业中的个人“理想”进行了解，启动“个人生涯设计”（“个人生涯设计”工具见表 8 所示）计划在此时是十分有必要的，当然这种“个人生涯设计”不可能完全满足个人的愿望，更不是满足个人欲望。是建立在确保企业发展基础上使培训活动最大限度的支持、推动、满足个人的职业生涯的发展之需。

表 8　个人职业生涯设计工具

<table>
<tr><td>姓名</td><td></td><td>部门</td><td></td><td>岗位</td><td></td></tr>
<tr><td>我的理想</td><td colspan="5"></td></tr>
<tr><td rowspan="3">我现在在哪里</td><td>知识现状</td><td colspan="4"></td></tr>
<tr><td>技能现状</td><td colspan="4"></td></tr>
<tr><td>其他</td><td colspan="4"></td></tr>
<tr><td rowspan="3">我要去的目标要求我在哪里</td><td>知识要求</td><td colspan="4"></td></tr>
<tr><td>技能要求</td><td colspan="4"></td></tr>
<tr><td>其他要求</td><td colspan="4"></td></tr>
<tr><td rowspan="3">我的差距在哪里</td><td>知识差距</td><td colspan="4"></td></tr>
<tr><td>技能差距</td><td colspan="4"></td></tr>
<tr><td>其他差距</td><td colspan="4"></td></tr>
<tr><td rowspan="3">我的行动计划</td><td>知识行动</td><td colspan="4"></td></tr>
<tr><td>技能行动</td><td colspan="4"></td></tr>
<tr><td>其他行动</td><td colspan="4"></td></tr>
</table>

职业经理人在国内的已经是一个巨大的群体阶层，每一位有追求的职业经理人作为企业内部的个人，都会给自己职业发展有个明确的定位，依据个人的专长发展而追求职业发展目标，例如人力资源专员为自己规划的职业发现路线图是：人力资源专员——人力资源主管——人力资源经理——人力资源总监（HRD）——VP（大型集团公司主管人资、行政等的副总级别岗位）。确定了人生的职业路线图，就要不断提高自己目标职位的胜任能力和素质，在当今职场越来越专业化发展趋势的大背景下，个人必须选择某一个领域并力图在这一领域内实现专业化水平和积累经验，个人发展的领域与现在的工作存在必然的联系。从而为在企业内部实行“个人职业生涯”设计提供了空间，也为培训文化的建立提供了有效的手段。

二、重要工作障碍排除

如同培训工作经常会遇到来自企业内外的不同挑战一样，企业中的各项工作都可能因市场环境的变化和组织目标的不断调整而出现各种新的挑战，如顾客喜好的变化，竞争对手的新行动，技术的更新等。这些挑战用以往惯用的工作方法或仅凭原来的工作经验往往是无法做好的，这时要求当事者具有很强的“变化管理”的能力和超前敏锐的眼光，这种能力一般是通过不断的培训和实践获得的。另外，在当事者寻求排除障碍的方法和途径时，无疑为又培训工作者提供了很好的介入机会。如果通过培训者的培训，实现对当事人工作障碍的排除，将是对当事者对培训态度的有效影响。要实现这种影响，首先作为培训工作者需要经常与组织中的个人进行深入的沟通，（这实质也是一种培训需求调查的过程。）通过沟通使培训工作者可以及时的发现和明确这种障碍的存在和影响程度，从而及时调整培训方向和计划，提供给当事人排除障碍所需的知识、工作技能甚至心理上的辅导。

由此可见，正确界定这种障碍是能否实现最终目的的关键环节。这一问题可以通过有目的的谈话来解决，但一方面谈话的方式比较浪费时间，另一方面局限是——影响发现问题的全面性。所以建议采用目标集中的培训调查来实现。所谓目标集中，也就是说培训调查所涉及的内容与常规的培训需求调查有所区别，主要的目标就是发现和界定当前企业中个人工作的主要障碍，而对企业目标和个人生涯目标的考虑则会相对少一些，这里提供一份工具，以供参考。（见表 9 所示）

表 9　重要工作障碍排除培训需求调查表

个人情况陈述： 姓名：　　　　　　　　　　性别：　　　　　　　　　　部门： 岗位：经理□　　　　经理助理□　　　　主管□　　　　职员□
个人工作职责： 目前的工作职责有哪些？ ______________________________ ______________________________ ______________________________ ______________________________ ______________________________ 您的新职责有哪些？ ______________________________ ______________________________ ______________________________
履行职责存在的主要障碍？ ______________________________ ______________________________ ______________________________
超越这些障碍需要怎样的培训支援？ ______________________________ ______________________________ ______________________________ 本人签署：　　　　年　　月　　日

三、经常提供来自外界的新信息

机遇对于企业的重要性已经不需要在此赘述，而能否把握或创造机遇，在很大程度上取决于企业对环境信息的掌握程度和反应能力，IBM 公司之所以能够在今天的咨询服务业市场取得如此令人垂涎的成绩，离不开这种能力。原来 IBM 公司的主要业务是开发大型机计算机，公司目标也是成为大型机市场的主导者，后来，市场上出现了当时被同行们视为“另类”的 PC 机，在业界的同行们怀疑和否定的情况下，IBM 公司果断决策向 PC 机市场进军，从而占尽市场先机，当 PC 机已经是“红海”市场的时候，IBM 又开始转型向“卖服务”的咨询、信息系统服务商转型。而施乐等公司觉醒的时候，机会已经从眼皮底下溜走。苹果公司在 10 年前的时候已经走到了危机的边缘，正是乔布斯把握住了市场发展的新机遇，把没有做过手机业务的苹果公司在短短的几年间推上了手机市场头把交椅，而摩托罗拉手机业务则落得被 GOOGLE 公司收购的局面。这样的事例不胜枚举，正是这种血的教训促使很多企业开始提高对环境信息的重视，这些信息有来自政府的政策，有来自竞争对手的行动，有来自市场消费者的反馈，有来自社会研究机构的最新成果。同样，来自企业之外的新信息对于促动企业中的个人对培训的需求和态度的影响也是深远的，因为从这些信息中他们很清楚自己不足，也能够为团队树立很多学习的榜样和目标，作为培训的管理者不断地提供给您所服务的企业以新的信息，是培训信息系统管理的一个重要组成部分（有关培训信息系统的管理将在第三部中详细探讨）。

四、交流培训心得

早在本人从事培训管理工作的时候，经常考虑一个问题，即怎样将培训与实践的运用经验能够让企业中的所有成员实现资源共享。后来想起在读书的时候老师经常让我们写自己的学习心得，然后将所有同学的学习心得进行互相交流，有时还张贴到“学习园地”上，当时觉得对于改进自己的学习方法和学习效果非常有利。于是受到启发，开始尝试在企业内部实行“培训心得交流”的活动，将参加过培训的学员经过运用培训所学取得的成绩和体验进行总结、分享，没想到效果却出乎意料的好。很多同事一见面问我：某某某参加过的某某培训还什么时间再组织，一定要事先通知我，我一定要参加。这些平时到培训的时候找不到影子的经理们的变化着实令我吃惊，同时也引起了我的反思，也更进一步坚定了我经常实施“培训心得交流”的决心。

培训心得的交流第一步是要获取参加培训学员的“培训心得”，培训心得分享不仅要真实，而且要具有典型性。至于说交流的方式，您可以以“培训交流快讯”的形式出现，也可以建立一个“培训交流网页”方便每一个人浏览，或在相关的业务会议上分享。

总之，目的只有一个：使培训产生的收益在企业内部更广泛，更快捷，更有效的传播。这里仅将本人曾经用过的培训心得获取工具提供给各位，目的也是交流。（见表 10 所示）

表 10　培训心得交流工具表

个人概况： 姓名：　　　　性别：　　　　年龄 所学专业： 岗位：
近期参加培训情况： 时间：　　　　地点：　　　　培训形式： 培训内容简介：
接受本次培训之前工作中存在的问题： 接受本次培训之前个人思想存在的问题：
接受培训之后工作中的问题的改进情况： 接受培训之后个人思想观念的转变： 学员签名：　　　年　　月　　日

第四节　成为绩效评估的重要部分

绩效评估是绩效管理的重要组成部分，也是企业目标体系的落脚点。现在国内有很多企业都提出“对事不对人”的管理理念，却多数没有在企业内部建立起目标体系、过程控制体系和评估体系（评估体系是企业内部激励机制得以贯彻的前提）的三大体系的互动结合，而缺乏这三者的衔接配合，绩效管理就成了无本之木无源之水，“对事不对人”的激励原则也就成了空谈，加薪、奖励、调动或者是解聘员工就缺乏说服力，如果您的企业中的员工对这几方面的情况有所不满，就应该给企业作一下“体检”，检查一下是否是这个原因。企业中的任何部门的行动只有在目标体系、过程控制体系和评估体系这三大体系的控制之下，方可保障良性运作。培训工作也不例外，如果培训工作不纳入绩效评估范畴，就无法确定培训对企业的贡献，对企业中的个人发展的贡献，和员工对培训与发展的需要。

一、绩效考核与培训评估

在以往的国内企业中，很少有人经常对员工是否胜任本职工作进行有效的评估，而考察某人是否胜任工作这一重要问题的方法还有很多企业凭领导者的感觉或某个小组的意见，这就难免出现个人观点的局限性和感情色彩的影响，而一旦出现员工不胜任本职工作的现象对于企业的造成的损失是难以衡量的，对于其他员工的影响是挫伤工作的积极性。为解决这些问题，近年，大多数企业引进了员工绩效管理方法，但多数还没有意识到员工绩效评估的重要目的之一就是培训的评估。而这一点正是培训开展的立足点，也是培训开展的根本性目的之一，同时更是提升企业培训文化的有效武器。

评估员工是否胜任本职工作需要一个前提：员工所在岗位的职责描述、所需人员素质描述和工作标准描述。同时还需要明确岗位需要与实际情况之间的差距，从而得出对培训与发展的要求。另外，如果培训评估不与员工加薪、奖励、调动或是离职的评估存在联系，部门经理和个人就不会认真的参与，结果获取的资料可能是不完整的，培训评估的目的也就无法实现。因此作为培训管理者在进行员工培训评估的时候必须与负责此项工作的人力资源部人员进行合作，这将使您的工作成果更有说服力和成效。

二、培训绩效评估的工具

一般来讲，员工评估的工具设计有以下几个部分组成：

第一部分：

▲ 任职者的概况介绍；

▲ 任职者的岗位职责；

▲ 任职者的岗位素质要求；

▲ 任职者的岗位工作目标。

第二部分：

▲ 任职者的职责行使情况；

▲任职者的素质描述；（学习能力、专业能力、管理能力、工作态度）

▲ 任职者的工作目标达成情况检讨。

第三部分：

▲ 任职者职责行使存在的差距；

▲ 任职者胜任能力存在的差距；

▲ 任职者工作目标达成情况存在的差距。

第四部分

▲ 任职者职责行使存在的障碍及建议解决措施；

▲ 任职者胜任力差距及建议解决措施；

▲ 任职者工作目标实现的障碍及建议解决方案。

第五部分：

▲ 评估的综合鉴定。

A. 总评级别；

B. 鉴定结果：(以下各项选一)

升职及原因；

加薪及原因；

奖励及原因；

降职及原因；

惩罚及原因；

免职及原因。

第六部分：

▲ 培训发展需要；

▲ 培训发展计划步骤；

▲ 培训发展课程及形式建议。

第七部分：

▲ 被评估人与评估人签署意见；

▲ 高层管理人员签署意见。

以上为评估工具的一般内容，不同的企业可以结合自身特点进行有效调整。在具体使用时，第一部分一般由被考评人与人力资源部人员和部门经理共同完成，第二部分一般由考评人和被考评人共同完成，第三部分由考评人和被考评人共同完成，第四部分最好由被考评人与考评人共同完成，第五部分和第六部分要由考评人和培训管理者完成，第七部分要求被考评人和考评人及高级管理人员共同完成，另外第五部分的“B”项结果不需要被考评人本人看到，需要在操作时注意。还需要强调一点的是，对于考评的每一个具体项目在工作中的重要程度有所不同，因此所占的加权比重应该有所侧重，方可体现评估的标准合理。

三、培训绩效评估程序

因为评估的结果不仅仅作为培训管理的依据，还直接关系到被评估人的切身利益，因此会出现评估过高或过低的失实现象，为尽可能的规避这种情况的影响，实现企业内部的相对公平，在评估的操作程序上要注意以下几个方面：

▲ 评估开展之前有必要集中相关人员开会明确有关具体要求，并对操作方法进行培训；

▲ 评估时不可仅凭一人意见，要由评估人召集被评估人所在小组所有成员参与；

▲ 评估时不仅要求上级对下级评估，同时也要求下级对上级进行评估，以保障评估的公正性；

▲ 对所有的评估报告进行严格审核，最好由各部门经理参与的小组共同完成；

▲ 在进行评估的过程中不可与被评估人谈论工资等利益关系；

▲ 明确要求评定的等级不可过于集中，要按一定的比例进行分布。

第四章 如何成为出色的培训经理人

未来唯一持久的优势就是——比你的竞争对手学得更快。

——彼得·圣吉

无论是“学习型组织”的发展需要还是参与“竞争”的需要，培训工作的重要作用在组织中都将日益得到体现，培训工作者的企业地位正体现出逐步提高的发展态势，同时也对培训管理者的素质、能力提出了更高的要求。培训管理者应该以什么样的态度和角色定位来出色地完成培训管理者的职责，是每一位培训管理者必须要考虑的，另外培训管理者怎样进行科学的培训管理，如何作好自我成长以带动和提高企业的培训水平，同样是成为一名出色的培训经理人必须要研究的课题。如同本书前面提到的那样，培训管理者“职能的充分发挥”已经成为重要的挑战之一，如何有效的解决这一问题关系着企业和培训工作者的职业未来。本章将重点讨论这一问题。

第一节 认清角色定位

作为培训管理者，仅仅明确自己目前的工作职能是远远不够的，因为培训管理者的职能可能是来源于上级主管的命令，也可能来源于更高决策者的意愿，更多的可能是来源于组织内部人力资源管理者对于这一岗位的明确。实际工作过程中可能三方面的因素都存在，但来源于此三方面的要求都存在一定的局限，一旦职能在企业发展某个阶段得到明确，就缺乏用发展变化的眼光来看待它，而用发展的思想来管理企业中某个岗位的职能，目前为止国内还很少见，更多的是采用“一刀切”的方式来处理组织变革。原来在某个岗位的任职者要么青云直上要么全盘否定，被新的组织设计所淘汰。作为培训管理者如果眼睛只盯在目前的岗位职责上面，面对企业的未来变革同样会出现不适应，培训工作本身又要求自我更新并体现出持续化发展的特点，因此对于培训管理者而言，永远不存在固定的职能，他要推动企业中培训文化的发展，随着在企业中扮演的角色变化而变化，同时因为培训管理者更多服务对象是在企业内部，而不像销售部门、市场部门服务的对象集中在企业外部，所以培训管理者又必须在工作时具备与其他部门工作者有所不同的工作态度——内部市场观念——培训也是营销。

一、培训文化决定培训者角色

企业中的培训文化对培训管理者的角色影响本人是深有体会的。在本人曾经就职的一家跨国公司里，其培训文化已经相当成熟，部门经理基本承担培训实施者的职能，再后来因为利用网络技术提供培训援助，在线培训系统的开通，企业中培训实施者的岗位大幅度裁减。而回想起我曾经工作过的一家国内企业的培训情况，那时拥有几千名员工的企业中，只有几个培训工作人员，而且是兼管很多其他人力资源方面的工作，调查的结果发现员工对培训印象最深的就是在某时某地听过某某人讲过一次课，显然这家国内企业的培训文化还处于淡薄阶段，尚未将培训工作视为企业职能的组成部分，而是可有可无的态度。在这两个培训文化处于不同阶段的企业中，培训管理者所扮演的角色是完全不同的。前者扮演的是战略促进者的角色，后者扮演的是尚未全职的培训实施者的角色。

从现实的情况来观察也不难发现培训文化对企业中培训角色产生的影响。如果企业中培训工作还仅仅是培训工作者的职责，培训又缺乏对企业目标的联系，也缺乏对员工培训需求的评估，培训管理者强行要扮演战略促进者的角色是违背发展规律的，结果可能适得其反，还不如踏踏实实的作好培训实施工作，在此基础上寻找突破的途径和方法。

对于培训文化的发展阶段界定，在第一部分中曾经作过讨论，根据具体特征一般可分为三个发展阶段，即培训文化的淡薄阶段、培训文化的发展阶段和培训文化的成熟阶段，如果根据这一阶段划分方式，培训管理者的角色和培训文化发展的关系可以如表 11 所示。

表 11　培训文化对培训者角色影响

文化阶段	培训工作者职能
培训文化淡薄阶段	实施者
培训文化发展阶段	既是组织战略的促进者又是培训实施者
培训文化成熟阶段	战略的促进者

二、培训文化成熟阶段的培训角色划分

当培训管理者履行战略促进者的角色时并非不存在培训的实施者，只是实施者的职能被其他的人员承担，而这一承担者可能是培训部门组织体系中的一员，也可能其他部门的经理职能增加，这要根据企业的具体情况而定。但根据跨国公司对于这一关系的处理经验来看，还是由各部门独立执行更加有效。这要从市场经济原理来理解这个问题。如果培训实施者由履行战略促进者的培训管理者来统一管理，培训是否能够满足培训对象的需要往往取决于部门之间的沟通效果，而且培训的范围扩大，势必导致培训的实施者在有些培训内容方面不够专业化甚至不具备实践经验，只是纸上谈兵，从而影响最终的培训效果，对工作的开展不利，相反如果由部门经理来负责管理，则会避免这一问题的发生。具体情况见表12 所示。

表 12　培训文化成熟阶段培训职能划分

培训岗位	责任人	培训角色
销售培训	部门经理	实施者
技术培训	部门经理	实施者
企业文化培训	培训管理者、部门经理	战略促进者、实施者
培训支援	培训管理者	战略促进者

销售部门培训工作的特殊性也是值得关注的。目前销售部门的培训实施者不仅仅要满足销售部门组织内部员工培训的需要，如培训业务人员，培训服务人员等，更重要的是还要对产品销售商甚至是顾客进行培训，如果由销售部门进行培训，一定会增进销售商或者是顾客与销售部门的沟通和了解，这对于促进销售是有利的，而如果由单独的培训部门来实施则会带来更多的沟通障碍。

三、不同培训角色的具体职能

职能划分是企业的重要特征之一，作为培训管理者虽然不存在永久的职能定位，但不同的培训角色却存在较为稳定的具体培训职能，这一点从上面培训文化成熟阶段培训职能划分情况中得以体现，需要特别强调一点的是，在培训工作中充当主角的培训顾问虽然始终扮演着培训实施者的角色，但与负责培训管理的一般培训实施者的职能有所不同，虽然在很多企业中培训管理者既是培训活动的组织者同时又是培训顾问，在这种情况下并非二者的职能完全相同，只是不同的职责由同一个岗位承担而已。不同培训角色的具体培训职能见表 13 所示。

表 13　不同培训角色的具体培训职能

培训角色	具体培训职能
战略促进者	制订与企业目标和企业战略相关的培训目标和战略 开发并合理运用培训资源 推动培训文化的改进 建设开放式的培训信息系统 推动企业文化的发展 为部门提供培训支援 开发超前的培训供应系统 主持企业的培训评估 建设并管理培训团队
培训实施者	实施培训需求调查 制订培训目标和计划 组织培训计划的执行 全程评估培训活动 提供培训信息 具体分配培训资源的使用 参与组织的培训评估 配合讲师的课程实现
培训讲师（顾问）	配合学员了解培训需求 配合培训需求进行培训课程的开发 培训课程实现的技术开发 配合培训计划实施培训课程 对学员的成长给予鼓励和肯定 培训形式的开发和在实践中的运用 在线培训咨询 工作过程辅导

四、培训管理者应有的角色态度

“市场经济”是这几年来谈论最多的话题，国内企业也正在为建设和适应“市场经济”而做着不懈的努力，“市场经济”最大的特点是“买方市场”决定企业发展，当然企业可以创造市场需求，开创一片蓝海，从而最大限度的占领市场，能够做到这一点的企业往往在竞争过程中把握主动权。在企业内部其实同样存在“市场经济”这一特点，只是多数企业还没有真正认识到他的存在，目前已经有企业家提出“企业内部市场化”的理论，虽然“企业内部市场化”实现起来难度较大，但这也正是市场经济环境下企业的一大特点。这一特点在培训管理方面表现得尤为突出。培训工作的服务对象多数是企业内部的职员（销售培训例外），正因为这一原因，培训管理者最容易滋生懈怠的工作心理：反正大家都是同事，培训走走过场就算了，做好做不好又难以评估。

无疑这种态度将导致培训工作日益受到轻视，反之将企业内部的每一位培训对象都看成是培训工作的顾客，并且引进市场营销的理念和相关实战方法，将会使培训工作呈现出良好的发展势头。因此“企业内部市场化”是培训管理者首要的角色态度。

其次，企业的知识和技能更新速度和能力，虽然受到外部环境的影响，但更重要的是取决于培训的推进力度，同时也取决于不断更新的培训内容及形式，如果培训管理者自身不加强学习、不成为企业学习的先行者，知识老化，对其他部门的工作知之甚少，那么在培训其他人员时就会造成先天性“发育不良”，培训者的自我成长也会受到限制，可见坚持不懈的空杯的学习态度是培训管理者的基本职业态度之一。

第二节　建设高效率的培训组织

在我本人给很多家国内企业进行咨询顾问的过程中发现，有些企业内部经常会出现一项工作哪个部门都不管，或者是一项工作两个部门甚至是更多部门同时都插手争权夺利的事情，结果使企业内部矛盾重重，严重影响组织运转效率，同时也伤害了很多优秀人才的积极性。请不要怀疑这是企业出现特殊情况时的权宜之计，也不要把它看成是同一项工作的不同进展阶段，而确确实实是发生在一项工作的某个环节。为了洞悉出现这一现象的根本原因，遇到这种情况我往往要同其企业内部的高层和部门经理，就其组织的结构布局进行检讨。检讨的结果有90％以上都是因为其结构布局不合理。而这其中多数属于结构老化，我曾经遇到过一家企业将市场部门和生产制造的职能划归一个部门负责的现象，这种结构布局不出问题那才叫怪事了。作为组织结构组成部分的培训工作如果不以培训组织作为保障，就无法发挥培训工作在企业中的作用，同时也无法进行有效管理，更无从谈起高效率的问题。

一、培训组织结构设计

如同培训职能一样，培训的组织结构设计首要考虑的问题就是组织内部的培训文化发展状况，培训文化对培训组织结构设计产生决定性的影响，此外根据企业需要的职能进行组织结构设计，是组织结构设计的根本原则，试想，如果企业采用培训业务外包的策略，根本不需要培训职能，那么在组织中设立培训部门不是多此一举吗？因此培训组织设计同时要考虑培训职能的需要情况。

当培训文化处于淡薄阶段时，培训管理者扮演培训实施者的角色，此时培训部门多数还列入人才资源部门范畴之内。这样设计的原因主要考虑各部门经理对培训的认可程度尚不够高，而且各部门独立实施培训的能力还不够成熟，与培训文化的建立和推进相关的所有培训活动，通过统一便于管理和集中资源。此时的培训组织结构设计一般如图 3 所示。

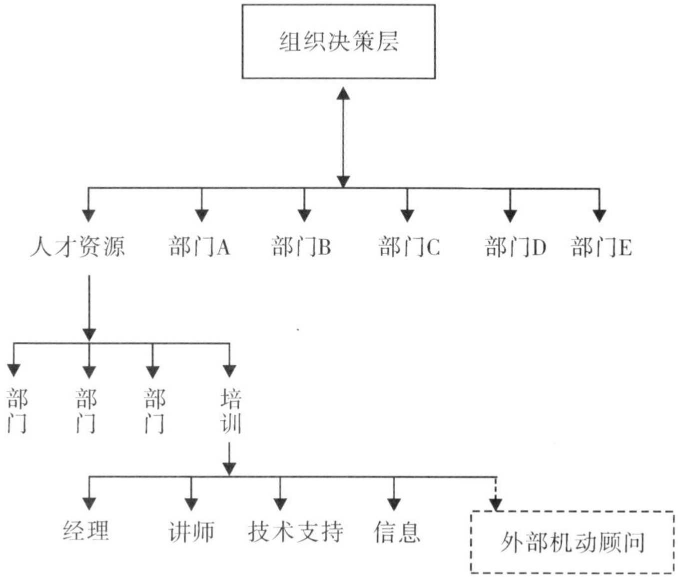

图 3　培训文化淡薄期的培训组织

处于该阶段的组织，多数培训经理由人才资源部负责人员进行兼职，这种做法利弊兼具，有利的是可以增强对其他部门经理的影响，便于和其他部门进行沟通，不利的是，人才资源负责人往往在分配资源和工作精力时，仅把培训视为其工作的一个组成部分，在遇到其他工作影响时很难倾注对培训工作的持续关注和推进，并且要取决于其对培训工作的认可程度。解决这一问题的有效方法是为人才资源负责人设一副职，由其副职全面负责培训工作。虽然目前很多有关组织模式方面的论著提倡尽少设置副职，以增强组织的运转效率，但对于不同的企业和企业发展的不同时期、不同的部门结构是不可实行“一刀切”政策的，否则就成了“形而上”。

多数培训管理者可能会对培训组织中出现“技术支持”这一职能表示怀疑，

其实这大可不必。随着目前对远程教育培训的需求增强和远程教育技术的日益成熟，在企业内运用远程教育手段进行培训，已经是企业的必然选择，其在效率提高、资源节约方面所体现出来的优势是不可回避的，这也正是“技术支持”岗位存在的必然性。

此处所讨论的培训组织模式具有普遍性特点，并未将企业的特殊性作为考虑范畴，象事业部型组织结构就有所不同，因为在事业部制组织中，各事业部具有较强的独立性，可能拥有独立的制造体系，独立的人力资源体系，甚至有独立的市场营销体系。在这种组织中将各事业部的培训职能独立出来也是不现实的。各事业部总部设立培训统筹机构来协调和控制培训工作是可行的。这倒有些像培训文化成熟期的培训组织状态，只是深化的程度还不够，因为各事业部所属的部门内部还未必具有培训职能。

前文已经多次提到过，当组织中培训文化发展到成熟阶段时“培训实施工作多数情况不再是培训工作者的职责，而是部门经理的重要职责。”作为培训文化发展到成熟阶段的培训组织设计就要体现这一特点。真正在组织架构上保障培训管理者作为战略促进者的角色地位。否则一旦各部门承担起培训实施者的职能后，部门之间因培训资源分配控制不利而出现矛盾，同时会导致各部门的培训缺乏统一的文化，各行其是的问题。一般来讲，此时的培训组织结构应该如图 4 所示。之所以将技术支持和信息管理以及外部顾问资源的掌控权，仍然由战略促进者的培训管理者来承担，并非害怕此时的培训管理者成为虚职，而是行使培训支援职能的需要。作为影响组织整体的培训行为如远程教育培训等，由哪个部门来承担此项任务都是不恰当的，因此此时的培训管理者并非完全不具备培训实施者的职能，只是由其主持的培训实施活动频率有所减少，形式有所不同，但其影响范围和深度将更加深远。

除此之外，培训信息管理作为培训文化的重要组成部分，在此时发挥着更大的影响，往往起到沟通组织内部决策者与各部门之间、部门与部门之间以及组织内部与组织外部环境之间培训信息的沟通和交流，此一职能安排在其他部门内部都会受到限制，由培训管理者进行管理对于信息的收集和传播都是非常有利的，同时可以为各部门提供更加具有选择性的外部顾问资源，解决部门内部培训能力缺乏的问题。

与培训文化处于淡薄期的培训组织有所不同的是，这时的培训管理者相当于企业内部学院的院长，一般由副总级别兼任院长，同时也有些企业由人力资源总监兼任“院长”，同时往往需要增设课程开发人员。可不能轻视这一职能，因为课程开发人员为各部门开发备选课程，通过提供备选课程确保培训实现供应领先和超前培训的目的，更是促使组织培训系统化的重要因素。

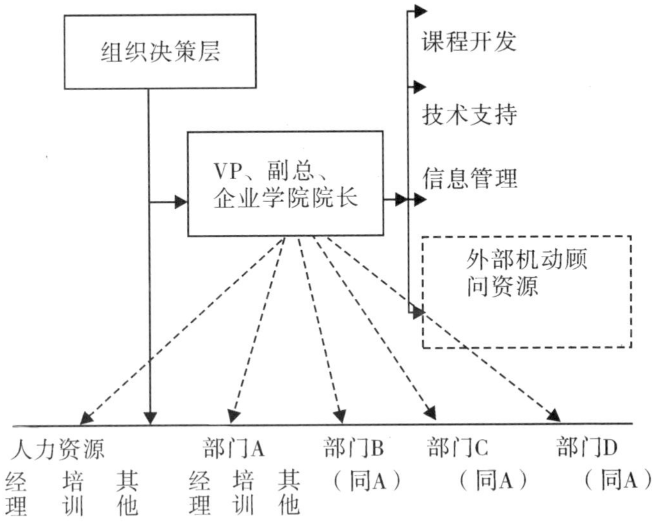

图4　培训文化成熟期的培训组织

此种培训组织模式可能会招来人力资源专家的强烈反对，因为培训管理者不仅已独立于人力资源部门之外，而且对人力资源部门同样具有一定的影响力，而培训工作往往需要与人力资源其他职能的配合，培训评估就是其中之一。这种顾虑是非常必要的，但培训管理者要真正实现组织战略促进者的角色，选择的余地是非常有限的，只是在处理与人力资源部门关系时应该使之更加紧密。

虽然培训实施的职能由部门经理承担，但部门经理是排斥具体操作培训实施工作的，他们有很多理由可以提出，培训的目的也是帮助他实现部门的目标，因此多数企业选择在各部门内部设立专职的培训人员，来具体操作培训的实施工作，而这一职能往往要提供培训活动的组织和讲师讲课的全套服务，这也正是在此时培训组织设计中没有继续强调“顾问”这一职能的原因所在。

相对比较难以处理的是组织内部培训文化处于发展阶段的培训组织设计，此时培训管理者既肩负组织战略促进者的角色而且将逐步向这一方向倾斜，同时又必须以培训实施作为基础，保证出色地完成培训实施工作，否则向战略促进者方向发展的目标就会受到影响。怎样确立好这一过渡期的培训组织地位，是每一位培训管理者在其职业生涯中需要考虑的重要课题。

本人在实践工作中也曾经遇到过这一问题。在此，仅将自己对这一问题的处理经验与大家进行探讨。首先我们明确一下，此时的培训组织设计所要解决的问题。这些问题主要表现为以下几个方面。

▲ 能够体现出组织战略促进的作用，而不受到部门限制；

▲ 能够为向战略促进者方向发展提供空间；

▲ 能够确保培训工作高质量实施；

▲ 能够培养各部门经理的培训实施能力和意识；

▲ 能够更强有力的推动组织中培训文化的发展。

结合以上所要解决的问题，我们考虑有如下备选方案：

▲ 仍然将培训职能列入人力资源部门；

▲ 将培训职能平均分配到各部门；

▲ 设立单独的培训职能部门，但各部门不承担培训实施职能；

▲ 将培训职能仍然列入人力资源范畴，但同时各部门开始承担培训实施职能。

以前文所提到的，此时培训组织设计所要解决的各项问题，来考察上面所提出的各项解决方案都存在一定的局限性。但最现实的可行方案是上面列出的第四个方案，这样就可以同时解决上面所列问题中的几个关键问题，同时又建议在各部门设立培训实施职能，虽然在实践的过程中出现很多障碍，但这种尝试最终还是取得了成功。将这一培训组织模式形象展示即如图 5 所示。应该说结合企业内部的培训文化发展阶段，完成培训组织模式设计工作还只是第一步，更重要的是能够争取到决策层的赞同和支持，否则都是“纸上谈兵”无一用处。故此，在进行此项工作时要重点考虑您所要推进的培训组织变革将为企业的整体发展带来什么好处，或能够帮助决策层解决哪些现实问题，同时这种变革要尽可能多的争取到各部门经理人员的赞同，让他们给您的计划投上一票，这一点，对于决策者的最后决定的影响作用是不可忽视的。

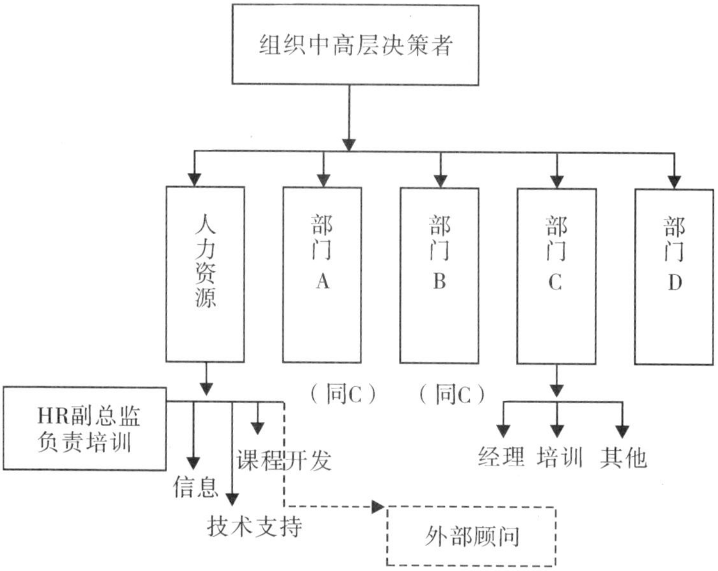

图 5　培训文化处于发展阶段的培训组织

二、有效的培训组织沟通

与组织架构关系特别紧密的是组织沟通，这一点在培训组织中同样适用。培训组织与其他部门沟通的关系可以形象地比喻成电脑硬件和软件的关系，缺少软件支持的硬件就成了废品，缺少硬件的软件也同样无用武之地。培训的组织沟通必须与培训组织结构设计相一致，试想，一台 286 电脑如果装载 WIN98 应用软件系统则无法运行，那么，一台奔腾三 700 的配置电脑硬件装载数据库系统也是无法正常使用的。下面我们就根据这些培训组织模式来讨论一下每种模式下的培训组织沟通。

第一，培训文化淡薄期培训组织模式下的培训组织沟通。

此时的培训组织属人力资源部门的一个组成部分，因此在与培训所要服务的部门之间沟通，一般要通过人才资源负责人员来完成，这是组织沟通的一大原则。处于这一阶段的组织沟通体现的是“需求先导”的特点。即培训的每项服务完全以组织已经存在的培训需求为先导，此时的培训管理还没有达到引导培训，或者说是创造需求的境界，此时的培训组织沟通的基本程序见图 6 所示。

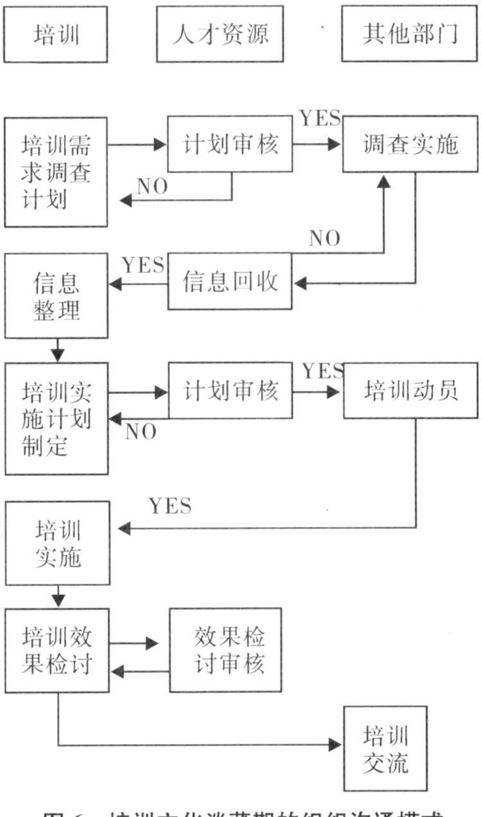

图 6　培训文化淡薄期的组织沟通模式

第二，培训文化成熟阶段的培训组织模式下的培训组织沟通。

培训文化成熟阶段培训组织结构，体现出了培训管理者作为组织战略促进者的角色和地位，同时实现“超前培训”的“供应为先”的培训职能，又对培训管理者和培训实施者提出更高要求，当然此时的培训并非不考虑个人的培训需求而完全考虑组织需要，前面曾经谈到的“个人生涯设计”就已经揭示了这一点，只是此时培训所提供的是个人将来出现的培训需求，而不是这种需求已经长期存在却得不到满足的需求。因此此时的培训组织沟通流程的特点是——供应为先（见图 7）。

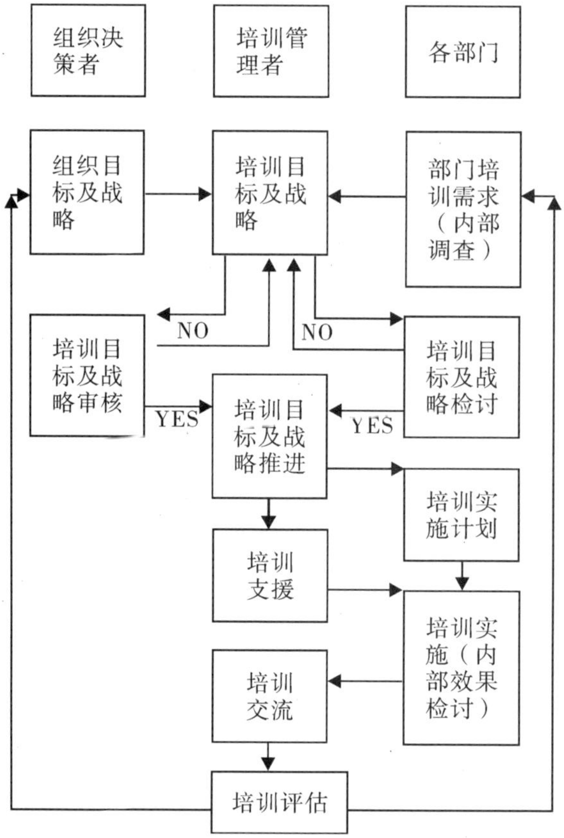

图 7　培训文化成熟阶段的培训组织沟通模式

另外，与培训文化淡薄期的沟通程序有较大的区别是，多数培训沟通不需要经过人力资源部这一环节，而这一环节改由企业内部高层决策者所取代，原来的培训沟通内容基本上已经成为各部门的内部沟通，因为此时的培训实施工作主要由各部门来实现，当然这种各部门内部的培训沟通，与培训管理者与各部门经理之间的培训沟通，共同组成整个企业的培训沟通系统，二者是不可对立分割的。

此时，培训管理者与各部门的培训沟通具有统筹、控制和引导的作用。

培训文化发展到成熟阶段时的培训组织沟通，一般出现培训主题会议，参会人员除各部门经理外，公司决策层一般也会列席，这样更促进培训与各部门之间在目标、战略和计划上达成共识和行动的一致。

现代培训组织沟通已经有越来越多的通过网上平台来实现，作为信息传递的媒介，通过网络技术建立企业内部网上培训平台将是将是培训组织沟通的主要渠道。

最后，当培训文化处于发展阶段时的培训组织沟通与其他阶段的道理相同，因其培训组织结构是培训文化淡薄期向培训文化成熟期过度的产物，此时的培训沟通也兼具了这两个阶段培训组织沟通的特点，完全可以借鉴以上两种模式。

培训组织管理除设计高效率的培训组织结构和进行有效的培训组织沟通外，培训组织的行政管理也是同样重要的，主要通过规范培训管理系统制度来实现。这部分内容后文中我们再进一步分享。

第三节　选择合适的培训模式

培训模式是同类著作概念混淆最多的一个话题。主要有四种观点：

▲ 培训形式论；

▲ 培训流程论；

▲ 学员状况论；

▲ 培训方法论。

第一种观点认为采用的培训形式是离职培训还是在职培训或者是半脱产培训即为培训模式；第二种观点认为培训模式应该是培训管理的运作程序，如第一步是确定学员的培训需求还是明确组织目标，第二步是制订培训计划或制订培训策略等；第三种观点认为学员的接受情况、对培训的意愿高低和培训与工作的相关性决定了培训的模式，如学员的意愿低——能力低——工作相关高为一种模式；第四种观点认为培训中采用的是课堂讲授式还是演练式抑或是活动游戏式便是什么样的培训模式。综合研究一下，我本人比较赞成第二种观点，其他的观点很难理解为何称为培训模式，所谓培训模式应该是体系化的培训运行系统。

随着“学习型组织”出现和企业对培训管理者的更高期望，使很多常用的培训模式已经不适应培训管理的需要，在市场环境瞬息万变的今天，任何一种不能像流行“感冒”一样——能够实现自我创新自我变革的培训模式都是无法生存的。因此在我们正式探讨哪种培训模式是最佳培训模式之前，先让我们来了解一下现代企业所需要的培训模式应该具备的条件是怎样的。

因为本书的写作宗旨之一就是希望能够促进国内企业向学习型组织发展的进程，我们有必要以学习型组织对培训模式的要求标准作为我们的参考。反之，即能够适应学习型组织这种培训文化高度成熟的企业需要的培训模式，对于其他的组织同样具有借鉴意义和引导作用。

美国管理学教授圣吉（PETER SENGE）及其伙伴十年磨一剑，致力于将系统动力学与组织学习、创造原理等项目融合的研究，发展出人类梦寐以求的组织蓝图——学习型组织。并著《第五项修炼》（副标题为：学习型组织的艺术与实务）详细阐述这条组织发展的新道路。在这本书中圣吉提出的“五项修炼”分别为：自我超越、心智模式、共同愿景、团体学习和系统思考。并在第一部分中提出“未来唯一持久的优势，是有能力比你的竞争对手学习得更快。”综合圣吉的学习型组织系统理论，得出学习型组织内部对学习的基本要求，也就是培训管理者应用培训模式所要解决的问题：

▲ 学习是一个持续而且连贯的过程；

▲ 学习成为组织与个人的共同愿望并融入工作之中，而且有着相对统一的目标；

▲ 学习在组织内部无所不在，内容和形式高度丰富；

▲ 组织和个人在学习过程中更加具有自我否定和自我超越精神及能力；

▲ 评价体系为学习和发展服务并且贯穿整个循环过程；

▲ 学习具有很高的自由度，培训成为供应为先的企业内部市场供应商；

▲ 企业采取主动的行动与组织所生存的社会环境结为高效率的信息循环系统；

▲ 培训工作在一套科学的具有自我更新能力的系统下运作。

作为学习型组织的组织模式和组织角色，在《第五项修炼》一书中有着更加深入的探讨，因为我们之所以要涉及学习型组织的目的——是要寻求一种能够适应现代组织变革需要的“培训模式”，因此我们只关注对于培训模式影响较大的以上因素，下面我们就结合这些因素来考证一下目前常见的一些培训模式是否符合这些因素的需要，当然这是本人长期以来所思考并寻找的答案。

所要声明的一点是，在对下面几种培训模式进行讨论时并非有所褒贬的企图，因为我们的目的是希望通过这种讨论最终能够有所启示，并且业界同仁应该有一种共识——发展始于批判。

一、系统型培训模式

系统型培训模式源于美国陆军教学训练所采用过的方法，也是目前国内企业有意无意中采纳最多应用最为广泛的培训模式，这一模式的模型图如图 8 所示。

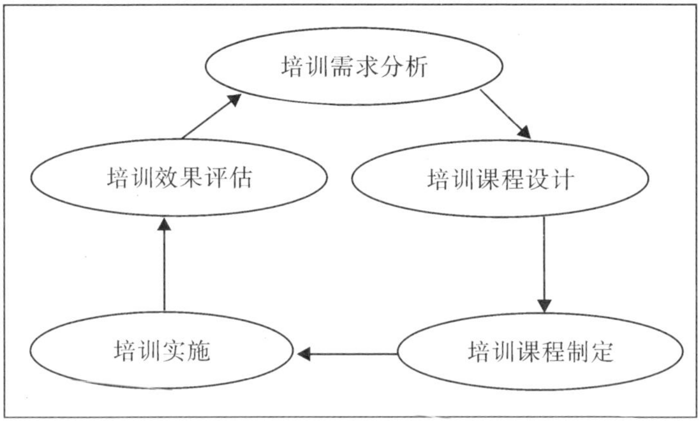

图 8　系统培训模式模型图

系统型培训模式的出现和广泛运用，是培训理论发展的一个重要里程碑，他为培训管理者在企业内部建立规范的培训运作体系提供了工具，对企业内部的培训文化发展起到较大的促进作用。反过来说，采纳系统型培训模式也是企业培训文化处于发展阶段的一个标志，因为对照前文谈到的“培训组织沟通”我们不难发现，系统型培训模式仍然没有能够解决“供应为先”的问题，这也正是系统型培训模式并非我们所要寻找的最佳培训模式的原因之一。但流程化、简单易行的特点体现了这一模式的优势。

首先，系统型培训模式使培训管理者一改对培训的条块化认识，培训活动不再是分散的毫无关联的，而是一种持续的连贯的行动。这对于提高培训的效果和改变培训在企业中的地位提供了非常大的帮助。

其次，系统型培训模式对培训需求的确定开始引起重视，虽然此时可能考虑较多的是个人和企业对培训的需求较多，对企业所赖以生存的环境需要及对企业长远目标考虑得较少，也不符合我们所寻找的最佳培训模式，但不可否认的贡献是——它为培训管理者明确了，组织内部的培训机构要树立内部市场的观念，并努力使自己成为优秀的内部市场供应商，这对一些广大的培训管理者来说更是端正观念的好机会。

值得我们肯定的是，系统型培训模式对培训效果评估的重要性的重视为培训模式的发展奠定了基础要素，因为在学习型组织中培训的评估是培训系统的核心，缺乏培训评估的培训组织是很难保证可持续发展，他无法保证从以往的失败教训中成长起来，也无法保障以往的成功经验能够为下面的工作所借鉴。虽然在系统型培训模式中还只是停留在对最终效果的评估，没有处于培训循环的核心地位，但无疑这一模式为扮演培训实施者角色的培训管理者提供了系统工作的思路。

系统型培训模式的出现应该说是具备其理论基础的。管理学的基本步骤：计划、组织、执行和控制就较多地体现在这种培训模式当中，培训模式其实也可以视为“培训管理模式”，可见系统型培训模式是建立在管理学基础理论之上的，但同时新型组织对培训模式的要求与传统的管理方法是有所不同的，此时系统型培训模式所具有的传统管理学理论的特性便成了它的局限，为新型的培训模式的出现也提供了发展的空间。

二、顾问型培训模式

随着国外专业顾问机构大举进入中国市场，本土化的顾问机构目前正如雨后春笋一样崛起，顾问型培训模式开始受到广泛关注。一般来讲顾问型培训模式的模型图如图 9 所示。

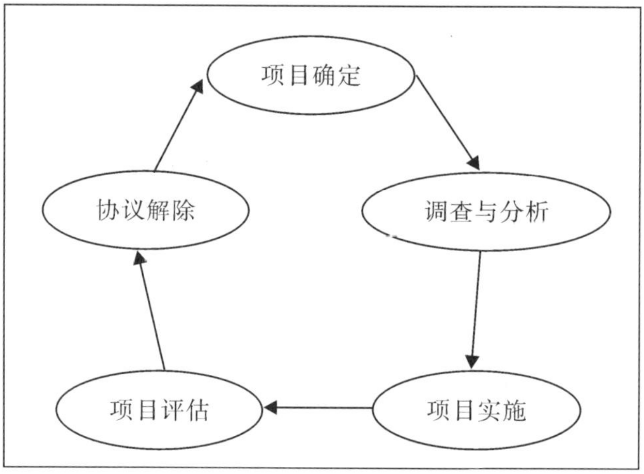

图 9　顾问式培训模式模型图

顾问型培训模式之所以受到关注，原因是他提供了较有价值的培训管理解决方案。这一方案对于培训管理者最具吸引力的一点是他为培训管理者扮演组织战略促进者时所要实行的——培训支援的职能提供了方法。外部顾问是独立于组织之外的，作为企业战略促进者的培训管理者有相对独立的组织结构，虽然在工作上必须建立密切的联系，但作为培训管理者个人，可能更加倾向于相对的独立性和自由度，作为企业战略促进者的角色需求为培训管理者提供了这种权利空间，而这种容易出现的倾向也正是顾问型培训模式的局限之一。这完全违背了培训作为战略促进者角色定位的本意。之所以提高培训管理者的组织地位，完全是为了促进培训对企业战略落地的带动作用，建立供应领先的培训文化的考虑，而绝非因为培训工作需要给予培训管理者以特权。

此外，采用顾问型培训模式因其对培训工作的介入完全是阶段性的，虽然体现了“组织内部市场供应商”的作用，但同时影响最大的是“培训的连贯性和持续发展”很难得到保障，而这是学习型组织中培训管理工作所不允许出现的问题。

职业培训顾问为进一步完善对顾客的服务，对顾问型培训模式进行了改进，常见的改进模式见图 10 所示。改进后的顾问型培训模式从整体框架构成上来讲并没有太多改进，只是进行了环节上的细分。因此它基本上没有实现对改进前的局限性的突破。值得肯定的地方是改进后的顾问型培训模式将“评估”列为整体培训循环的核心，这是培训模式发展的重要一步，从此种模式中已经体现出组织评估为培训服务的迹象，这种观念的改进为更先进的培训模式的提出贡献良多。

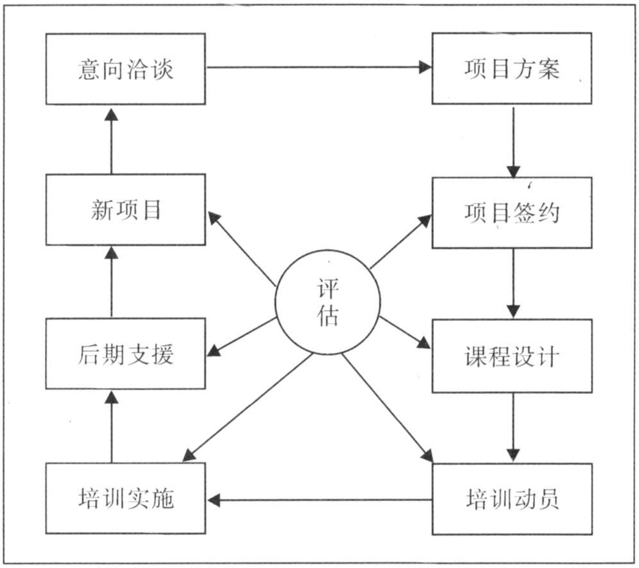

图 10　改进的顾问型培训模式模型图

下面我们所要讨论的两种培训模式是目前较为先进的培训模式。这两种模式很大程度上都具备了前面几种模式的优点并开创性地提出一些新的观点，那么是否能够适应于学习型组织的需要，是否为培训管理者们提供了一套可行的实用的培训管理途径呢，就让我们共同来看一下吧。

三、所罗门型培训模式

英国经济学家所罗门，在其所著的名为《*A HANDBOOK FOR TRAINING STRATEGY*》一书中，推荐两种英国政府在实施最佳培训实例调查中一些公司运用的培训模式，因这两种培训模式目前尚无法考证其创始人是那一位，显然所罗门先生对这两种培训模式是持赞同观点的，我们暂且称之为“所罗门型培训模式”。

所罗门型培训模式之一的模型图如图11所示。从模型图中我们已经发现，此种培训模式引进了“行为评估”的概念，这是对培训需求界定方法的改革，同时也是将评估引入到培训循环中每一环节的标志之一，由此可见改进型顾问式培训模式对此产生的影响。

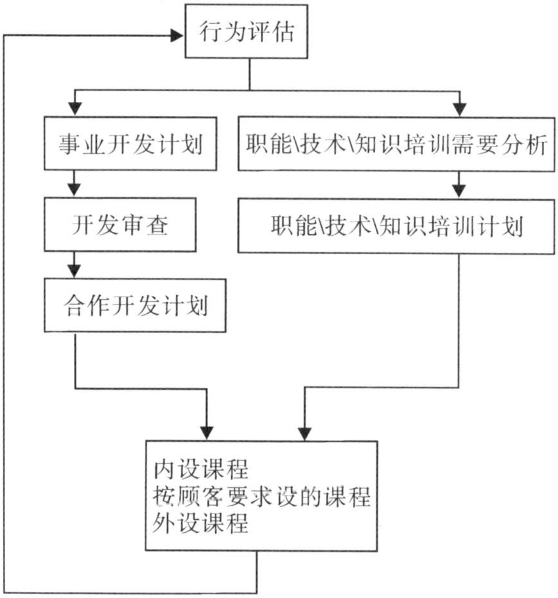

图11　所罗门型培训模式一

此种模式注意到了对“内部市场供应商”这一服务观念的引进，实现了“供应为先”的组织内部培训管理系统的基本模式，也是所罗门型模式的先进特点之一。

另外，在此种模式中我们可以看出对培训文化发展到成熟阶段时培训管理者以战略促进者的角色出现的体现，但在此种模式中设计者将培训基本内容概括为与职能相关知识、技能两大组成部分，这种处理是难以令人信服的。此种模式在实践过程中，会出现战略目标与实施目标相左的现象，之所以将培训管理者推到企业战略促进者的角色是为了更好地对企业目标促动及增进对企业所在环境的反应能力，使培训实施更加有明确的方向和实效，一旦出现实施者与战略促进者工作上的脱节就很难实现这一目的，虽然可以通过二者之间的沟通来降低这种风险，但从此种培训模式本身来看并不能保障这种沟通的成功和有效。可见，企业战略促进者和培训实施者这二者的关系处理是此种模式的局限性之一。

另外，没有引起市场环境对培训带来影响的重视，也是不符合目前环境下乃至未来企业竞争力打造的需求的。这一点也是此种培训模式不可回避的不足之一。

加强对“个人生涯规划”的关注已经是组织培训不可忽视的一点，但在前面提到的几种培训模式和此种培训模式中我们都找不到对此的体现，可以说这是前面这些培训模式存在的共性问题之一。

所罗门型培训模式之二相对于模式之一体现了更多的先进性。模式之二的模型图见图 12 所示。

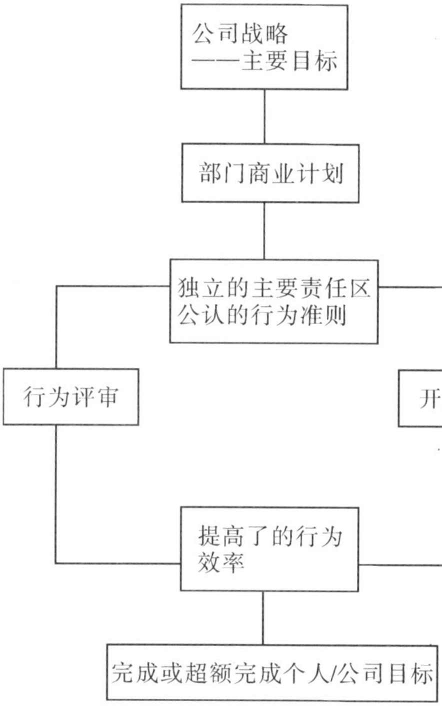

图 12　所罗门型培训模式二

首先，模式之二具备了模式之一所具备的一般性先进之处。如：以评估为整个培训循环的核心、注重培训的连贯性和持续化发展、供应为先的内部市场观念、战略促进职能与培训实施职能的体现等，都是目前较为先进的培训管理思想的体现。

与模式之一更加先进的地方，体现在模式之二注重了对个人目标的强调，这是一种对于培训模式更加完善的思考，如果在企业环境变化相对稳定的经济时代，模式之二应该说是比较科学的培训模式了，较为遗憾的是模式之二并没有注意到市场环境变化这一重要因素对于培训发展的影响，同时仍然没有超出模式一同样存在的关于战略促进与培训实施之间职能关系的局限。

需要解释一下的是，本人在展开关于各种培训模式的讨论时并没有过多的引述每种培训模式原来论著中的相关资料和观点，但无疑，之所以这种模式值得我们注意是因为原著中有比较系统的论证和实例说明了其模式的科学性，而这种研究和论述是卓有建树的，正是每一步的不断突破才使培训模式理论得以向更加完善的方向发展，也许根本就不存在永远科学的培训模式，某种培训模式的存在意义只是为了能够满足一段历史的需要，但无疑这种研究和探讨是有益于培训管理理论不断发展的。

四、ST型培训模式

ST（SPIRAL TRAINING）型培训模式也可以称为“螺旋培训发展模式”，这一模式是本人在研究了学习型组织的对于培训管理模式的基本要求，结合目前流行的各种培训模式的优缺点基础上，在自己的工作中不断实践和修正的成果，是对新型培训模式一次探索。ST型培训模式基本理论模型可以见图13所示。

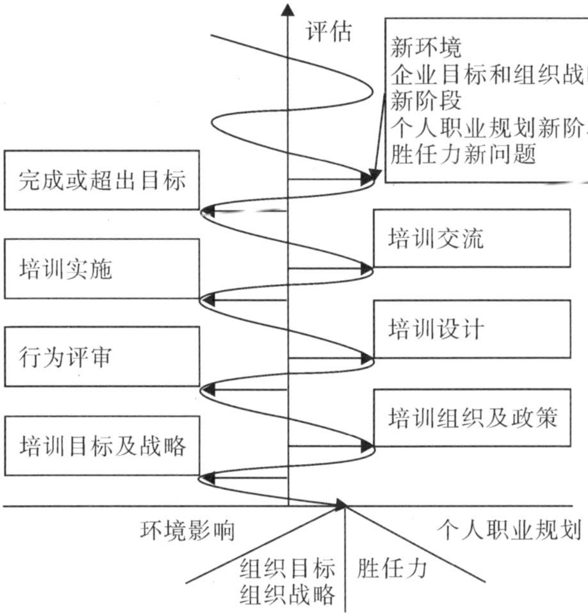

图13

ST型培训模式设计主要考虑解决三个方面的问题：

▲ 适合于学习型组织培训管理的需要，并为企业发展不同阶段的培训管理模式提供参照；

▲ 规避常见培训模式所存在的不足；

▲ 使培训模式具备自我更新的能力，适应不断变化的市场环境；

▲ 增进培训管理模式的交流。

正是因为以上几方面的考虑，ST 型培训模式具备了以下特点：

▲ 使培训与发展的关系体现得更加形象化；

▲ 培训模式本身具有很强的自我更新能力，评估成为整个培训循环的核心环节；

▲ 更加强调了培训循环的系统性和连贯性并使之保持持续化发展的方向；

▲ 进一步强调了“供应为先”的内部市场观念，为学员参加培训创造更加自由的选择空间；

▲ 培训实施与战略促进同时得到体现并处于一脉相承的关系；

▲ 更加强调了对企业环境因素影响的重视；

▲ 更加强调了企业中个人目标的实现和通过培训的促进；

▲ 对能否适应企业形态的发展要求作了充分的考虑；

▲ 更加注重了对培训信息管理的强调，在此模式中增加了“培训交流”的内容，促进培训成果转化。

美国的管理大师彼得·杜拉克先生对于组织模式的发展作出预测，认为今后将不存在最佳组织模式，所有的组织都是因为为了完成某个目标而暂时形成的。现实证明也正是如此，过去的组织模式也是如此，只是因环境的变化较缓慢而没有在短期内有所感受而已。培训模式得以实施必须要建立在培训组织基础上，同时培训组织也具备不断发展变化的这一特点，因此 ST 培训模式更加强调在不同的环境时期、不同的组织目标阶段和不同的个人目标阶段将出现不同的培训目标和培训战略，培训组织也同时要根据这些因素进行调整才能够保障不同培训目标的实现。由此，ST 培训模式对于培训组织变化的考虑——是来源于培训本身所具备的不断发展变化的特质和企业未来发展方向的需要。这也体现出 ST 培训模式具备较强的适应变化的能力。

对于“培训交流”的引入更是体现了 ST 型培训模式的优越性。目前培训管理对于信息的重视已经表现得越来越强烈，“环境影响”的界定完全依赖于培训组织对于外界信息的掌握程度，而“培训交流”则是对内部培训成果的充分利用，使培训的效益最大化。

需要说明的一点是，目前，很多企业对于销售部门内部的培训实施工作引起了高度的重视，并且做出了卓有成效的探索，但因销售培训属于培训的实施层，从培训整体管理上来说已经涵盖在整个培训系统之中，因此不可将培训模式全盘引入到销售部门的部门培训管理中，包括 ST 型培训模式如此。

作者本人总结出的这套 ST 型培训模式体系，需要业内同仁们在实践中去发展其优点和不足，并希望能够通过大家的努力不断地给出建设性的意见，让科学、实用的管理模式及方法贡献于广大企业的成长。

第四节 建立完善的培训制度

上一节我们主要探讨了有关培训模式的问题，与培训模式息息相关的是培训管理制度，如果没有完善的培训管理制度，完全靠员工的自觉意识，是无法保障培训模式能够顺利运行的，即无法实现培训目标，或者说培训出来的人才没有为自己企业作出贡献就被竞争对手请去了，这是在现实环境中经常出现的现象，也是限制很多企业老板不愿在员工培训方面投资的关键因素之一。那么作为培训管理者来说应该从哪几个方面来建立健全的培训管理制度呢，一般来讲，主要需要以下几种培训制度：

▲ 培训服务制度；

▲ 岗前职前培训制度；

▲ 培训考核评估制度；

▲ 培训奖惩制度。

一、培训服务制度

对于一些投入较大的培训项目，特别是需要一段时间的离职培训来说，企业不仅投入费用让员工参加培训，还要提供给学员工资等待遇，同时企业要损失因为员工离职不能正常工作的机会成本，一旦参加培训的员工学成就跳槽，企业投入价值尚未收回，岂不是得不偿失。为防范这种问题的出现，就必须建立制度进行约束，培训服务制度由此产生并被广泛运用。

培训服务制度基本由两个部分组成，第一个组成部分是“培训服务制度条款”，这一部分主要需要明确的内容有以下几个方面：

▲ 员工正式参加培训前要根据个人和企业需要向培训管理部门或部门经理提出申请；

▲ 在培训申请被批准后要履行培训服务协约签订手续；

▲ 培训服务协约签订后方可参加培训。

培训服务制度的第二个组成部分是“培训服务协约条款”，一般的“培训服务协约条款”要明确以下几项内容：

▲ 参加培训的时间、地点、费用和形式等；

▲ 参加申请人；

▲ 参加培训的项目和目的；
▲ 参加培训后要达到的技术或能力水平；
▲ 参加培训后要在企业服务的时间和岗位；
▲ 参加培训后如果出现违约的补偿；
▲ 部门经理人员的意见；
▲ 参加人与培训批准人的有效法律签署。

培训服务制度是培训管理的首要制度，虽然不同企业有关这方面的规定不尽相同，但目的都是相同的，只要是符合企业和员工的利益并符合国家法律法规的有关规定就应该得到重视。

二、岗前职前培训制度

岗前职前培训制度就是规定员工上岗之前和任职之前必须要经过全面的培训，没有经过全面培训的员工不得上岗和任职。目前这种制度已经较为普遍，因为这是提高企业员工素质的有效方法。是组织目标实现的需要。

需要接受岗前职前培训的对象主要有如下几种情况：

▲ 进入企业的新员工；
▲ 需要调整岗位的员工；
▲ 与企业要引进的新技术、新产品工作相关的人员；
▲ 即将升职的员工；
▲ 即将降职使用的员工。

对于岗前职前培训制度的制定，要与人力资源部相关人员配合进行，并争取与其他各部门经理人员共同商讨，对于此制度的贯彻执行是非常有利的。此制度的主要条款应该有如下几个方面：

▲ 岗前职前培训制度的意义和目的；
▲ 需要参加人员界定；
▲ 特殊情况不能参加岗前职前培训的解决措施；
▲ 岗前培训的主要责任区；（部门经理还是培训管理者）
▲ 岗前培训的基本要求标准（内容、时间、考核等）等；
▲ 岗前职前培训的方法。

三、培训考核评估制度

评估作为培训发展循环的中心环节已经是业内的共识，但从培训模式中各环节体现的培训评估目的多数都是为提高培训管理水平，同时也有对参加培训人员的培训效果的评估，而考虑对参加培训人员的学习态度、培训参加情况则关注得少一些，设立培训考核评估制度的目的既是检验培训的最终效果，同时为培训奖惩制度的确立提供依据，也是规范培训相关人员行为的重要途径。

通常培训考核评估制度需要明确的内容有以下几个方面：

▲ 被考核评估的对象；

▲ 考核评估的执行组织；（培训管理者或部门经理）

▲ 考核的项目范围；

▲ 考核的标准区分；

▲ 考核的主要方式；

▲ 考核的评分标准；

▲ 考核结果的签署确认；

▲ 考核结果的备案；

▲ 考核结果的证明；（发放证书等）

▲ 考核结果的使用。（见奖惩制度）

有关培训考核评估具体操作时应该注意的事项可以参照本部份的第二章的相关内容。

需要强调的一点是培训评估考核必须100％进行，并且要标准一致，评估考核过程开放、公平方可达到培训评估考核的目的。

四、培训奖惩制度

奖惩制度是保障前面几项培训管理制度能够得以顺利执行的关键，如果参加与不参加岗前职前培训一个样，培训考核评估好与不好的结果都一个样，相信谁也不会引起对这些制度的重视，同时也不会对培训本身引起足够的重视。因此非常有必要设立执行培训奖惩制度。

对于整体考核成绩较好的并且在培训过程中表现较好的学员，和对于培训工作支持帮助较大的部门经理人员可以采取如下措施进行奖励：

▲ 将考核的成绩纳入个人奖金发放的岗位责任范畴。根据考核成绩来确定奖金发放情况；

▲ 将考核的成绩作为个人升职的主要参考标准之一，同等条件下培训考核较好的优先给予升职；或者没有培训出接班人的经理人不给予升职的机会；

▲ 设立专项培训先进奖，可以是有形的物质奖励，也可以是无形的精神激励，也可以因为培训考核成绩优秀从而放宽其他相关的条件要求。

同样，对于考核成绩较差的要分出等级，采取上面所述方法进行相应的惩罚。值得注意的一点是在制定培训奖惩制度时一定要明确培训可能出现的各种优劣结果的奖惩标准，如果奖惩标准不一或不明确，则失去了此制度的有效性。培训奖惩制度主要由以下一些内容组成：

▲ 制度制定的目的；

▲ 制度的执行组织和程序；

▲ 奖惩对象说明；

▲ 奖惩标准；

▲ 奖惩的执行方式和方法。

第五节　建立广泛的培训资源

作为职业培训经理人和企业内部的培训管理者，要肩负起整个企业不断更新变化的培训需求的满足和目标的实现，并要提供给部门经理们备选方案，实现超前供应和远距离网络培训供应，建立系统的课程组合和动态的信息系统，这些还仅仅是完成培训管理的部分内容，但仅就这些工作实现起来谈何容易？而且您还需要掌握竞争企业的培训动向，现代技术发展对于培训的影响，等等。但往往企业内部专职于培训工作的人数比例是普遍较低，培训从业人员多数又是半路出家，素质参差不齐，仅靠企业内部的资源是很难实现企业培训需要的，并且仅仅依赖内部经理人培训职能的发挥、企业内讲师资源来做培训效果也不会理想，俗话说：外来的和尚好念经。这正是近年来很多企业经常外请培训顾问的原因所在，如果您也计划邀请外部顾问来帮助企业解决一些企业自身无法胜任的培训问题，那么您现在应该感觉到建立广泛的培训资源档案是多么重要。

引进外部培训顾问为企业解决培训管理甚至是培训实施问题，已经是越来越多企业的共同选择，这是源于企业内部缺乏这方面的专业人才或专业人才达不到外部顾问的专业化水平的原因，但外部顾问的要价普遍较高，从而增加了企业在培训方面的开销，如果能够达到培训目的也还算值得，有些时候因为培训管理者手头缺乏外部顾问的资源，对于顾问的选择余地很有限，结果不得不邀请有联系的顾问人员，这样的结果往往是钱没有少花事情却不一定办得精彩。为使外部顾问的选择性增强，就应该平时多注意留心有关媒体信息和积极参与一些本行业的会议等活动，广泛结交培训顾问朋友，灵活运用互联网资源，并进行深入了解其以往的工作成效和个人专长，将这些资料整理成档案，就可在工作的过程中用到时进行择优邀请。

外部顾问档案建立格式可以按表 26 格式进行。同时外部讲师资源档案和外部技术顾问资源档案也可以参照表 14 格式进行设计。

目前从事培训顾问的职业人员主要来自于以下几个方面：

▲ 海外专业顾问公司驻中国机构；

▲ 国内高等院校教授；

▲ 港台等地的专职顾问人员；

▲ 大陆的专职顾问人员；

▲ 跨国公司的高级职业经理；

▲ 其他实战派讲师顾问。

单就培训顾问来讲也分为战略顾问和实施顾问两大类，讲师就属于培训实施顾问这一类。而从事战略顾问的培训顾问很难分谁高谁低，应该主要从其以往的工作成效来考证。讲师则有所不同，根据其素质高低和讲课技能的运用水平的不同，大致可以分为四类，基本特征如表 14 所示。

表 14　外部培训顾问资源档案表

姓　　名		性　　别		年　　龄	
学　　历		专　　业			
工作特长		邀请成本			
工作简历					
工作成果					
其　他					
通信地址	邮政编码				
电　　话	E-mail				

从图 14 中我们可以看出："吸管形"的讲师不论是理论水平还是实践经验都非常缺乏，同时又不会灵活利用各种课堂讲授技巧，邀请这样的讲师无疑是非常不值得的。"漏斗形"讲师确实水平很高，不论是理论水平还是实际经验都非常丰富，遗憾的是"茶壶里煮饺子——倒不出来。"，太不善于语言表达，或全都是专业术语，不会灵活利用各种讲课技巧来调动课堂气氛，这种讲师要根据授课对象的特点和所讲授的内容特点适当邀请。比较有意思的是"喇叭形"讲师，此类讲师虽然水平一般，理论和经验都比较缺乏，但非常善于语言表达，属于非常能吹牛的那种，并且善于表现自我和表演，将课堂营造得笑声不断，掌声此起彼伏，结果课程讲完之后，听课的学员感觉到没有学到什么实际的东西，结果是大家看了一场"相声"表演，最为优秀的讲师应该是"圆柱形"的讲师，这一类讲师不仅文化底蕴深厚，经验丰富，而且语言表达能力强，善于利用课堂培训技巧，能够与接受培训者产生互动，并且讲解时实例丰富，深入浅出，枯燥的理论通俗化，这种讲师是培训管理者们在邀请讲师时的重点选择对象。

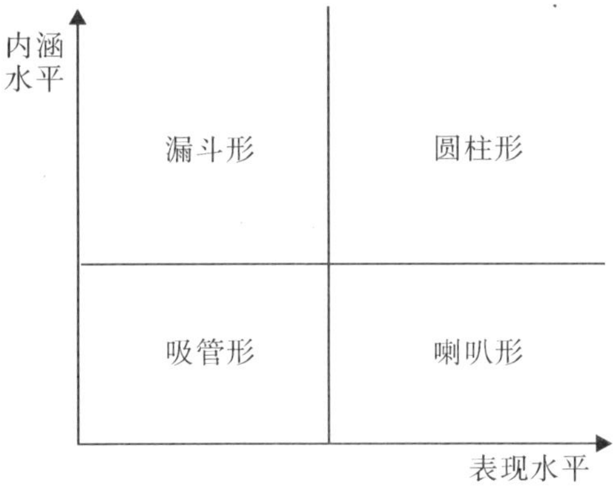

图 14

有些培训管理者曾经问过我这样的问题：是不是邀请到好的讲师就不需要再邀请培训顾问了呢？我的回答是否定的。原因主要有一点：因为讲师是属于培训实施层面的顾问，在讲课之外，可能对培训的实施了解的多一些，但真正对培训的战略能够了解多少就要打个问号了。反过来说，邀请了培训顾问是否就不需要再邀请讲师了呢？答案是：需要。同样的道理，对培训战略很有研究的顾问未必讲起课来能够讲好。研究培训战略的培训顾问可以帮助您来规划企业的整体培训系统，帮助您诊断企业培训中存在的各种问题，并制订备选的解决方案，在某种程度上来说，培训文化发展越成熟的企业对这方面的需求越高，反而对培训实施者的讲师的需求呈减少的趋势，这是因为随着科技水平的提高有很多培训实施工作完全可以借助各种技术来完成，从培训的接受度和最终的效果来看都是可取的，而且节约成本，提高培训自由度，这些都是对传统讲师的一个冲击。

第六节　培训者的自我成长

已经有越来越多的人开始重视职业化发展，作为职业培训经理人，不管您今天所在的企业中培训文化的发展状况如何，所肩负的是战略促进者的职能还是培训实施者的职能，时代环境的快速变化，知识的更新换代速度加快，培训工作者作为企业整体人力潜能的开发者和新技能、新知识的提供者，必须走在这种持续变革的前面；此外，随着培训文化的日益成熟，企业内部更多的人肩负起培训实施的职能，而职业培训工作者逐步向战略促进、培训支援的角色转化。如上所述的诸多因素都要求培训工作者必须学得更快、更丰富、更专业，方可不在这场变革中被淘汰。同时，也是培训工作者职业化发展的必由之路。

一、需要的技能

在本部份第一章中我们曾经探讨了新环境下培训工作者的职能问题，这里我们还需要关注一下这个问题，因为培训工作者之所以需要掌握新技能，目的无非是为了更好地履行其职能。

很多西方发达国家的管理学学者、专家们对于培训职能的划分有多种主张，有的分为五种，也有提出三分法的，但总的来说，都可以涵盖在战略促进者和培训实施者的职能定位中，虽然这种绝对的分法，对于处于动态变化着的培训职能来说显得有些危险，可即使存在兼具这两者职能的培训工作者，或者说是培训文化处于过渡时期的培训工作者，所需要的工作技能有所不同，但完全可以从这种二分法中得到非常直观的答案。因此在这里，我们仅针对战略促进者和培训实施者这两种职能所需要的职业技能进行讨论。

首先我们来共同看一下作为一名培训实施者需要肩负哪些职能和需要掌握哪些技能。培训实施者职能与技能关系表见表 15 所示。从图中我们可以很清晰地看出对于一名培训实施者来说应该具备哪些能力，并且可以看出分析判断能力、组织能力和授课能力对于培训实施者来说尤为重要，因为这三方面对于培训的效果的影响是至为关键的。

除在表 15 中体现出来的能力要求以外，还需要培训实施者具备其他几个方面的能力素质，像保证自我知识、技能更新的学习能力，发挥培训工作者行为影响力的实践能力和创新能力等。

作为一名战略促进者，要参与企业的远景规划，对企业目标及其战略的制订要作出贡献，并负责促进企业所制订的目标和战略的实现，因此他必须对企业的运行模式、企业的资源、企业的目标和战略、目标和战略的推进等有着深刻的认识和了解，因此有人说，作为战略促进者的培训管理者已经不是一般意义上的管理人员，他必须是一名出色的——专家级高级人才。而对战略促进者的高要求也同时确立了其在企业中的地位的提高，提升了影响力，当然这种影响力不能够仅靠“威权”或者说职位的显赫取得，而是要靠发挥个人在企业中影响力的能力，也就是通常所说的“权威”。

表 15　培训实施者职能与技能关系表

培训实施者职能	培训实施者技能
部门培训需求的调查分析	分析能力
部门培训目标和计划的制订	策划能力、组织能力
组织培训计划的执行	组织能力
全程评估培训活动	观察能力、分析能力
提供培训信息	应变能力
具体分配培训资源的使用	组织能力
参与组织的培训评估	团队意识、分析判断能力
现代培训技能的使用	技术能力
负责培训课程的讲授或配合讲师的课程实现	授课能力

有关战略促进者要履行其职能所需要具备的能力我们同样以对照表格的形式来体现。具体情况见表 16 所示。

有人说，管理是一项综合的艺术；也有人说，管理是一门系统科学；还有人说，管理是一门如何经营人心的能力。作为培训管理者来说同样如此。他不仅要求培训管理过程中不允许出现漏项的现象，同时在执行每一项管理时并非是完全孤立的。从表中我们可以看出，作为一名战略促进职能的培训管理者来说，完成每一项工作都需要多项能力的配合，缺乏哪一方面的能力都可能导致管理的走偏。当然在所需要的能力中并不是每种能力要求达到的程度是一致的，同样有轻重之分。对于培训管理者来说，战略意识、人际沟通能力、专业培训知识和技能就显得尤为重要。

战略意识　如果将培训管理者的能力要求用“一名出色的职业专家”来形容的话，缺乏战略意识是难以想象的。之所以将培训管理者的角色定位为“战略促进者”的角色，说明此时的培训管理者的主要职能就是促进组织的战略实施，如果战略意识不够还何谈这一职能的体现呢？因此说战略意识是作为一名战略促进者的培训管理者首要的能力。怎样来看待“战略意识”这一概念本身的内涵呢，这是很多培训经理人会遇到的问题，在此请允许我结合本人对此方面的研究和认识作更深一步的探讨。

从意识层面来说“战略意识”要求培训管理者看待问题、考虑问题和解决问题时——不能够只局限于问题本身，而是要站在战略的高度来进行，要从问题的发生发展考虑到对企业目标的影响，对于来自环境的信息、来自竞争对手的信息不能只看到信息的本身，更要看到信息之后隐藏的动机和商业机会或者是对企业自身的影响。

例如：在一个月的时间里，出现1/3的员工有迟到的现象。如果只将这个问题看成是员工组织纪律涣散，然后严格管理制度，就很难从根本上解决问题，如果以战略的眼光来看待，进行深入的调查，就会发现导致这一现象的后面隐藏着的危机，可能是出现提拔人员不合理，或者是员工感到取得了较好的成绩而没有得到公平的绩效。

仅具备这种战略意识还是远远不够的，不懂得怎样进行战略管理或者说战略系统规划，战略意识只能停留在嘴边上，解决不了什么问题。作为培训管理者的战略管理一般可以分为五个步骤，他们分别是：战略环境分析、战略问题界定、战略决策、战略实施和战略反馈。

每一位培训经理人都需要随时掌握来自企业内部和企业外部的各种信息（有关信息系统的建设问题我们将在第三部分进行深入讨论），而对战略影响最大的可能是来自外部的信息，并利用各种统计和分析方法进行处理，找出哪些是有价值的信息，对信息进行分类，判断出现的问题和可能或者已经产生的影响。

战略问题界定主要解决的是对出现的问题进行定性，是属于经常出现的普遍问题，是特殊性的个案还是新环境下新出现的问题。

战略决策实质上是对经过界定后的问题制定相应的解决措施，并且将这种措施的可行性作充分的评价，决策实施后产生的影响和必须配合的行动有哪些部门和人员，决策实施需要的资源情况，决策推进的步骤怎样等，有些决策本身可能就建立在其他决策的实现基础之上，如新产品推出的策略要建立在产品策略基础上。或者有些决策是所有问题中的关键矛盾，除此之外还需要对决策进行检讨，避免错误决策实施造成的损失。

战略实施阶段最重要的就是跟进，以便随时了解实施中出现的问题并及时地作出改进和调整。其实战略反馈体现在战略实施的整个过程，就像培训评估体现在培训实施整个循环中一样，如果等到最后再检验反馈结果，一旦结果与目标大相径庭已经没有挽回的机会。

人际沟通能力　著名的成功学大师卡耐基先生曾经这样描述过一个人成功的因素：一个人的成功，只有15％来自于他的专业知识和技能的影响，而另外占

85％的因素是靠他与别人相处的方式方法。这一结论也许过于绝对，但充分体现了人际沟通的重要性。目前对于企业内部的沟通已经越来越重视，这是团队效能发挥的纽带。对于培训经理人来说，要在企业中发挥他战略促进者角色的影响，需要企业中各部门的配合，从这个意义上来说，培训经理人要成为企业内部的交际家。

表 16　战略促进者职责与能力对照表

工作职责	工作能力
制定与组织目标和组织战略相关的培训目标和培训战略	1. 战略意识 2. 判断分析能力 3. 专业培训知识和技能 4. 组织策划能力
开发并合理运用培训资源	1. 组织能力 2. 协调控制能力 3. 计划能力
推动培训文化的改进	1. 顾问技能 2. 人际沟通能力
建设开放式的培训信息系统	1. 反应能力 2. 系统思考能力
为各部门提供培训支援	1. 教练技能 2. 专业培训知识和技能
开发超前的培训供应系统（含远程培训系统）	1. 创新能力 2. 判断分析 3. 组织策划能力
主持组织的培训评估	1. 组织能力 2. 人际沟通能力 3. 判断分析能力

专业知识和技能　作为每一个组织成员应该对于所在的企业都是有着特殊价值的，如果您不能够为企业提供这种从别人那里得不到的价值，那么，您在企业中的重要性就很难体现，甚至是可有可无的，也是缺乏长久竞争力的。现代市场营销中经常要进行产品的特殊卖点或叫定位，就是这个道理，特别是作为战略促进者的培训管理人员，不仅仅是一个企业内部高级管理者那么简单，他要为培训的实施者提供支援，这种支援更多的时候是体现在专业培训方式方法的指导方面，如果不具备丰富的培训专业知识和技能乃至培训实战管理经验，那么随时可

能被另外一位更加专业的人士所取代，或者是被专业培训顾问取代。因此，这里还要进一步谈一下“顾问技能”的问题。这一技能也是在表 16 中有所体现的。之所以将“顾问技能”与专业培训知识和技能分开，是因为更有利于一位战略促进者站在战略的高度来理性的解决培训问题。“顾问技能”主要包括介入、干预、契约、应变和判断分析能力，当然专业知识是必不可少的。因为外部顾问把企业需要完全看成是为顾客提供服务，顾客满意是他们追求的最高目标，而要达到这一目的，就需要上面所提到的专业技能，如果企业内部的培训管理者具备这样的技能，将更有利于确立正确的工作态度，减少出现以技能高超，经验丰富和职位显赫来压制和排斥部门经理们可能是正确的建议。从而将部门经理们团结到自己身边，这将更加有利于工作的开展。

此外还需要强调的一点是，作为战略促进者的培训经理人，对于各部门相关的专业知识和经验也是不可缺少的，比如说财务、营销、新产品开发和制造等方面。这是因为不同的领域需要采用的培训方式和方法存在较大的差异。管理培训可能更加倾向于采用课堂讨论的方式，而制造部门可能更加倾向于采用实地练兵的形式进行培训，如果对此不够了解，培训管理者作出的指导就往往会出现偏差，最终导致失去别人的信任和尊敬，甚至会出现排斥的情绪。

二、培训实施者的自我成长

记得上学的时候，我们经常要做学习计划。内容无非是本年度学习成绩达到什么水平，阅读多少本名著等课外读物，参加多少课外活动并取得什么样的成绩。作为培训实施者的培训人员来说，要想取得良好的自我成长，同样需要制订学习计划，只是与上学时的学习计划有所不同而已。具体上来讲，培训实施者的“学习计划”是以“个人职业生涯规划”的形式得以体现。前面我们在探讨有关培训文化的建设时曾经谈到“个人职业生涯规划”的问题，当时的对象主要是培训部门的服务对象——企业中的其他部门和成员。培训实施者作为组织中的一员，不但不能忽视自身的职业规划问题，恰恰是重中之重，是带动企业培训文化发展的关键，只是在做培训实施者的职业规划时考虑企业培训需求所占的比重应该更多一些。特别是在考虑学习目标和行动计划时要在最大限度上取得与企业整体培训目标的实现和计划做好配合。培训实施者要真正体现其价值，也可以说成是自我成长的重要目的之一，是在企业中逐步确立自己权威的基础，实现自我成长的第一步就是进行合理的自我职业生涯规划。

争取组织培训的优先权。作为培训的实施者，直接影响着培训的效果好还是不好，更多的是一种老师或者说是教练的形象，老师和教练一定要比所教的学生或学员知识多，能力强（特殊情况外）。否则就是不称职的老师和教练。如果企业中其他大多数人都参加了某项培训，而培训实施者反倒后来才参加，走在了培训对象的后面，那么培训实施者再开展此项培训时就没有优势可言了，也就是没有优先知识和技能值得令接受培训的学员信服。因此，要想真正搞好组织培训，一定要先培养优秀的培训实施者，当然也包括行使企业战略促进者角色的培训管理者。如果企业中的决策者没有对此方面的正确认识，培训实施者一定要采取主动的态度来说服决策者，一般来讲，这种“良师出高徒”的道理还是很容易令决策者认同的，只是有些时候可能限于资源问题，导致目的没能够实现，因此在做此方面的建议时一定要考虑资源投入的问题。

培训实施者自我成长需要明确的另外一个问题就是——确立自己的专业化形象。培训工作不同于其他部门的工作相通性较多，也不同于传统的校园教学，他更加强调实效性，更加强调通过训练使被培训的对象有所改善。目前培训行业从系统基础理论到实用操作技能，到培训技术，发展成自成一体的专业领域，各种训练方法也已经得到开创和广泛应用，作为培训实施者只有掌握了培训行业的系统科学理论和实战技能，才称得上是个行家，也才真正能够谈得上在培训方面实现职业化发展。

下面我们就结合作为培训实施者履行职能所需要的几项核心能力来谈一下具体的发展方法。

授课技能　作为培训实施者来说要经常面对听众进行授课，不仅要将事先准备好的内容完整而且具有较高接受性的传授给听众，同时也要很好的掌握听众心理，以便随时调整讲授方法甚至是内容。这不仅需要良好的心理素质、当众演讲技能和良好的语言表达能力，还需要熟练运用各种技术手段来帮助达到最佳效果。本人就曾经多次参加培训讲师的考核评审工作，遇到过各种各样的情况和培训实施的授课人员，其中不乏登上讲台后就头脑一片空白什么话也说不出来的，也有语无伦次的，也有讲着讲着又回到已经讲过的内容从头来过的情况，其实出现这些现象的原因主要是因为平时缺乏锻炼，或者说是课前准备工夫不够，但多种紧张的情况出现的原因主要就是缺乏锻炼，而授课紧张又是培训实施者最要不得的，您想，如果连培训者都没有足够的信心，接受培训的人对他所培训的内容还能有信心吗？答案是否定的。强化培训实施者的授课能力的有效方法就是多练习。这包括课外练习和多登台“真刀真枪”的课上练习。

分析判断能力　这一能力主要体现在分析和判断培训需求以及进行培训循环的评估方面，当然这也同样是决定培训实施成败的关键能力。如果培训需求判断错误，那么再高的授课水平都是于事无补的，同样对培训循环的评估判断错误，本是效果很差反成了效果很好，今后还按照错误的路子走，将会越走越远，本来是培训效果很好的一次培训，被判断效果不佳，并采取改进措施，结果可能适得其反。由此可见分析判断能力的重要性。分析判断能力提高并不是一朝一夕可以实现，也不是仅从哪个方面入手就可以解决，这一能力的基础除包括广泛的知识面和专业化知识水平外，还有个人的观念作用，个人的思维逻辑性是否很强，推理能力如何等因素影响。现实中就有很多人看事情总是看到阴暗面却看不到光明的一面。政府的腐败就是一例，人们总是看到谁谁贪污受贿，经常发一些牢骚，却没有看到政府在机构改革等各方面所表现出来的进步和成熟，改革开放 20 年以来所取得的成果。因此要具备良好的分析判断能力，首先需要培训实施者确立起理性看待问题的正确观念，以便不至于导致分析判断的结果带有普遍消极或普遍过于乐观、好大喜功的色彩。另外，培训实施者要深入学习逻辑学的有关理论知识，并经常锻炼自己的逻辑推理能力，从而使自己的分析判断行为在科学的模式下进行，经过系统论证和推理，得出的结果就要比仅凭想象、只看直观资料或感性认识要具备说服力。此外，掌握一套先进的现代分析判断技术和模型也是提高分析判断能力的有效方法。

组织能力　培训实施者的组织能力的重要性主要体现在培训方案的拟订、培训资源的具体分配和培训活动的组织实施等几个方面。根据本人以往的经验，提高组织能力最好的办法就是不断实践。当然不可为实践而实践，而是要在实践中有所学有所悟有所改进。为保障实践的成功，在作每一次方案或组织每一次培训活动时都应该提出几套经过精心策划和反复论证过的方案书，然后再通过小组会议来讨论优先选择方案和备选方案。通过这种工作过程，培训实施者的组织能力可以得到迅速提高，通过提供备选方案使培训活动成功的保险系数增强，同时养成一个很好的习惯，为今后成为领导者奠定良好的基础。

作为培训实施者的自我成长有多种渠道和方法，在这里我们只是就一些重要原则进行了阐述，每个人有各自的取向和选择，但作为培训实施者只要能够保持持之以恒的学习精神和勇于创新的工作态度就会在自己的组织中，在培训实施工作过程中取得不断的进步和值得自豪的成绩。

三、战略促进者的自我成长

“千层楼台，起于垒土。”说的是建筑高楼要先打好地基，同样要想在学习上取得成功，就要从基础学起，作为战略促进者的培训管理者也绝非没有从事过培训工作的人所能胜任，要想成为战略促进者的培训管理者，首先要成为出色的培训实施者，具备了丰富的培训实施工作经验作为基础，方能令各部门的培训实施者们所信服，同时也是履行战略促进者职能的基本需要。作为战略促进者履行职能要求具备的主要职能就有以经验为背景的专业知识和技能，纸上谈兵只能打败仗，空有理论无实践经验也无法胜任工作。

“顾问技能”是战略促进者专业培训知识和技能的主要组成部分之一，作为企业内部的培训管理者，很少有机会去参与其他企业的培训诊断、培训咨询等工作，当然，这一点也是诸多企业老板所避讳的一个问题，因此这种“顾问技能”是无法从以往的工作实践中得来的，最为简洁而且经济的途径就是多与专业培训顾问和培训专家接触，并经常带着问题向他们请教，一方面因朋友关系专业培训顾问都会倾囊相告，同时又可能是客户关系，培训顾问们为使客户信任，认识顾问的真正价值，从而建立长久的合作关系，也会多多表现自己，而这正是战略促进者学习的最好机会。因此要想丰富自己的专业知识和技能，除要多参与培训实施工作外最为重要的就是——向优秀培训顾问们学习。

战略促进者的培训管理者的另外一项主要能力就是——人际沟通能力。培训管理者要靠人际沟通能力来协调组织内部的培训资源、培训目标和培训实施计划，不具备较强的人际沟通能力是无法实现目的的。作为培训管理者最忌讳的就是借工作之便行私人之事，如不让某个部门自己不认同的人参加培训，不给对自己不配合的部门进行资源支援，而这有无疑是在拆自己的台。因此，作为战略促进者的培训管理者唯一能够向其他部门施加影响的办法就是强化自己的——人际沟通能力。

关于人际沟通能力的训练现在遍地都是，多是大同小异，其根源主要来自两个方面，其一为近几年西方涌入中国的成功学，其二为中国古老文化派生出来的为人处世修身方面的著作，本人也曾经看过很多，但真正能发挥作用还是要依靠行动，这里仅与各位分享几个可行的方法。第一：为他人着想。在以往的工作过程中，经常帮助其他部门来分析其部门的工作目标和工作职责，并且指出影响其个人工作成绩的问题在哪里，应该采取什么样的措施来帮助其作出更大的成绩，而在这些措施中培训工作怎样配合就是其中之一，这一做法经常能够打动部门经理们按照我的建议来安排培训工作，而且即使出现一些沟通方面的问题也能够得到对方的理解。改善自己人际关系的第二个重要心得就是——使自己保持谦让和温和。作为组织中的培训者最容易犯的毛病就是持才傲物，目中无人，并经常好为人师，这种人是非常令人不愉快的，而如果战略促进者的培训管理者确实是学有所长，高人一等，并能够经常虚心地征求别人的意见，保持冷静温和的态度，将会更加令身边的人尊敬。况且在当今社会人才济济的时代，多数人都有一技之长，就是没有一技之长的人也有其可学习的地方，他们虽然无法在学识上与你相比，但他却可以采取不配合你工作的态度，从而成为培训管理工作中的干扰因素。特别是作为战略促进者的培训管理者来说，直接面对和服务的对象就是各部门的经理人员，他们在所管理的范畴之内往往比培训管理者更加经验丰富，如果缺乏对他们意见的重视将导致培训管理者举步维艰，本人在解决这个问题时，曾经在与各部门经理单独沟通的基础上引进培训专题会议来增进沟通。但原则仍然要以谦和的态度作为前提。“谦受益，满招损。”说的正是这个道理。

在人际沟通方面另外体会较深的就是——每一个人都喜欢听好话。不管您承认不承认，人类自古以来就是这样，这是人性的一个基本特点，正是因为这一点，在中华民族的历史长河中才出现了那么多利用溜须拍马伎俩而得以飞黄腾达者，每个人的心理也同样如此，你做了一件好事，你就会感到舒服，你做了一件不好的事情，你的内心就会感到不舒服，以前本人的公司里面有一位行政秘书，在与客户进行电话沟通时总是该讲的话讲不好，反而不该讲的话讲了出去，对公司的影响非常不好，但是当你就此批评他时，他却感觉满腹委屈，甚至还要哭鼻子，出现这种现象与其自身的心理承受能力有关，但同时也说明即使有错误的人也不愿听到批评，人人都希望得到赞美。关于这一点，无论是心理学家的研究成果还是来自西方的成功学理论都有更为详细的讲解——真诚的鼓励和赞美对于建立良好的人际关系非常有利。这些基本技能对于其他人有用，对于战略促进者的培训管理者来说同样有效。

第七节　建立动态的信息系统

目前国内企业多数都对培训信息不够重视，往往只停留在对培训需求评估和培训效果评估的信息收集和整理方面，而这些是远远不够的，应该说，所有与培训有关的信息都应该纳入培训信息的范畴，而培训信息对于培训管理决策，培训目标的确定，培训策略的制定，培训计划的制订，乃至对培训手段和技术的运用都是具有非常重要的参考价值，没有培训信息做基础，培训管理者就会失去方向，仿佛盲人走在沙漠中一样。

培训信息有外部信息和内部信息之分，因此培训信息系统又可以分为外部培训信息系统和内部培训信息系统，只有两者都健全的时候，才能够真正发挥信息系统的作用。

一、外部培训信息

前面我们在探讨培训模式的时候，曾经就适合学习型组织的培训模式进行重点讨论——ST 培训模式。在 ST 培训模式中提出，在确定培训目标需求的时候主要考虑 4 个方面的影响，其中之一就是——外部环境。作为培训管理者如果没有对外部信息保持持续的高度敏感，就无法对外部环境给培训目标带来的影响作出正确的判断，也无从了解外部市场的变化对企业培训工作带来的影响，更谈不上作出快速的反应，等到危机来临的时候才发现已经晚矣。同时竞争对手的培训动态往往能够体现出其发展方向和市场战略，如加强服务人员的培训，说明企业开始强化服务质量等。

外部培训信息的信息结构　外部培训信息除包含同行业竞争对手的培训信息之外，专业培训顾问公司的培训信息，专业培训顾问的信息和现代高新科技的发展信息，与培训工作关系较为紧密的现代心理学、教育学、管理学和演讲艺术，国家有关培训发展方面的政策变化等都应成为外部培训信息的组成部分。具体如图 15 所示。

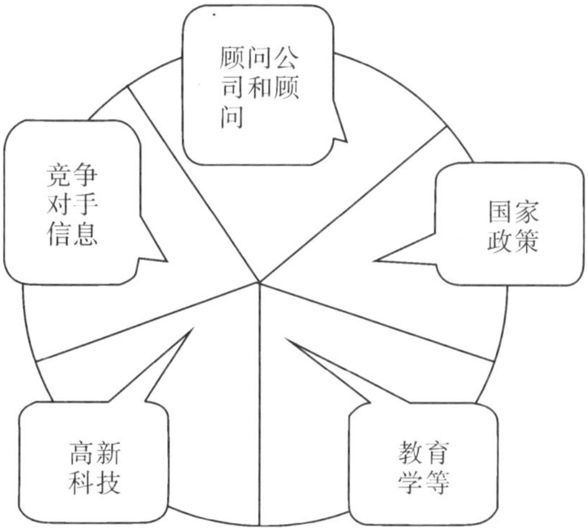

图 15

外部培训信息的信息源　收集外部培训信息的渠道非常广泛。除传统的电视、报纸、杂志和广播等声像媒体和纸媒之外，上网查询也是收获颇丰的收集办法，目前国内就已经有很多专业培训网站，国际方面较为成熟的专业培训网站也不下百家，很多门户网站也纷纷推出教育培训方面的专栏，更有一些专门的远程教育网站，虽然目前的一些远程教育网站的内容较多地针对大中小学学生的传统教育，但其中也不乏培训管理者可以借鉴的信息。此外，经常参加一些培训界的会议也会收获不少，往往这些培训会议正是培训方面信息的交流平台。作为培训管理者来说，同样可以采取其他的方式来有目标的获取外部培训信息，比如进行顾客服务满意情况调查，对企业的目标顾客和老顾客进行专访，通过外部环境来了解企业一线员工在顾客心目中的形象，将更加有利于培训管理者制订对企业一线员工的培训计划。对于分支机构较多的企业，通过分支机构的信息报告工具来定期反馈外部培训信息也是被许多企业认同的外部培训信息收集方法之一。

外部培训信息系统的管理流程　外部培训信息因其涉及面较广，信息种类较多，因此在信息系统的管理时要经过处理后才能够为培训管理者所使用，在培训信息处理的过程中要尽力减少无用信息的干扰，要做到这一点，一般要采用科学的信息处理技术，如信息系统的数据库分类，这一点我们在专业书籍中可以找到解决的方法。常见的外部信息系统管理流程见图 16 所示。

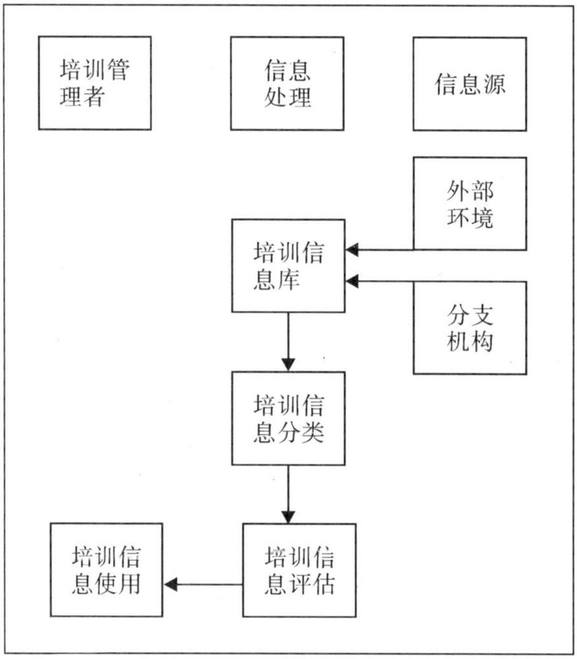

图 16　外部培训信息管理流程

二、内部培训信息

内部培训信息系统与外部培训信息系统比较相对容易建立，培训管理者完全可以通过沟通的渠道获取所要得到的内部培训信息。内部培训信息反映的内容更加直观，是培训管理者分配培训资源、确定培训目标和培训战略、制订培训计划、判断培训效果和评估培训效益必须要掌握的第一手资料，因此内部培训信息往往得到培训管理者们的重视。

内部培训信息的结构　培训管理者对于内部培训信息的要求也会受到培训管理者在组织中所扮演的角色的影响，作为企业战略促进者所要求的内部培训信息将更加广泛，不仅包含培训实施层面的内容，同样也要关注来自各个部门和组织最高决策者的信息，同时又不能完全遵照这些信息进行决策，当外部培训信息内部培训信息相矛盾的时候就要慎重决策。而作为培训的实施者来说，来自组织高层决策者的信息需求则相对较少，因为我们更加倾向于——培训管理者在组织中扮演战略促进者的角色这一发展方向，故此，在这里我们以战略促进者的培训管理者所需要的内部培训信息的信息结构作为参考标准，其具体情况见表 17 所示。

表 17

企业目标 企业战略 各个岗位胜任力评估信息 员工职业生涯发展规划
企业发展计划 各部门工作目标 各部门工作计划 各部门培训计划
培训心得分享 培训评估信息 培训资源 培训实施全程记录 其他培训相关内容

内部培训信息信息源　内部培训信息主要来自于三个方面，分别为组织内部的高层决策者、组织内部各部门（包含分支机构）、组织中的个人。针对以上三方面的信息源目标，分别可以采用调查、评估、面谈、培训会议、工作现场观察等方法来获取相关的资料。当然内部培训信息的获取要有较为完善的制度作为保障，比如培训评估考核制度、培训交流制度、培训会议制度等，否则内部培训信息就不会完整、及时地得到收集，关于建立完善的培训管理制度来保障整个培训系统的正常有序运行，在第二部中我们曾经作过介绍。

需要特别强调的一点是：不论是外部培训信息还是内部培训信息在信息收集和获取的过程中都必须遵照一些原则，这些原则一般有如下几个方面需要引起重视：

▲ 在尽可能多的渠道进行收集；

▲ 在尽可能多的个人那里获取信息；

▲ 在尽可能最快速的时间内获取信息；

▲ 最好能够把想要获取的信息进行量化；

▲ 最好利用方便简单的工具进行数据收集；

▲ 不止一次进行信息收集。

除此之外在培训信息的使用方面也要提高认识，培训信息并非仅仅是培训管理者使用的专利，也并非只对培训管理者才有价值，同时他还可以成为部门经理人员决策的参照，成为企业中个人了解培训情况、提高培训认识的有效资料，甚至可以对企业决策者们进行决策产生一定的影响，特别是外部培训信息对于组织决策者了解市场环境或者是竞争对手的发展策略都是非常有价值的。

内部培训信息系统的管理流程　内部培训信息有一些是必须无条件采纳的，有一些是需要处理后使用的。无条件服从的多数是来自企业中重要且紧急的信息，也有一些来自企业高层决策者的执行命令信息，对于这些信息基本不需要经过评估是否有参考的价值，而是必须遵照执行，这是执行力的基础。而像培训实施过程中的数据和资料，如参与培训的人数，培训开展的具体形式，培训讲师的现代授课技巧的应用等信息则不同，需要经过统计和分析之后才有应用的价值。对于这些需要进行处理的内部培训信息而言，在管理的过程中就相对要复杂一些。内部培训信息的具体管理流程见图 17 所示。

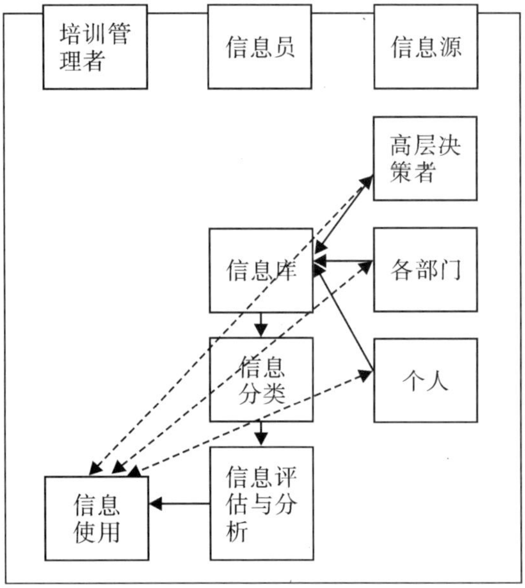

图 17　内部培训信息管理流程

第五章　培训需求控制

在培训上每投入1亿美元，就有30亿美元的回报。

——Motorola（统计）

第一节　何谓培训需求

要回答什么是培训需求，首先我们要明确一点——培训的使命在哪里？我们并非因为要为职业培训工作者们创造生存的空间而要求企业必须进行培训，而是要通过培训者来完成培训的使命。培训的使命概括起来只有两点：

▲帮助企业解决团队能力、素质等问题；

▲帮助企业储备为实现发展目标所需的人才。

通常有很多人运用数学计算方法来描述培训工作界定培训需求的方法，具体情况如下：

需要具备能力－现在已有的能力＝培训需求

形象的一点说，企业的培训需求就像一个人的饥饿，吃饱了之后，还会出现吃得好的问题，还会出现吃出健康来的问题。企业的培训需求在一定程度上得到满足之后仍然存在，只是这种需求可能完全不同而已。

第二节　影响培训需求的因素

影响培训需求的因素在我们探讨学习型组织的培训模式时就已经有所体现，总体上看主要可以分为两大类——常规性因素影响——事件性因素影响。常规性影响因素主要是指在确定培训需求时要考虑的一般性因素，而事件性因素就具有一定的特殊性。有关这两种因素的具体情况详见表 18 和表 19 所示。

表 18　影响培训需求的一般性因素

1. 企业发展目标对培训需求影响；
2. 企业发展战略对培训需求的影响；
3. 员工个人职业生涯规划对培训需求的影响；
4. 不同岗位胜任力对培训的需求；
5. 社会发展环境及竞争对培训需求的影响；
6. 同类企业发展对培训需求的影响；
7. 员工考核对培训需求的影响；
8. 企业资源状况对培训需求的限制。

表 19　影响培训需求的事件性因素

1. 新员工加入对培训需求的影响；
2. 员工职位调整对培训需求的影响；
3. 顾客抱怨对培训需求的影响；
4. 发生生产事故对培训需求的影响；
5. 产品生产质量降低对培训需求的影响；
6. 产品销售量下降对培训需求的影响；
7. 企业内部损耗升高对培训需求的影响；
8. 与企业相关事件发生后员工思想波动士气低落对培训需求的影响；
9. 员工工作效率下降对培训需求的影响。(更多省略)

影响培训需求的一般性因素和事件性因素换个角度来看，也就是可以通过培训来帮助企业解决的问题，在本书开始的时候我们探讨培训的重要意义时主要从培训与企业文化建设、全面优质服务等方面来着眼的，如果说当时的感觉比较空泛，那么现在应该对培训所能给组织带来的好处有更加具体的感受。既然如此，就让我们来看一下培训需求的了解方法吧。

第三节　培训需求的控制程序

前面叙述了影响培训需求的一些因素，因此在对这些可以影响培训需求的因素的具体情况不了解时，是无法谈起培训需求的控制的，有很多企业决策者仅凭个人感觉就确定进行什么样的培训，比如说常见的产品销售业绩下降，企业决策者认为是销售人员的问题，因此立刻进行销售人员的培训，但实际导致产品销售下降的原因可能是产品质量问题也可能是售后服务跟不上的原因。故此培训需求控制的第一步应该是收集培训需求信息。一般控制培训需求时采用的程序见图18所示。

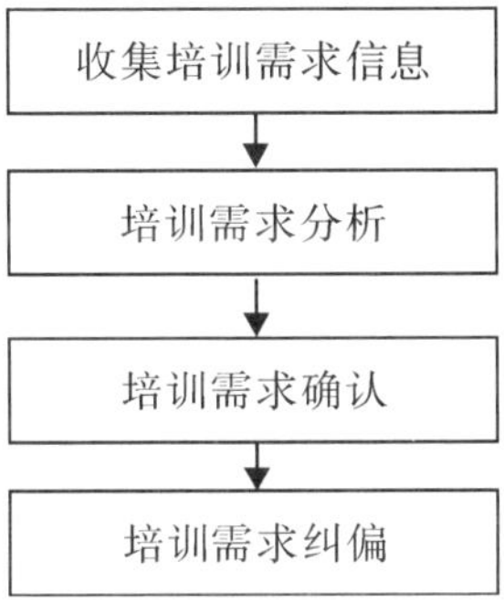

图18　培训需求的控制程序

第四节　培训需求信息收集

收集培训需求信息必须采用的方法主要有如下几种：

▲反躬自查收集；

▲调查问卷收集；

▲资料档案收集；

▲重要事件访问收集；

▲观察发现收集。

以上每一种培训需求信息收集渠道所关注的重点有所不同，因此在实施培训需求信息时每一项都不可忽视，更不可图省事而用其中的一种代替另外一种，否则就可能出现培训需求不完整，影响到培训需求确定的准确性和完整性。

——反躬自查收集　反躬自查收集培训信息旨在通过组织和个人的自我反省、自我检查来发现现存的问题和不足，并了解以及存在的程度，经常利用反躬自查的方法来检查企业和个人的情况有利于工作的改善，正如一个人经常到医院体检，可以及时发现病症，根据诊断出的病症来及时治疗，使疾病消失在萌芽状态。此种方法是专业顾问机构在实施顾问活动时经常采用的方法之一。对于培训需求的发现同样适用。下面分别就组织反躬自查、管理者反躬自查和企业中一般工作人员的反躬自查应用工具给出参考样本，分别见表20、表21所示。

在实际应用过程中需要注意的是企业自查不可仅由最高决策者一个人进行，仅由最高决策者一人来填写自查表容易出现偏差，这主要受决策者的时间充裕程度、对企业自查的重视程度和是否愿意让培训管理者了解真实情况影响。此外，针对个人的反躬自查表填写时一定要保证其真实性，有些人会在暴露自己工作失误或能力不足、知识欠缺方面有所保留，以免让其他人看不起，影响了自己在企业内部的形象，关于这种顾虑培训管理者在正式实施个人反躬自查之前一定要进行宣导，将进行反躬自查的目的和将对其本人带来的帮助讲清楚，最大限度消除这种负面因素。

表20　组织反躬自查应用工具

自查项目：基本项目		良	优	中	低	差
1.	信息： 企业是否建立了畅通的信息系统，内外信息是否全面快速的得到传递？					
2.	营销： 企业是否能够根据环境的变化不断调整营销政策并得到很好的贯彻？					
3.	人力： 企业是否能够根据企业发展目标的需要不断调整组织结构和人力配置？					
4.	管理： 企业是否制定了适合自身需要的管理机制并得到很好的贯彻执行，且能够根据不同的时期进行必要的调整？					
自查项目：组织职能		良	优	中	低	差
1.	目标： 企业是否制定明确的发展目标，并能够不断检讨，并且员工都清楚？					
2.	策略： 企业是否根据发展目标制定相应的发展策略，并能够不断检讨？					
3.	行动计划： 企业是否制定了整体的可行的长期、中期和短期工作行动计划？能够不断检讨吗？					

（续表）

4.	销售： 企业是否在深入分析市场形势的基础上制定现实可行的长期、中期和短期销售计划？能够不断检讨吗？					
5.	产品： 企业在产品管理方面是否有明确的长期、中期和短期计划？能够不断检讨吗？					
6.	人员： 企业是否制定长期、中期和短期的人员开发、储备计划，能够在实施中不断检讨吗？					
7.	资本： 企业是否制定长期、中期和短期的资金及资本管理计划？能够不断检讨吗？					
8.	同步： 企业内部各部门之间的工作计划是否出现矛盾？矛盾的出现是计划之间缺乏沟通吗？					
9.	总结： 企业内部是否具有全面的阶段性的工作总结，工作总结得到认真地对待吗？					
自查项目：组织职能		良	优	中	低	差
1.	架构： 企业架构设计是为了完成组织目标进行的吗？					
2.	职能： 每个部门都具有明确的职能吗？部门之间的职能存在重叠或漏项的问题吗？					
3.	权力与责任： 每个人的权力和责任都进行了详细的描述吗？本人清楚程度如何？					
4.	标准： 每个人的工作目标进行标准化量化描述了吗？个人清楚吗？					
5.	行为： 企业内部行为标准制定了吗？每个人都清楚吗？					

（续表）

6.	条件： 对于企业内部的每一个岗位人员的任职条件（能力和素质）进行明确的描述了吗？能够在内部形成竞争上岗的环境吗？					
7.	流程： 对于企业内部上下级之间的工作流程和部门之间的工作流程进行科学化、合理化设计了吗？能够严格按照流程执行吗？					
8.	纪律： 企业内部是否规定了明确的奖励或惩罚制度，并具有详细的执行标准？能够执行吗？					
9.	报酬： 企业内部是否具有合理的薪酬体系？薪酬体系能够体现多劳多得和公平公正的原则吗？					
10.	绩效： 企业内部是否进行定期的绩效评估？对于绩效评估的结果是否被合理应用？					
11.	创新： 企业中是否鼓励创新？对于合理创新所导致的失败是否被认为正常？					
12.	领导： 企业内部管理者是否对其上司负责？是否对其所管辖的人员负全面责任？					
自查项目：指挥职能		良	优	中	低	差
1.	目标： 领导者是否使每个人都明确共同的目标，并指挥为共同目标的实现分别行动？					
2.	时间： 领导者是否能够合理安排工作时间？并对各相关工作岗位的时间进度进行有效安排？					
3.	通告： 企业中的相关人员之间是否可以及时获悉来自组织内部或组织外部的信息？					

（续表）

4.	会议： 企业内部的会议是否能够真正解决问题，小组会议、部门会议是否充满开放的气氛？					
5.	参与： 管理者是否让工作相关者参与一起进行工作计划制定和发现问题、提出解决问题的办法？					
6.	激励： 管理者是否鼓励开诚布公？能否在员工产生懈怠或丧失信心之前就采取令大家倍感振奋的措施？					
7.	指导： 在属下工作不利的情况下，领导者是否能够给予恰当的工作指导？					
8.	批评： 管理者在下属工作出现问题的时候，是严厉谴责还是悉心分析问题出现的原因和导致的不利后果，帮助下属改进？					
9.	表扬： 工作出色能否得到领导和他人的承认？					
10.	晋升： 企业中每个人的晋升是否都是因为工作出色，业绩突出，让晋升者具有成就感？					
自查项目：协调职能		良	优	中	低	差
1.	政令协调： 领导者是否能够很好地协调组织内部出现的不同意见？					
2.	计划协调： 企业内部各部门之间的工作计划是否能够步调一致？没有脱节？					
3.	行动协调： 各部门之间或部门内部工作时，是否能够以大局为重，进行必要的配合？					

（续表）

4.	关系协调： 领导者是否能够很好地处理各部门之间因考虑各自利益而产生的矛盾？					
5.	疑问处理： 当下属在工作中出现无法解决的问题并向上级提出意见及请求指示时，领导者是否能够正确及时给予答复？					
6.	信息传递： 部门之间、上下级之间的文件、通知等各种信息传达是否准确、及时？					
7.	自我管理： 企业内部是否强调自我管理意识和自我发现问题和解决问题能力？					
8.	变化协调： 领导者是否固执己见，是否能够对环境的变化产生快速的反映并采取适当的方法？					
自查项目：控制职能		良	优	中	低	差
1.	控制职责： 企业内部是否明确管理者的控制职责，是否充分利用人力资源、财务审计等职能来强化控制能力？					
2.	控制方法： 是否经常对员工工作进行必要的检查、绩效考核？					
3.	控制标准： 检查员工工作和绩效考核是否与各部门或员工的本职工作职责有关？					
4.	事前、事中、事后： 企业控制是仅注重事中事后控制，还是只注重事中或事后控制，做到全程控制了吗？					
5.	控制力度： 企业控制职能的工作重点是否以影响组织目标实现程度为标准？					

（续表）

6.	控制频率： 企业内部监督、检查等控制行为是否尽可能减少对工作的影响？					
7.	控制工具： 在开展有关控制行为时采取的方法和工具易于使用和理解吗？					
8.	控制成本： 开展有关的控制工作产生的效益足以抵消控制工作本身的开销吗？					
9.	控制结果： 进行绩效考核、检查等控制工作后其结果得到重视了吗？					
10.	控制改善： 对于控制工作中发现的问题得到改进了吗？					

管理者反躬自查工具

对于管理者来说，主要需要自查的有四方面内容，他们分别是：工作自查、知识自查、能力自查和态度自查。一般员工的自查内容，可以参照管理者的自查内容，这样就与培训课程的内容实现有机结合。可参考表 21。

表 21　管理人员反躬自查工具

自查项目：工作自查		良	优	中	低	差
1.	您能够完满完成自己的本职工作吗？					
2.	您是否为使工作成效更加出色而竭尽所能？					
3.	您是否对企业的整体目标非常了解，并清楚自己管理的部门在实现企业整体目标中的任务？					
4.	您是否对企业的整体战略有着深刻的认识，并清楚自己所管部门在实现企业战略中应作的贡献？					
5.	您是否能够及时制订本部门的工作计划并在实施过程中实行控制？					

（续表）

6.	您是否能够经常采取措施来改善自己和部门的工作效率和成绩？					
7.	您是否能够授予部下与其工作职责相适应的权力？					
8.	您是否能够与部下开诚布公，给予每个人发表意见的机会？					
9.	您是否能够给部下以很好的工作指导和激励？					
10.	您是否在致力于本部门工作系统的改良、组织再造、制度的创新？					
11.	您是否能够经常关心、体贴部属？					
12.	您是否做好了与上级和其他部门之间的协调和沟通？					
自查项目：知识自查		良	优	中	低	差
1.	您是否在工作中经常忘记工作程序？					
2.	您是否对组织新变化的一些制度或政策完全掌握？					
3.	您是否对企业新开发的产品有着全面的了解？					
4.	您是否缺乏对其他部门工作情况的了解？					
5.	您是否会感觉到以现有的与工作相关的专业知识不足以出色地完成工作？					
6.	您是否需要对网络、电子商务等新技术知识有更多了解？					
7.	您是否在管理知识或营销理论知识方面需要了解更多？					
8.	您是否需要国际贸易（举例）等对工作有所帮助的知识？					
9.	您是否经常感觉到自己的观念和知识已经陈旧？					

（续表）

自查项目：组织职能		良	优	中	低	差
1.	您是否需要并具有很好的会议组织技能？					
2.	您是否需要并具有很好的当众讲话的技能？					
3.	您是否需要并具有很好的人际交往技能？					
4.	您是否需要并具有很好的商务谈判技能？					
5.	您是否需要并具有很好的时间管理技能？					
6.	您是否具有很好的工作计划管理技能？					
7.	您是否需要并具有很好的观察技能？					
8.	您是否需要并具有很好的倾听机能？					
9.	您是否需要并具有很好的分析判断能力？					
10.	您是否需要并具有很好的决策能力？					
11.	您是否需要并具有很好的自我形象管理能力？					
12.	您是否需要并具有快速的反应能力？					
13.	您是否需要并具有很好的创新能力？					
14.	您是否需要并具备很好的团队领导技能？					
15.	您是否需要并具有提出有效解决问题方法的能力？					
16.	您是否需要并具有激励员工的技能？					
17.	您是否需要并具有影响他人的技能？					
18.	您是否需要并具有信息发现和分析的技能？					
19.	您是否需要并具有通过他人表情和动作、语言等表象来洞察他人心理的技能？					
20.	您是否需要并具有培育指导下属的技能？					

（续表）

自查项目：组织职能		良	优	中	低	差
1.	您是否对完成本职工作充满自信？					
2.	您是否每天都充满热情的工作？					
3.	您是否能够正确面对来自领导和员工的建议？					
4.	您是否以积极的方式来解决对组织的不满？					
5.	看到别人升职您是否心中感到不满？					
6.	您是否愿意并积极与他人合作？					
7.	您是否觉得自己是在为上司或老板做事？					
8.	您是否认为自己做现在的职位是牛刀杀鸡？					
9.	您是否能够主动不断改进自己和部门的工作？					
10.	您是否能够严格管理在工作中出现的浪费？					
11.	您是否能够在工作与朋友交情之间把握原则？					
12.	您是否能够常常在工作中感到快乐？					

——调查问卷收集　进行培训需求调查是获取培训需求信息的常用方式方法，因其可以同时在不同范围内开展并获至大量信息，往往被培训管理者视为获取培训需求信息的主要渠道，但因调查对象对调查本身的重视不够或经常忽视事实答案，而填写认为正确的答案，导致调查信息失实，为减少这种现象的发生除在设计调查问卷时明确填写说明，并在问题中多用“您目前”等强调事实的词语，少用判断正确或错误性词语，另外可以采取以下几种方法来减少调查结果的失实。

▲ 在调查问卷中明确填写事实情况对其本人的好处；

▲ 调查以不记名的形式进行；

▲ 让接受调查者的领导对其填写的调查问卷进行必要的复核，检查是否有填写失实情况。

进行培训需求调查的应用工具一般分为四个组成部分，其一为培训需求概况调查工具（见表 22 所示），其二为态度、习惯、知识和技能等综合素质和能力需求调查工具（可参见“管理者反躬自查工具设计”）其三为课程选择式调查工具（举例见表 23 所示），其四为外部顾客调查工具（见表 24 所示）。以上四种培训需求调查工具调查目的有所不同，在实际应用的时候最好能够同时开展调查，但因为“态度、习惯、知识和技能需求调查工具”的基本内容与管理者反躬自查的内容有较多的重叠，这二者可以选一，外部顾客调查的目的主要是通过与企业打交道的经销商、代理商或顾客的调查，从旁观者的角度来加深对自身的认识。采用的是“以人为镜”的方法。

表 22　培训需求概况调查工具

公司为配合发展需要和为员工长远发展的考虑，计划于近期对部分员工提供参加培训机会，请您根据实际情况配合我们完成此项调查问卷，这对团队和您自己将是非常有意义的。谨此感谢您的配合。

第一部分：基本情况

1. 年龄：
2. 性别：
3. 目前职位：
4. 您在目前职位时间：
5. 您在本公司的就职时间：

第二部分：培训情况

在与您观点相符的项目括号内打对号。

	非常同意	同意	中立	不同意	非常不同意
培训对于帮助我做好工作非常重要	（　）	（　）	（　）	（　）	（　）
培训是我跟上时代发展的良好方式	（　）	（　）	（　）	（　）	（　）
总体上说我接受的培训不够	（　）	（　）	（　）	（　）	（　）
不应该根据职位不同享受的培训待遇也不同	（　）	（　）	（　）	（　）	（　）
培训对于我作为雇员的发展很有帮助	（　）	（　）	（　）	（　）	（　）

1. 您去年接受的培训有多少天？
   离职培训天数：
   在职培训天数：
2. 请详述去年您接受的培训情况：

____

____

____

（续表）

3. 您以往参加培训的原因是：

自己主动提出　　（　）

领导指派　　（　）

公司提出　　（　）

4. 回顾您过去一年以来工作所取得的成就：

____

____

____

5. 您过去参加的培训在您所取得的工作成就中是怎样发挥作用的？

____

____

6. 您目前工作中遇到的难题有哪些？

____

____

____

7. 您期望通过什么样的培训来帮助您解决目前的困难？

____

____

____

8. 您预计在未来的一年中将会特别需要工作的哪些方面？

____

____

____

9. 目前您的这些方面情况如何？

____

____

____

10. 为了弥补您存在的不足，您想接受哪些培训？

____

____

____

____

时间：　　　　地点：　　　　签名：

表 23　课程选择式培训需求调查工具（举例）

下面是我们培训部门为您提供的备选培训课程内容，请您根据自己的实际情况选择对如下课程的需要情况。

课程内容	很高	高	中	低	很低
管理学基础	（　）	（　）	（　）	（　）	（　）
市场营销	（　）	（　）	（　）	（　）	（　）
组织行为学	（　）	（　）	（　）	（　）	（　）
管理流程革新	（　）	（　）	（　）	（　）	（　）
目标管理	（　）	（　）	（　）	（　）	（　）
绩效管理	（　）	（　）	（　）	（　）	（　）
时间管理	（　）	（　）	（　）	（　）	（　）
计划管理	（　）	（　）	（　）	（　）	（　）
团队管理	（　）	（　）	（　）	（　）	（　）
控制与改善	（　）	（　）	（　）	（　）	（　）
信息管理	（　）	（　）	（　）	（　）	（　）
沟通与协调	（　）	（　）	（　）	（　）	（　）
授权艺术	（　）	（　）	（　）	（　）	（　）
领导力的发挥	（　）	（　）	（　）	（　）	（　）
良好的倾听技能	（　）	（　）	（　）	（　）	（　）
批评的艺术	（　）	（　）	（　）	（　）	（　）
企业内部人际沟通技能	（　）	（　）	（　）	（　）	（　）
教练技能	（　）	（　）	（　）	（　）	（　）
发现问题与解决方案	（　）	（　）	（　）	（　）	（　）
咨询技能培训	（　）	（　）	（　）	（　）	（　）
团队领导技能	（　）	（　）	（　）	（　）	（　）
公众表达技能	（　）	（　）	（　）	（　）	（　）
会议技巧	（　）	（　）	（　）	（　）	（　）
商业礼仪能力	（　）	（　）	（　）	（　）	（　）

时间：　　　　　　地点：　　　　　　签名：

表 24　外部顾客调查工具

调查对象：经销商、代理商或公司直接消费者（服务对象）。

您好，您作为我们公司的产品代理商（经销商或消费者），我们非常感谢长期以来给予我们的支持！为您提供优质、周到、快速的服务是我们的职责，为更进一步提高我们的工作质量，我们将不断对员工进行各方面的培训，同时您的建议我们将非常重视，因此请您在百忙之中抽出几分钟时间帮助我们完成此份调查问卷。再次对您的支持深致谢忱！请您在您认为正确的项目后的括号中打对号。

关于产品：

1. 我们的产品质量与同类产品比较如何？
   很好（　）　好（　）　一样（　）　差（　）　很差（　）
2. 我们产品的供货情况与同类产品比较如何？
   很好（　）　好（　）　一样（　）　差（　）　很差（　）
3. 我们产品的性能与同类产品比较如何？
   很好（　）　好（　）　一样（　）　差（　）　很差（　）
4. 我们的产品促销效果与同类产品比较如何？
   很好（　）　好（　）　一样（　）　差（　）　很差（　）
5. 我们的产品在设计方面与同类产品比较如何？
   很好（　）　好（　）　一样（　）　差（　）　很差（　）

关于企业管理者：

1. 我们的管理人员在处理问题的效率方面与同类公司比较怎样：
   很好（　）　好（　）　一样（　）　差（　）　很差（　）
2. 我们的管理人员在处理客户问题时的态度与同类公司比较怎样？
   很好（　）　好（　）　一样（　）　差（　）　很差（　）
3. 我们的管理人员在处理问题的能力上与同类公司比较如何？
   很好（　）　好（　）　一样（　）　差（　）　很差（　）
4. 我们的管理人员在管理下属方面的能力与同类公司比较如何？
   很好（　）　好（　）　一样（　）　差（　）　很差（　）
5. 我们的管理人员在处理客户紧急事件时做得如何？
   很好（　）　好（　）　一样（　）　差（　）　很差（　）
6. 我们的管理人员在业务的熟练程度方面与同类公司比较如何？
   很好（　）　好（　）　一样（　）　差（　）　很差（　）
7. 我们的管理人员工作的团队意识与同类公司比较如何？
   很好（　）　好（　）　一样（　）　差（　）　很差（　）
8. 我们的管理人员对市场实际信息的掌握程度与同类公司的比较如何？
   很好（　）　好（　）　一样（　）　差（　）　很差（　）

（续表）

关于业务人员：

1. 我们的业务人员在工作态度方面与同类公司的比较如何？
   很好（　）　好（　）　一样（　）　差（　）　很差（　）
2. 我们的业务人员在敬业精神方面与同类公司的比较如何？
   很好（　）　好（　）　一样（　）　差（　）　很差（　）
3. 我们的业务人员在市场寻访方面与同类公司的比较如何？
   很好（　）　好（　）　一样（　）　差（　）　很差（　）
4. 我们的业务人员在终端理货方面与同类公司的比较如何？
   很好（　）　好（　）　一样（　）　差（　）　很差（　）
5. 我们的业务人员在业务熟练程度方面与同类公司的比较如何？
   很好（　）　好（　）　一样（　）　差（　）　很差（　）
6. 我们的业务人员在业务能力方面与同类公司的比较如何？
   很好（　）　好（　）　一样（　）　差（　）　很差（　）
7. 我们的业务人员在售后服务方面与同类公司的比较如何？
   很好（　）　好（　）　一样（　）　差（　）　很差（　）
8. 我们的业务人员在团队配合方面与同类公司的比较如何？
   很好（　）　好（　）　一样（　）　差（　）　很差（　）

姓名：　　　　　　性别：　　　　　　年龄：
时间：　　　　　　地点：　　　　　　联系方式：

——资料档案收集

通过资料档案来收集培训需求信息可以获知较为广泛的信息内容，可以说这是影响培训需求信息是否全面的主要因素。不论是前面谈到的反躬自查方法收集、培训需求调查收集还是即将谈到的特殊事件访问收集和现场观察收集都更多的关注培训的主体——学员，而没有关注影响培训需求的外部影响。通过资料档案收集培训需求信息主要关注的信息内容如表 25 所示。

通过资料档案收集到的有关培训需求的信息同时也存在不足——内容过多，应用起来比较耗时，故此要对资料涉及的主要内容进行提炼，将影响培训需求的主要信息进行归纳是简化工作的有效方法。实际工作时不妨采用资料信息归纳表的形式来实现这一目的。资料信息归纳表参考样本见表 26 所示。

表 25　通过资料档案收集培训需求信息的主要资料

来自组织决策者的指导性文件； 来自于培训信息库的外部培训信息； 来自于专业培训顾问的培训信息； 来自于市场营销部门的顾客反馈信息； 来自于市场营销部门的销售情况信息； 来自于人力资源部门的人员招聘、调动、骨干人才流失率等信息； 来自于财务部门的经营损耗信息； 来自于生产制造部门的生产情况信息； 来自于新事业开发部门的信息； 来自于组织决策者的组织目标和战略规划资料； 来自于人力资源部门关于各部门工作职能和每个岗位工作职能的描述； 来自于人力资源部门关于员工绩效考核报告； 来自于人力资源部门关于员工个人发展的职业生涯规划资料； 来自于员工行为评估的备存资料； 来自于各部门的具体工作计划； 来自于培训部门备存的关于以往培训情况的记录性资料； 其他相关资料信息。

表 26　资料信息归纳表

资料收集：	收集时间：
资料整理：	整理时间：
资料份数：	
资料完整情况：	
资料及时情况：	
来自于领导层的主要信息： ____________________ ____________________ ____________________	
来自于各部门的主要信息： ____________________ ____________________ ____________________	

（续表）

来自于外部的主要信息： ______________________________ ______________________________ ______________________________ 来自组织内部个人的主要信息： ______________________________ ______________________________ ______________________________ 整理人签署：　　　　时间：

——重要事件访问收集　当企业内部或外部发生对员工或顾客影响较大的事件时往往采用这种方法来收集培训需求信息。一般的特殊事件如下所示。

▲ 顾客投诉率上升；

▲ 产品质量投诉；

▲ 服务投诉；

▲ 产品供应出现短货；

▲ 生产过程伤害事故；

▲ 员工违反公司纪律并造成损失；

▲ 公司大批裁员；

▲ 经销商（代理商）产品大批滞销；

▲ 经销商（代理商）出现信用危机；

▲ 竞争对手行动对企业产生重大冲击；

▲ 骨干员工流失率升高；

▲ 新闻媒介等社会机构对企业的负面反应。

在出现以上这些情况时员工的思想出现波动，工作质量出现问题，但这些问题一般并非是工作知识缺乏，也不是能力不足所导致，而着重表现在工作态度方面，如果不尽快消除影响将会导致企业更多的损失，因此要及时进行培训，解决思想顾虑，提高工作质量和工作效率。

一般来讲，企业出现以上所列举的事件时皆非培训计划所能掌控，都带有突发性，这要求培训管理者不仅要信息灵通，而且要反应迅速，更不能以培训计划中没有预算而推卸培训责任，对于这部分培训所需要的培训费用等资源，培训管理者一定要在培训资源分配计划中预留，以免因重新申请费用层层审批造成时机延误，特别是恰逢主管领导不在，费用无法审批，局面将更加被动。

重要事件访问收集培训需求信息的时候也可以通过访问工具，提高访问的针对性和访问效率。常用工具见表 27 所示。

表 27 重要事件访问工具

访问对象：	访问时间：	访问地点：
访问者：		
访问主题：		
访问背景陈述：		
问题一：		
回答一：		
问题二：		
回答二：		
问题三：		
回答三：		

——观察发现收集　采用观察法收集培训需求信息一般来讲比较适合于生产作业和服务性工作人员，而对于技术开发、销售等部门的工作人员则不够实用，特别是销售部门的工作人员在外地市场一线的时间比较多，采用观察发现的收集方法是不实际的，不仅成本过高，而且在可行性方面也存在问题。采用观察法来收集培训需求信息只能对一些表面现象进行考察，主要包括如下一些方面：

▲ 工作的熟练程度；

▲ 工作情绪；

▲ 合作态度；

▲ 服务态度；

▲ 工作中的损耗情况；
▲ 工作中的安全意识；
▲ 工作效率；
▲ 工作完成质量；
▲ 工作纪律遵守情况；
▲ 团队意识；
▲ 现场辅导能力；
▲ 工作的方法是否恰当；
▲ 时间安排的合理性；
▲ 领导组织能力；
▲ 语言表达能力；
▲ 发现问题和解决问题能力；
▲ 团队中的影响力。

由于观察法收集信息的随意度较大，受观察执行者影响，在审核评价的时候缺乏客观依据，因此在选择观察执行者时，一定要注意避免选派偏见较强者去完成此项工作。另外，为增强客观公正性，可以同时派两名观察人员同时进行观察。应用工具见表 28 所示。

表 28 观察收集培训需求信息工具

观察对象：	地点：		时间：		
观察项目	很好	好	一般	差	很差
工作的熟练程度	（ ）	（ ）	（ ）	（ ）	（ ）
工作情绪	（ ）	（ ）	（ ）	（ ）	（ ）
合作态度	（ ）	（ ）	（ ）	（ ）	（ ）
服务态度	（ ）	（ ）	（ ）	（ ）	（ ）
工作中的损耗情况	（ ）	（ ）	（ ）	（ ）	（ ）
工作中的安全意识	（ ）	（ ）	（ ）	（ ）	（ ）
工作效率	（ ）	（ ）	（ ）	（ ）	（ ）
工作完成质量	（ ）	（ ）	（ ）	（ ）	（ ）
工作纪律遵守情况	（ ）	（ ）	（ ）	（ ）	（ ）
团队意识	（ ）	（ ）	（ ）	（ ）	（ ）
现场辅导能力	（ ）	（ ）	（ ）	（ ）	（ ）
工作的方法是否恰当	（ ）	（ ）	（ ）	（ ）	（ ）
时间安排的合理性	（ ）	（ ）	（ ）	（ ）	（ ）
领导组织能力	（ ）	（ ）	（ ）	（ ）	（ ）

（续表）

观察项目	很好	好	一般	差	很差
语言表达能力	（　）	（　）	（　）	（　）	（　）
发现问题解决问题能力	（　）	（　）	（　）	（　）	（　）
团队中的影响力	（　）	（　）	（　）	（　）	（　）
部门整体情况：					

第五节　培训需求分析、确认和纠偏

收集到培训需求信息，还只是完成了培需求控制的第一步，控制的第二步即是培训需求的分析，培训需求分析主要的目的是区分哪些是真正的需求，哪些是假象需求；哪些是普遍需求，哪些是个别需求；哪些是短期需求，哪些是长期需求；哪些是目前需求，哪些是未来需求。只有进行需求分析之后才有可能制订科学的培训计划。培训需求分析应用工具见表 29 所示。

表 29　培训需求分析应用工具

1. 普遍培训需求：
2. 个别培训需求：
3. 短期培训需求：
4. 长期培训需求：
5. 目前培训需求：
6. 未来培训需求：

一、培训需求分析和确认

培训需求确认是培训需求控制的第三个基本步骤，所做的工作基本与培训需求评估是一致的，采用的方法也基本相同，即召开由培训学员、各部门经理、培训管理人员和培训顾问共同参加的主题会议，会议期间培训管理者要对整个培训需求信息收集和培训需求分析情况进行汇报，然后由各部门经理人员和目标学员代表发表意见，最后达成统一意见，并实行会签，以免最后出现问题时相互推卸责任。培训需求会签最好分部门进行，便于分清部门之间在需求上的差异。工具见表 30 所示。

表 30　培训需求会签工具

1. 普遍培训需求：		
2. 特别培训需求：		
3. 短期培训需求：		
4. 长期培训需求：		
5. 目前培训需求：		
6. 未来培训需求：		
经培训需求调查和分析以及培训需求讨论会议通过，以上为本部门员工培训需求情况。		
部门经理：	员工代表：	培训管理者：
地　　点：	时　　间：	

二、培训需求纠偏

一般的企业对于前面的一些培训需求控制过程都能做得相对较好，但在实际执行过程中还是会出现偏差，原因主要是没有进行纠偏控制。培训需求纠偏关注的重点体现在如下三个方面：

▲需求偏差纠正；

▲新培训需求的不断补充；

▲已经实现的培训需求的淘汰。

进行培训需求纠偏的工作方法可以采纳培训需求确定类似的方法，但有时是在培训项目进行过程中发现原来确定的培训需求存在偏差，这时就要及时采取措施，等培训项目实施结束后再采取措施为时已晚。采用的工具如表 31 所示。

原确定的培训需求：

表 31　培训需求纠偏工具

目前的实际情况：
采取的纠偏措施：
培训学员代表：
培训管理者：

第六章　制订培训发展计划

永远相信人是最重要的，钱是其次的。关注自己的人要超过关注外面的人，最好的人才都是自己培养出来的。他们适应自己公司的文化。

——马云

根据调查结果发现，目前国内真正有系统培训计划的企业还不足 50%，也就是说还仍然有一半以上的企业对培训缺乏计划概念，在管理方面计划性还很欠缺，这对于培训管理来说是非常不利的，培训计划性不够便会间接地影响到培训的效果，缺乏计划性的培训往往在培训目标上也会出现诸多偏差，更容易出现资源的应用不合理、分布不均的后果。目前有很多企业就存在这种现象，在年初的时候因为资源充足，培训费用投入较高，培训活动频频举行，结果到了下半年的时候想培训也没有费用了，甚至影响到重点培训项目的按时开展，处于这种状态下的培训管理更谈不上其培训计划的成长性地体现了，因为培训计划成长性的体现是培训计划管理达到较高水平的结果，不仅计划之间有着衔接的关系，而且能够呈现出持续化发展的趋势，前面的计划为后面的计划作铺垫，后面的计划是前面已经实施了的计划的发展或调整。只有成长型的管理计划方可推动企业不断向前发展，青岛海尔集团的 OEC 日清日高管理模式的精髓其实就在于其很好的体现并贯彻了保持持续化发展的这一特点。同样，只有当培训计划是成长型的培训管理计划时，才能够使培训管理水平不断得到提高，并且不会出现“管理泡沫”的现象。

第一节　培训发展计划的结构

从培训计划的层次划分方面来看，培训计划可以分为三个层面，分别为供应为先的全局性计划、培训支援计划和各部门的培训实施计划，他们之间的关系在从图 19 中得到很形象的体现，系统培训计划中首要的就是——供应为先的培训计划（超前供应）。这一计划将保障企业外部的先进思想观念、管理技术、科学技术和其他关系到企业发展的重要能力得到引进。其次就是——培训支援计划，这一计划的重要意义在于将培训管理者在企业中扮演战略促进者角色落地，确保企业内部因战略促进、目标实现、企业文化建设、胜任力提升等培训需求的满足。各部门的培训计划是培训系统计划得以贯彻的基础保障，类似于人身体中血液循环系统的毛细血管，是将培训工作深入到企业基层的有效执行措施，也是提高基层团队工作能力和推进执行力的良好工作方法之一。有前面的两个计划各部门的培训计划又会陷入混乱的旋涡，没有部门的培训计划前面的两个计划也会效力大减，因此说三者之间是相互依存、相互促进的，缺一不可。

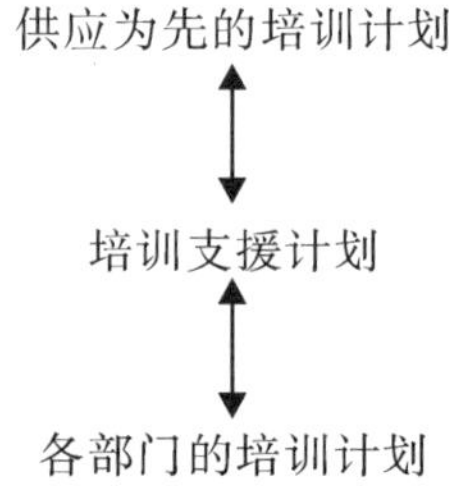

图 19　培训计划结构

从培训计划的时间长短来划分，基本由三个部分组成，分别为：长期培训发展计划、中期培训发展计划和培训发展实施计划。这三者之间的关系如图 20 所示。不难看出，长期、中期和实施计划之间是一种从属的包含关系，中期计划并不是长期计划之外的计划，而是长期计划的进一步细化，同样，实施计划是对中期计划的进一步细化。这一点在培训发展计划制订的时候要引起重视。

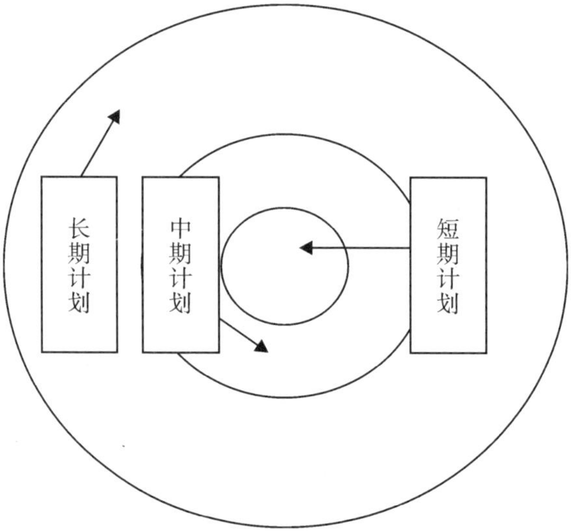

图 20

按不同层面划分和按照时间跨度划分的培训计划之间的关系是一种横向与纵向的关系。其中前者为横向的计划，而后者则为纵向的培训计划，只有二者有效结合才可以成为完整的培训计划结构，其中按不同层面划分的每一项计划中又体现了纵向计划的每一项，如供应为先的培训计划中又分为长期供应计划、中期供应计划和短期供应计划，因此二者之间的关系可从表 32 中得到体现。

表 32 横向培训计划和纵向培训计划关系表

层面划分 / 时间跨度	供应为先计划	培训支援计划	部门培训计划
长期计划	——	——	——
中期计划	——	——	——
实施计划	——	——	——

第二节 培训发展计划需要明确的事项

前面谈到培训计划主要分为按层面划分的横向培训计划和按时间划分的纵向培训计划，每一项计划因其制订的目的不同，因此所要重点强调的具体内容也有所不同，下面分别就每种培训计划需要重点明确的事项作以分析。

供应为先的培训计划需要明确的事项：

▲ 培训供应分析；

▲ 培训供应目标；

▲ 培训供应资源；

▲ 培训供应策略；

▲ 培训供应内容；

▲ 培训供应行动；

▲ 培训支援投资预算；

▲ 培训供应效果预测。

说明：培训供应计划其实主要解决如下两个重要问题：

▲ 企业内部不具备实现能力的培训项目的供应；

▲ 各部门对外部环境缺乏了解导致的培训发展落后。

培训支援计划需要明确的事项：

▲ 培训支援分析；

▲ 培训支援的对象；
▲ 培训支援的目标；
▲ 培训支援的资源；
▲ 培训支援的策略；
▲ 培训支援的内容；
▲ 培训支援的行动；
▲ 培训支援投资预算；
▲ 培训支援效果预测。

说明：培训支援计划的前提条件是各部门或分支机构需要培训支援，其原因主要体现在需要支援的部门自身不具备实现培训项目的能力或资源。

部门培训计划需要明确的事项：

▲ 培训需求分析；
▲ 培训差距明确；
▲ 培训目标；
▲ 培训对象；
▲ 培训的资源；
▲ 培训的策略；
▲ 培训的内容；
▲ 培训的行动；
▲ 培训需支援项目；
▲ 培训投资预算；
▲ 培训效果预测。

说明：部门培训计划是企业中最为基本的培训计划，他为培训支援计划的制订提供了依据和空间，如果部门的培训活动能够完全通过部门自身实现，培训支援也就失去了意义，但这种情况是很少出现的。

长期培训计划需要明确的事项：

▲组织的长远目标分析；
▲个人的长远目标分析；
▲外部环境的发展趋势分析。
（以上三者体现培训的长远目标和需求）
▲目标与现实的差距；
▲人力资源开发策略；
▲培训策略；
▲培训资源配置；

▲培训支援的需求；

▲培训内容整合；

▲培训行动步骤；

▲培训投资预算；

▲培训效果预测。

说明：长期的培训计划重要的意义在于明确培训的方向性、目标与现实之间的差距和资源的配置，此三项是影响培训最终结果的关键性因素，因此要引起特别关注。一般长期培训计划以3～5年为期，时间过长有些变数无法作出预测，时间再短也就失去了长期计划制订的意义。

中期培训计划需要明确的事项：

▲ 培训中期需求；

▲ 培训中期目标；

▲ 培训策略；

▲ 培训资源分配；

▲ 培训支援的需求；

▲ 培训内容安排；

▲ 培训行动步骤；

▲ 培训投资预算；

▲ 培训效果预测。

说明：中期培训计划实质上起到的是承上启下的作用，是长期培训计划的进一步细化，同时又为培训实施计划提供了参照物，因此不要视中期培训计划为可有可无的培训计划。中期培训计划一般以年度制订为佳。

培训实施计划需要明确的事项：

▲ WHY；

▲ WHAT；

▲ WHEN；

▲ WHERE；

▲ WHO；

▲ 培训采用的具体形式；

▲ 培训的具体课程编排；

▲ 培训的讲师或顾问；

▲ 培训组织、接待、交通、食宿等工作安排；

▲ 培训活动的具体日程；

▲ 培训资源的具体使用；

▲ 培训支援的落实；

▲ 培训效果的评价；

▲ 培训费用开支计划。

说明：培训实施计划最重要的两个考虑要素是——可操作性——效果，因此要特别注重前期准备工作的每一项都在计划中得到落实，不可出现工作露项。

以上分别就各种培训计划所要体现的主要事项进行了排列，其中有很多在概念上看差别不大，这是由横向培训计划和纵向培训计划之间的关系决定的，并非是计划的简单重复。另外，长期、中期和实施的培训计划必须要与横向的培训计划中所要体现的项目进行有效结合，最终形成供应为先培训计划的长期、中期和实施计划；培训支援培训计划的长期、中期和实施计划；部门培训计划的长期、中期和实施计划；从而构成培训计划系统。

第三节　培训发展计划的制订方法

本人曾经遇到过一位业界朋友，他曾经向我咨询过一个问题，说他以前在制订培训计划时对于上面我们谈到的培训计划项目都考虑得非常周密，但实施之后的效果总是不尽如人意，后来以为是在实施的时候没有落到实处就狠抓落实工作，可落实得再到位，同样没有明显改观。后来我叫他把他制订过的培训方案拿来看看，并且问他在制订培训方案时的具体流程，得出的结论是他不是在制订方案而是在编造方案。

一、培训计划制订的四项基本原则

培训与发展管理作为管理学范畴的一个分支领域和新兴领域，已经发展成具有自身特色的科学理论体系，就培训计划制订而言，首先需要明确并把握如下原则：

▲ 培训计划制订以培训发展需求为依据；

▲ 培训计划制订以企业发展计划为依据；

▲ 培训计划制订以各部门的工作计划为依据；

▲ 培训计划制订以可以掌控的资源为依据。

以上四项原则是培训管理者在制订培训计划时要着重注意把握的关键原则。

二、培训计划制订的一般流程

培训计划的制订就像一台冰箱的生产一样，要遵循科学的“生产”流程方可生产出高质量的产品。程序错误就会导致返工或生产出废品。一般的培训计划制订程序见图 21 所示。供应为先的培训计划因其属于为培训学员提供外部培训产品，因此在制订时一般由培训管理者在分析大量外部培训信息和组织未来目标需要的基础上进行制订，然后与供应培训计划的供应对象进行沟通，取得统一意见后进入培训计划会议评估和实施阶段。部门的培训计划当然是由各部门首先制订，然后向培训管理者申报，得到培训管理部门的支持和支援后实施，同时培训管理部门在收到各部门的培训计划后，会权衡企业内部和外部的培训资源进行合理分配，并制订培训支援计划，在部门的培训计划实施的过程中培训管理部门提供及时的培训支援。

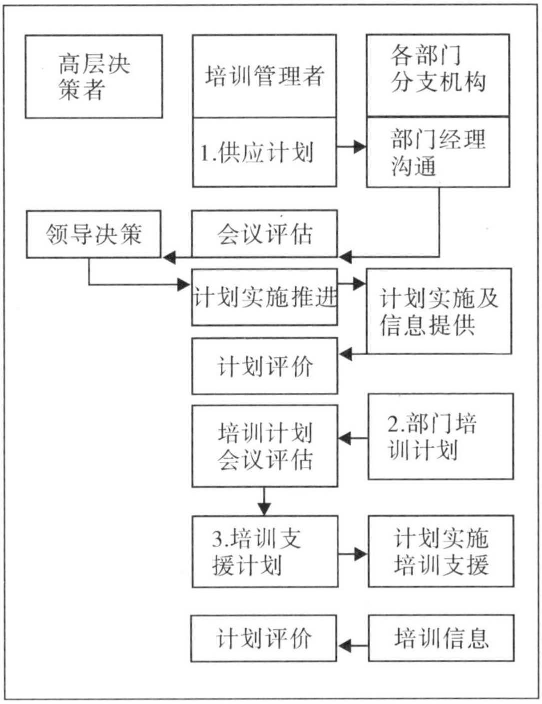

图 21　培训计划制订流程

三、培训计划制订的常用方法

▲ 培训计划会议；

▲ 部门经理沟通；

▲ 备选方案；

▲ 领导决策。

为整合企业内外的培训资源，对培训计划的合理性、可行性等方面因素进行有效的控制，在制订培训计划时往往要引入培训计划会议来对培训计划进行论证和评价，并对最终培训计划方案进行确定，参加培训计划会议的往往需要涉及计划的部门经理和培训管理者，以及培训管理部门的课程开发人员共同参加，有时为使培训计划不偏离被培训对象的需要，也可以考虑选择几名学员代表参与培训计划会议，有时可以起到旁证的作用。在制订供应性培训计划时最为常用的方法当属部门经理的沟通，缺乏与部门经理之间的深入沟通，供应性培训计划再好，也往往在实施的过程中要面对来自部门经理们的干扰或排斥。此外培训计划制订不可只有一套方案，要为决策者决策时提供备选方案，提供备选方案同时又可以防备在第一套方案出现问题时及时采取补救措施，避免出现损失。

四、培训计划制订的应用工具

前面在“成长型系统培训计划需要明确的事项”部分中已经就供应为先的培训计划、培训支援计划、部门培训计划，长期培训计划、中期培训计划和短期培训计划分别需要明确的事项进行了概括，因此在设计培训计划制订的应用工具时只要将相应项目结合实际进行组合，就可以成为培训计划制订的应用工具，这里只以部门培训计划为例分别给出其长期、中期和实施计划的基本范例，仅供应用时作为参考。具体情况详见表 33、表 34、和表 35 所示。

表 33　部门长期培训计划制订工具

一、部门长期任务目标分析 二、部门目前的现状分析 三、部门长期培训需求分析 四、部门长期培训目标 五、部门长期培训对象 六、部门需要的培训资源 七、部门拥有的培训资源 八、部门长期培训需要的支援 九、部门长期培训策略 十、部门长期培训政策 十一、部门长期培训组织设置 十二、部门长期培训的内容安排 十三、部门长期培训行动 十四、部门长期培训的效果预测 十五、部门长期培训的投资预算

表 34　部门中期培训计划制订工具

一、部门中期任务目标分析
二、部门目前现状分析
三、部门中期培训需求分析
四、部门中期培训目标
五、部门中期培训对象
六、部门中期需要的培训资源
七、部门现有的培训资源
八、部门需要的培训支援
九、部门中期培训策略
十、部门中期培训政策
十一、部门中期培训组织设置
十二、部门中期培训内容安排
十三、部门中期培训行动
十四、部门中期培训效果预测
十五、部门中期培训投资预算

表 35　部门培训实施计划制订工具

一、部门培训需求分析
二、部门培训目标
三、部门以往培训情况
四、现实与培训目标的差距
五、部门培训对象
六、部门培训时间
七、部门培训日程
八、部门培训地点
九、部门培训主题
十、部门培训内容
十一、部门培训形式
十二、部门培训讲师
十三、部门培训组织工作安排
十四、部门培训效果预测
十五、部门培训投资预算

第四节　培训发展计划的实施和控制

不论培训计划制订得多么成功，如果实施的工作做不到位，还是等于空白，任何事情谋划得再好，没有行动都是一场空梦而已。那么，培训实施工作应该主要做好哪几方面的工作呢？

其一，准备为成功之本；

其二，分工配合为落实之本。

重要的培训项目实施一般都需要准备大量的培训资料，要对培训环境进行精心选择和布置，如果是离职统一到度假村去培训，对吃、住、行又需要面面俱到的安排，有一样安排不到位就会影响到培训的顺利进行。例如，培训活动安排在当天 9:00 正式开始，被培训的员工从公司 7:00 乘车统一赶赴培训场所，需要两个小时的车程，路上遇到塞车，使整体的培训安排日程受到影响，这还是一般的问题。培训活动开展之前与讲师进行深入沟通才是最为重要的，只有使讲师真正明确要培训哪些内容，讲师才会有针对性的去开发所要讲授的课程，并选择相应的培训形式。

对培训实施过程所有涉及的工作按照类别进行分工，是保障每项工作得到真正及时、准确落实的关键，特别是一些大中型的培训项目，组织工作非常复杂，但都可以按照相关性分成类别，然后安排在某一方面具备专长的人员具体负责承担工作落实，团队之间互相配合，培训管理者及时进行检查跟进和沟通，从而及时发现问题并采取纠偏措施。

第七章　设计系统的培训课程

松下电器公司是培育人才的公司，并且兼做电器商品的生意。

——松下幸之助

目前，世界500强中的多数跨国公司，对于员工培训甚至经销商、代理商和客户的培训在系统建设方面都非常重视课程安排的系统性，这与我们国内多数企业今天搞一下拓展训练，明天培训一下管理知识，后天再组织一次潜能开发训练不同。培训内容之间的相关性和培训从低到高、从易到难的客观规律没有得到体现。其实，只要我们仔细想一下就会明白，对于培训课程编排系统性的必要，遵循这一客观规律的必要。为什么我们每一个人上学要从小学到中学再上大学这样一步一步地进行呢，小学没有上并且没有通过自学掌握小学文化基础知识，便直接上中学可以吗？答案显然是否定的，这是国家教育管理的规律，也是世界上所有国家教育管理的普遍规律。作为组织内部的培训管理，其实从事的还是教人育人的工作，只不过是培训的对象多数是成年人，属于继续教育领域的课题。

第一节　培训内容分类

我们在本书的第一部分中曾经谈到过培训内容的“天平理论”，在“天平理论”中重点强调了心态、观念、精神和习惯养成等软性培训，技能培训，知识培训这三大培训范畴，其实这也正是大多数企业最为需要的培训内容。从大的类别上可以概括为职业软实力和职业基础能力，当然每个大类还可以逐层细分。软实力包括情商开发、思维变革（观念）、团队合作、心态调整、习惯养成、潜能开发等，职业基础能力包括技能（包含管理技能、沟通技能、教练技能、谈判技能和计算机操作技能、生产专业技术能力等）、知识两大基本类别，从提高个体综合素质能力到提高群体综合素质能力。完整地说，培训管理者在培训课程开发设计上应该为所有的培训对象提供表36中所示的五个方面内容，只是因企业发展时期不同、培训对象不同其具体的内容有所区别而已。否则其提供的培训内容就有失完整性。

表 36　培训内容基础分类

序号	类别	子类别
01	职业软实力培训	情商开发
02		思维变革
03		团队合作
04		心态调整
05		习惯养成
		潜能开发
		其他更多
06	职业基础能力培训	技能
07		知识

第二节　工作岗位与培训内容

在一个企业中有各个相关又相对独立的部门，每个部门中的工作人员又相应具有其岗位职责，这又决定了各部门所需要的培训内容是有所区别的，而同在一个部门工作的员工，又因其职位高低和本职工作的不同在培训需求上出现差异，完全按照一套培训课程进行培训将无法真正满足这种个性化的需求，就像现代市场营销要为顾客提供量身定做的个性化服务或个性化产品一样。

下面我们就一些企业常用的培训项目的课程设置内容方面的安排情况作以介绍，以供各位同仁参考。但需强调影响课程内容变化的因素（A. 不同类型企业对其员工培训内容的要求有所不同。B. 企业发展不同时期对其员工培训内容的要求有所不同。C. 社会发展的变化影响企业对其员工培训内容的要求有所变化。D. 培训对象的职责不同影响企业对其培训的内容有所不同），以便在具体进行培训系统课程设计的时候，能够更加贴近自己企业环境的需要，而不是完全按照这里提供的范例进行照搬。

在此，我们先就如下工作岗位需要提供的常见培训内容作以下陈述。

▲ 培训管理者培训；

▲ 培训师培训；

▲ 常规管理培训；

▲ 营销管理者培训；

▲ 销售人员培训；
▲ 服务人员培训；
▲ 新产品开发培训；
▲ 生产管理培训；
▲ 财务管理培训；
▲ 采购及物流管理培训；
▲ 人力资源管理培训；
▲ 新员工培训；
▲ 企业文化及员工教育培训；
▲ 行政文秘培训；
▲ 企业团队培训；
▲ 客户（或经销商）培训。

一、培训管理者培训课程

培训管理者的课程（见表 37 所示）主要培训对象为企业中从事战略促进的培训管理者和从事培训实施工作的培训人员，但这里并未包括组织内部培训师的培训课程（见下文），因为虽然培训师在组织内部充当的是培训实施者的角色，因其工作性质的特殊性决定了他对培训课程的需求与普通的培训实施者有着非常大的差别，在培训培训师的课程编排上也就与一般的培训实施者有所不同。

表 37　培训管理者培训课程

课程内容	训练对象	
	高级	一般
战略管理、计划管理、文化管理、团队管理等综合管理知识和技能	Y	
企业培训战略与战术分析	Y	
人力资源开发与培训发展	Y	
培训模式	Y	Y
培训文化、组织、制度和流程管理	Y	Y
企业培训评估和信息资源管理	Y	Y
现代培训技术与远程培训	Y	Y
培训管理者自我成长	Y	Y
培训需求、计划、实施控制管理	Y	Y
企业培训管理成功与失败案例研讨	Y	Y

（说明：训练对象中的“高级”代表高中级培训管理者，“一般”代表培训工作的实施者。表中的“Y”代表培训课程内容与训练对象的对应关系，下同。）

培训培训管理者的课程绩效主要表现在如下几个方面：

▲ 明确企业培训与企业发展目标及战略之间的关系；

▲ 明确企业培训战略与战术制订的方式方法；

▲ 明确人力资源开发与培训发展的关系；

▲ 掌握最为先进的和适合企业发展现状的培训模式；

▲ 掌握培训文化、组织、政策、和流程的管理方法；

▲ 掌握培训评估和信息资源的管理方法；

▲ 掌握培训需求、计划、实施控制的管理和操作方法；

▲ 掌握现代培训技术的应用方法；

▲ 掌握远程培训系统的建设方法；

▲ 掌握培训管理系统工具的设计开发和使用方法；

▲ 借鉴成功培训管理经验；

▲ 具备战略促进者或培训实施者岗位胜任力。

二、培训培训师课程

作为一名出色的专业培训师（培训顾问），不仅需要具备所担纲主讲的课程的系统专业知识，如要讲授绩效管理的课程，就需要掌握全面的人力资源管理的知识，还需要具有丰富的相关工作经验，除此之外还需要非常出色的语言表达能力和授课技巧，使所讲授的内容更加容易接受和理解。而前面两项要求并非通过短时间的培训所能够获得，只有通过长时间的积累。培训培训师的课程其实完全是为提高对培训师第三个条件要求而设立的，同时需要明确的一点是通过培训后的培训师并非一定能够成为合格的培训师，培训师的真正工夫在于实践练习。培训培训师的课程见表 38 所示。

表 38　常见培训培训师课程编排

课程内容	训练对象	
	中高级培训师	初级培训师
现代教育学、心理学与培训训练	Y	Y
现代演讲艺术、声光电技术在培训中的运用	Y	Y
卡耐基、拿破仑·希尔、安东尼·罗宾成功学训练的奥秘与运用	Y	Y
培训师的角色与地位		Y
培训师的素质要求与自我成长		Y
训练师的形态与风格		Y

（续表）

课程内容	训练对象	
	中高级培训师	初级培训师
课程开发与授课准备	Y	
提高说服力的授课技巧		Y
如何应用辅助教学工具		Y
多场景授课演练		Y

培训培训师的课程绩效主要体现在如下几个方面：

▲ 了解授课艺术的基本科学理论；

▲ 明确自身在培训中的角色和地位；

▲ 掌握自己适合以什么样的形态和风格授课；

▲ 掌握课程开法的基本方法和授课前的基本准备动作；

▲ 强化培训师在授课过程中与听众的互动工夫；

▲ 强化培训师的说服能力；

▲ 强化培训师运用现代培训技术提高授课接受效果的能力；

▲ 使培训师掌握辅助教学工具的开发方法和运用方法。

三、常规管理培训课程

常规管理培训课程一般是针对企业中所有管理层人员而设立的基础管理知识和管理技能培训项目，他不同于人力资源管理培训、营销管理培训、财务管理培训、生产管理培训等课程更加强调其专业领域的知识和技能，而是更多的对通用的管理常识进行系统培训，从而提高组织内部管理层的综合素质。常规管理培训课程的一般内容见表 39 所示。也可以参考各大知名商学院 MBA、EMBA 课程体系进行设计。

一般来讲，常规管理培训课程要求企业内部所有管理层人员都要参加培训，上到企业决策层，下到企业小组组长、班长，而这一培训内容主要由两部分组成。其一为管理基础知识，其二为管理基本技能。

常规管理培训课程的课程绩效一般表现在如下几个方面：

▲ 系统的了解管理学基础知识；

▲ 加强管理者对自身角色和工作职责的认识；

▲ 提升管理者的管理技能；

▲ 对以往的管理经验进行重整；

▲ 明确以往管理工作中的偏差和弱点并掌握纠偏和改进的方法；

表 39 常规管理培训课程内容编排

课程内容	训练对象		
	高层	中层	基层
现代管理者的挑战及误区	Y	Y	
管理者的角色与管理原则	Y	Y	
组织远景与战略决策	Y	Y	
学习型组织再造与管理系统流程革新	Y	Y	
企业文化管理艺术	Y	Y	
目标与绩效艺术	Y	Y	Y
计划与执行管理艺术	Y	Y	Y
控制与改善管理艺术	Y	Y	Y
部属培育与激励管理艺术	Y	Y	Y
有效授权管理艺术	Y	Y	Y
沟通与协调管理艺术	Y	Y	Y
信息和资源管理艺术	Y	Y	Y
领导力艺术	Y	Y	Y
基础管理技能培训课程			
工作效率与自我形象管理	Y	Y	Y
倾听与询问能力训练	Y	Y	Y
观察与分析能力训练	Y	Y	Y
面谈和谈判能力训练	Y	Y	Y
会议技能训练	Y	Y	Y
商业礼仪技能训练	Y	Y	Y
创新能力训练	Y	Y	Y

▲ 产生主动管理意识；

▲ 对以往好的管理方法产生自信；

▲ 掌握基本的管理工具的应用；

▲ 建立管理沟通意识；

▲ 提高团队配合意识；

▲ 提高工作的计划性；

▲ 提高工作的目标性；

▲ 提高工作的效率；

▲ 减少因管理不到位导致的浪费和损失；

▲ 促进决策者的决定更加有效的落实；

▲ 改变错误的工作态度。

四、营销管理者培训课程

营销工作作为市场经济环境下的企业来说，已经被视为企业各项工作的核心，企业能否生存，能否占领市场并在激烈的市场竞争中立于不败之地，产品是否被消费者买账，关键的因素在于营销管理工作做得怎样。因此在具体探讨营销管理者培训课程之前，请允许我谈一下营销在企业行为中的定位，这对提高营销管理者对培训的重视是有益的。

本人在以往的营销管理培训工作实践中对此深有体会，并对市场环境、营销、组织和管理这四项影响商业机构成败的主要因素进行深入研究，认为他们之间存在着内在关系。见图 22 所示。从图 22 中表现了此四项因素之间的密切关系。市场环境的不断变化决定了企业营销工作也必须要适应市场环境的变化而变化，可以概括为：市场环境决定了企业营销的方式方法。为配合营销方式方法的变化需要，现代企业的组织模式也处于不断的调整中，因此营销又决定了企业的组织模式变革；组织模式出现了变化，用老一套的管理政策和管理方法便会出现很多矛盾，所以，管理的方式方法又要随着组织模式的变化而进行调整。

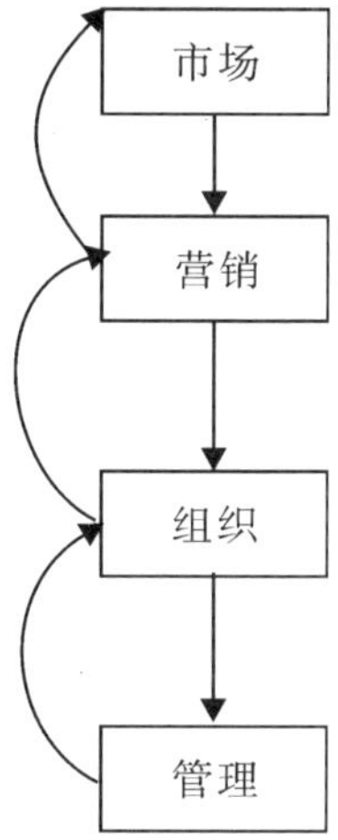

图 22

反过来说，管理的方式方法是为组织模式服务的，不同的组织模式需要采用不同的管理政策和方法，比如 IT 企业与传统的生产型企业的管理政策和方法就有所区别。同样，组织模式又是为企业营销服务的，如营销策略主要目标是开拓全国甚至是全世界市场时，在合适的地区设立分支机构加强基层组织建设就是必需的。营销工作者在组织中的角色地位由此可见一斑。

营销管理者培训课程的变化较大，不同的企业规模往往需要不同的营销培训，跨国公司更加关注国际市场的本土化运作管理能力，而国内中小型企业则更加关注国内市场的运作之道。另外，随着市场环境的变化速度加快，对营销管理者的反应能力及营销信息系统的建设和管理越来越重视，这又导致营销管理者的培训课程要因时、因地、因人而不断调整。这里仅就常规的培训课程结构给予范例。详见表 40 所示。

表 40　营销管理者培训课程

课程内容	训练对象		
	高层	中层	基层
现代市场营销理论基础	Y	Y	Y
消费心理学与消费行为学	Y	Y	Y
国际国内市场环境及发展	Y	Y	
现代市场营销战略与战术	Y	Y	
品牌营销、渠道营销、网络营销、数据库营销与电话营销	Y	Y	
电子商务	Y	Y	
国际贸易	Y	Y	
国际与国内市场政策	Y	Y	
中国企业营销诊断与对策	Y	Y	
现代市场营销调查研究	Y	Y	
营销决策	Y	Y	
营销方案的制订	Y	Y	
现代营销产品设计	Y	Y	
现代营销价格策略	Y	Y	
现代营销渠道与市场区域策略	Y	Y	Y
现代市场营销竞争战略与战术	Y	Y	Y
现代市场营销管控	Y	Y	Y
现代市场营销物流管理	Y	Y	Y
现代市场营销财务管理	Y	Y	Y
现代市场营销组织建设和管理	Y	Y	Y
现代市场营销铺市方法	Y	Y	Y
现代市场营销风险管理	Y	Y	Y
现代市场营销客户服务管理	Y	Y	Y
现代市场营销推广	Y	Y	Y
现代市场营销信息系统建设管理	Y	Y	Y
现代市场营销品牌管理	Y	Y	Y
现代市场营销公共关系建设	Y	Y	Y
现代市场营销的案例研讨	Y	Y	
现代市场营销的营销评估	Y	Y	

营销管理者培训的课程绩效主要体现在如下几个方面：

▲ 有效提升市场反应能力；

▲ 有效提升品牌形象；

▲ 提高市场占有率；

▲ 建立完善的营销体系；

▲ 加强渠道管理能力；

▲ 加强营销团队管理和培养能力；

▲ 降低营销风险；

▲ 了解电子商务和国际市场的运作。

五、销售人员培训课程

销售人员的培训是企业内部经常组织的培训项目之一，其培训的内容涉及初级层面的知识、技能、态度，同时也多数涉及较深的潜能开发层面，这是由销售人员从事的工作压力较大，所要面对的挫折较多这一特定因素决定的，因此在设计销售人员培训课程时要更多的考虑怎样提高销售人员克服困难能力、自我管理能力以及社交能力。课程内容见表 41 所示。

表 41　销售人员培训课程

课程内容	训练对象		
	高级	中级	初级
现代市场营销基础理论	Y	Y	Y
销售基本概念和理论	Y	Y	Y
销售与社会、企业及个人的关系	Y	Y	Y
伟大的销售前辈与职业前景	Y	Y	Y
销售产品或服务所属行业专业知识	Y	Y	Y
顾客类型及心理把握	Y	Y	Y
销售人员的素质、品格与态度要求	Y	Y	Y
销售人员的仪表和礼仪技巧		Y	Y
销售人员的自我目标和计划管理		Y	Y
销售前的准备		Y	Y
顾客约见与心理距离的拉近		Y	Y
销售谈判艺术		Y	Y
观察、倾听和询问技巧		Y	Y
促成销售的方法		Y	Y
与顾客分手的方法		Y	Y

（续表）

课程内容	训练对象		
	高级	中级	初级
倍增销售业绩的方法		Y	Y
处理销售过程中的疑问和拒绝		Y	Y
如何与顾客建立长久业务关系		Y	Y
怎样进行电话销售		Y	Y
面对大客户的销售艺术	Y	Y	Y
销售人员的团队共识	Y	Y	Y
销售人员的潜能开发	Y	Y	Y

（备注：训练对象栏目所属的“高级”、“中级”和“初级”分别特指“高级销售人员”、“中级销售人员”和“初级销售人员”。）

销售人员培训课程的课程绩效主要从以下几个方面来评估：

▲ 掌握销售的系统理论常识；

▲ 提高销售人员克服失败情绪的能力；

▲ 提高销售人员自我管理的能力；

▲ 提高销售人员销售前的准备工夫；

▲ 确立销售人员的职业远景；

▲ 提高销售人员的目标意识；

▲ 提高销售人员的社会交往能力；

▲ 提高销售人员所在行业专业知识水平；

▲ 提高销售人员的服务意识和服务技能；

▲ 提高销售人员的团队意识；

▲ 提高销售人员倍增销售业绩的能力；

▲ 提高销售人员系统销售工具的应用能力；

▲ 提高销售人员电话销售的技能；

▲ 掌握与顾客建立长久业务关系的能力。

六、一线人员服务培训课程

服务对于企业的重要意义是不需要本人赘述的，但缺乏对服务人员的系统培训却是很多企业不争的事实，目前有很多企业引进 TCS 顾客满意服务系统，其中不乏彻底失败的，结果有的说 TCS 本身就不适合中国国情，或者说花钱买个教训，是否考虑到服务人员的素质影响到这一战略的实施不得而知，值得高兴的是目前已经有大批企业开始重视服务人员的培训，这不仅体现在酒店、商场等服务性较强的商业机构中，很多企业决策者已经真正明白，企业一线员工的服务态度、服务水平对顾客是否决定购买其产品（或服务）产生直接影响，一次质量差的服务可能导致永远失去某位顾客。

企业一线员工服务培训的课程设置主要考虑服务理念和服务技巧两个部分，具体课程设置见表 42 所示。

一线员工服务培训的课程绩效：

▲ 提高服务意识；

▲ 提高企业内部市场服务意识；

▲ 提高服务质量；

▲ 提高服务工作效率；

▲ 减少顾客抱怨；

▲ 增进主动服务行动；

▲ 提高服务人员的整体素质。

表 42　常规企业一线员工服务培训课程

课程内容	训练对象	
	基层	一线
现代市场营销基础理论	Y	Y
名牌战略与服务	Y	Y
服务营销与公关礼仪	Y	Y
内部市场与内部市场满意服务	Y	Y
如何实施顾客满意调查	Y	Y
如何培养和管理高质量的服务队伍	Y	
如何预防和处理顾客抱怨	Y	Y
顾客类型、心理与人际关系应对	Y	Y
服务人员顾客拜访艺术	Y	Y
服务人员的信函艺术	Y	Y
服务人员的电话沟通艺术	Y	Y
售后服务的流程与问题解决标准（各个企业有所不同）		
服务人员言行的自我管理	Y	Y

七、新产品开发人员培训

在以往的国有企业中，负责产品技术研发、开发新产品的人员基本上是不过问销售的，产品销售的好坏与产品开发人员无关，多数新产品开发人员的思想是产品开发出来我就算胜利完成任务。而今天，新产品开发已经与营销行为密不可分，只有了解市场才能够开发出适合消费者需要的产品。“科技以人为本”表达的核心理念不就在于此吗！本人曾经看到过一个系列漫画，描绘的就是现代市场营销与新产品开发之间的关系，漫画我是画不出来的，但基本意思还非常清晰，这里不妨与各位分享一下，道理是浅显易懂的。流程图见图 23 所示。

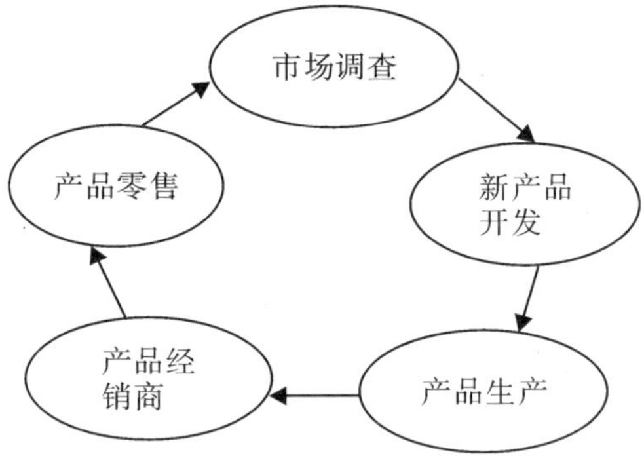

图 23

既然新产品开发与营销结合得如此密切，那么在对新产品开发管理人员进行培训的时候就不能仅仅培训技术等专业知识和技能，而是同时要培训一些市场营销方面的基础知识。这一点是在设计新产品开发管理人员培训课程时需要注意的。课程设计可参考表 43。

表 43　新产品研发人员培训课程

课程内容	训练对象		
	高层	中层	基层
现代市场营销理论	Y	Y	
现代市场顾客需求研究	Y	Y	
竞争性产品研究与新产品策略	Y	Y	
市场调查研究与新产品开发	Y	Y	Y
产品整体概念策划	Y	Y	
新产品技术展开	Y	Y	Y
新产品制程展开	Y	Y	Y
新产品研发体系展开	Y	Y	Y
新产品功能设计	Y	Y	Y
新产品开发技术体系整合	Y	Y	Y
新产品商品化定位	Y	Y	Y
新产品品质机能展开	Y	Y	Y
新产品制程细化展开	Y	Y	Y
制造流程展开	Y	Y	Y
制造技术展开	Y	Y	Y
制造成本展开	Y	Y	Y
可靠度展开	Y	Y	Y
品质管理知识	Y	Y	Y
损耗管理知识	Y	Y	Y

新产品开发管理人员培训课程的绩效一般要从如下几个方面进行考查：

▲提高市场需求信息分析能力；

▲提高开发出的新产品的市场竞争能力；

▲提高新产品开发效率；

▲降低新产品研发成本；

▲建立跨部门的新产品研发体系；

▲实现对研发瓶颈技术的突破。

八、生产管理人员培训课程

生产管理人员的培训也是企业内部培训的重要项目之一，只有通过提高生产管理人员的素质才能够达到提高产品质量等一系列生产管理目的，不论是多么现代化的工厂，采用的是多么先进的生产设备，如果没有过硬的技术人员和科学的生产管理人员，设备就无法发挥其先进性，同样也可能生产出大批废品，即使是优质产品也同样可能导致出现大量积压库存。

生产管理人员培训课程绩效一般从如下几个方面来考察（课程设计参考表44）：

表 44　生产管理人员培训课程

课程内容	训练对象		
	高层	中层	基层
现代生产管理理论	Y		
现代生产流程系统设计	Y		
现代生产的机器和设备管理	Y	Y	
现代生产的操作标准化	Y	Y	Y
现代生产的物料控制	Y	Y	Y
现代生产的及时生产管理	Y	Y	Y
现代生产的计划管理	Y	Y	Y
现代生产的存货管理	Y	Y	Y
现代生产流动反馈系统	Y	Y	Y
现代生产的工艺技术	Y	Y	Y
现代生产的市场沟通	Y	Y	Y
现代生产的现场管理	Y	Y	Y
现代生产的品质管理	Y	Y	Y
现代生产的损耗控制	Y	Y	Y
现代生产的安全管理	Y	Y	Y

▲ 降低库存；
▲ 减少废品率；
▲ 产品缺陷减少；
▲ 降低生产损耗；
▲ 生产效率提高；
▲ 生产计划符合市场供应计划；
▲ 与生产工作相关的伤害减少；
▲ 生产工人熟练度提高。

九、财务管理人员培训课程

财务管理人员不同于其他部门的管理人员，一般企业内部的财务管理人员都具备专业财务知识，国家在财务人员的培养方面也做出了大量的工作，因此企业内部组织的财务管理人员培训一方面体现在思想教育方面，预防经济犯罪行为的发生；另一方面主要体现在对实用性财务管理知识和技能的培训。其课程设置见表 45 所示案例。

财务管理人员培训课程绩效：
▲ 降低企业投资风险；
▲ 财务管理流程效率提高；
▲ 降低企业不必要损耗；
▲ 财务预算更加接近实际；
▲ 财务管理机制健全，并严格贯彻执行；
▲ 提高企业融资和资金使用效率。

表 45 财务管理人员培训课程

课程内容	训练对象		
	高级	中级	基层
现代企业投资与决策	Y		
现代企业利润中心制度规划	Y		
预算规划与编制	Y	Y	
成本分析与控制	Y	Y	
资金管理技巧	Y	Y	Y
企业经营纳税策略	Y	Y	
如何有效实施年终盘点	Y	Y	Y
内部审计管理	Y	Y	Y
经济犯罪的预防	Y	Y	Y
现代企业资本运营与融资策略	Y	Y	

十、采购物流管理人员培训课程

采购作为生产型企业来说无疑是资金开销的重要出口，能否最大限度地降低产品生产成本，从而确立产品在市场中的价格竞争优势，采购管理水平的高低将起到关键的影响。

采购管理人员的培训不仅要重视采购管理系统环节管理的方式方法，还要重点培养采购人员商务谈判等具体工作技能以及成本管理意识，具体课程结构请见表46所示。

表46　常规采购管理人员培训课程

课程内容	训练对象		
	高级	中级	基层
采购在企业中的地位与作用	Y	Y	
采购信息的组织与沟通	Y	Y	
采购组织建设	Y	Y	
采购人员的甄选与培育	Y	Y	
采购人员的绩效评估	Y	Y	
采购人员的激励与控制	Y	Y	
采购与供应商管理	Y	Y	
采购的需求管理与分类		Y	Y
采购的市场开发		Y	Y
采购的价格分析		Y	Y
采购的流程设计	Y	Y	
供应商的调查、评估、选择与管理		Y	Y
采购成本分析与控制		Y	Y
经济订购量与库存控制		Y	Y
采购的付款、包装、运输与验收管理		Y	Y
采购的合同管理		Y	Y
采购谈判与议价技巧		Y	Y
采购招标与竞标方法		Y	Y
战略采购与供应链	Y	Y	
电子商务与电子采购	Y	Y	Y
现代物流与综合运输			
电子商务与物流配送			
物流信息管理			
物流配送体系的设计			
物流配送成本控制与风险控制			
物流管理与供应链设计	Y	Y	

采购管理人员培训的课程绩效主要表现在如下几个方面：

▲ 采购人员的工作更加科学、规范化；

▲ 采购与生产管理衔接效率提高；

▲ 采购人员对采购的产品或服务更加有利于企业降低成本并能够确保质量；

▲ 采购人员商务谈判的能力有所提高；

▲ 采购人员能够合理应用现代电子商务。

十一、人力资源管理人员培训课程

从近年国内企业组织结构设置中人力资源管理部门的出现和地位的提高，已经体现出人本主义管理思想被普遍接受。本人曾经在一次培训会上就“人”对一家企业来说的重要性做过这样的比喻：“企业”的“企”字由“人”字和“止”字组合而成，如果企业没有了“人”，那么这家企业也就“停止”了他的生命。虽然这一比喻缺乏一定的科学性，但却非常生动的说明了“人”对于企业的重要性，而特别是企业需要的“人才”。目前，多数有远见卓识的企业家都将人力资源视为企业的核心资源，而人力资源的管理人员的培训便成为业界关注的焦点课题。

人力资源管理的从业者目前属于专业出身的在国内尚不多见，国内高等学府设立人力资源专业课程的历史最长的也不过二十余年，因此在培训人力资源管理人员的课程设置时既要有专业基础理论，又要结合实际需要。目前常见的人力资源管理人员培训课程设置请见表 47 所示。

表 47　常规人力资源管理人员培训课程

课程内容	训练对象		
	高级	中级	基层
企业发展与人力资源管理	Y	Y	
国际人力资源管理的历史沿革	Y	Y	
国内企业人力资源管理的现状	Y	Y	
人力资源管理者的角色、职能和素质要求	Y	Y	
人力资源管理的原理与应用	Y	Y	
中国劳动法规的现状	Y	Y	
人力资源管理的战略规划	Y	Y	
人力资源管理的系统建设	Y	Y	
人力资源需求管理方法		Y	Y
组织结构设计与岗位描述		Y	Y
人力资源人才招聘录用管理方法		Y	Y

（续表）

课程内容	训练对象		
	高级	中级	基层
人力资源培训与发展管理方法		Y	Y
人力资源薪酬管理方法		Y	Y
人力资源管理与团队激励		Y	Y
人力资源劳资关系管理与纠纷处理方法		Y	Y
人力资源绩效考核方法		Y	Y
人力资源员工职业生涯规划管理方法		Y	Y
员工的满意度调查和组织文化生活		Y	Y
人力资源管理的资源整合与调度	Y	Y	

人力资源管理人员培训课程绩效主要从以下几个方面进行评估：

▲ 提高对国家有关劳动法律法规的掌握程度；

▲ 提高遵守国家有关劳动法律法规的意识；

▲ 系统掌握人力资源管理的基础理论；

▲ 提高人力资源管理者的战略意识；

▲ 提高人力资源管理者规划、招聘、培训和管理制度设计方面的具体工作能力；

▲ 提高人力资源管理者薪酬管理、绩效考核、员工激励等方面的实战工作能力；

▲ 提高人力资源管理者员工满意度调查、组织文化建设、员工行为评估、员工职业生涯规划等方面的实战工作能力；

▲ 提高人力资源管理者解决员工离职、劳动纠纷问题的实战工作能力。

十二、行政文秘人员培训课程

行政文秘人员作为企业内部管理人员的左膀右臂，其工作效率、态度、对领导命令的理解能力等在企业内部的影响是非常深远的。虽然目前社会上有专业的行政文秘人员教育培训机构，但每个企业有每个企业的实际情况，每个管理人员又有每个管理人员的工作风格、习惯和个性，稍不注意，一个电话可能导致公司重要客户的跳槽或者部门经理之间的矛盾。培训行政文秘人员的处理工作的能力，是企业内部培训不可忽视的培训项目之一。常见课程见表48所示。

行政文秘人员培训课程绩效主要从如下几个方面考证：

▲ 端正工作态度；

▲ 加深对工作角色的认识；
▲ 提高电话沟通技能；
▲ 提高商务文案能力；
▲ 提高处理事件能力；
▲ 提高办公室日常工作安排能力；
▲ 提高会议组织能力；
▲ 提高外语表达能力；
▲ 提高文件档案管理的规范性；
▲ 提高办公室交际能力；
▲ 提高现代自动化办公的应用能力。

表 48 常规行政文秘人员培训课程

课程内容	训练对象（行政文秘人员）
行政文秘人员应有的工作态度	Y
行政文秘人员的工作职责与组织角色	Y
如何做好领导的左膀右臂	Y
电话沟通技巧	Y
接待礼仪	Y
会议组织技巧	Y
专业外语会话	Y
商务文案写作	Y
文件档案管理	Y
办公室的交际艺术	Y
相关事件的处理原则与方法	Y
办公室工作安排方法	Y
办公自动化	Y
网络基础知识与电子邮件的应用	Y

十三、新员工培训课程

新员工培训是企业内部最为常见的培训项目，经调查目前国内 90％以上的企业都非常重视新员工培训，这是值得高兴的。在著名跨国公司中更是如此，一名新员工在正式上岗之前，经常要经过长达半年甚至是一年的时间来参加培训，企业在新员工培训方面的投入资源也是非常巨大的，仅仅是工资成本算起来都是令国内企业老总们惊叹的，而这也正说明了新员工培训的重要意义，用我们中国的一句俗语来讲就是——练兵千日，用在一时。

新员工的培训课程体现在课堂讲授方面的相对于其他的培训项目要少一些，主要体现在企业概况认识、企业文化、企业管理制度、工作岗位职能等方面，更多的时间是参与到企业各个相关部门进行实习，为新员工提供参与各部门具体工作的机会，以便对企业有全面深入的了解，因此在考虑培训新员工的课程安排时要尽可能把握这一原则。常规新员工培训课程结构请见表 49 所示。

新员工培训课程绩效：

▲ 掌握企业的基本情况；

▲ 提高对企业文化的理解和认同；

▲ 全面了解对企业管理制度；

▲ 知晓企业员工的行为规范；

▲ 知晓自己本职工作的岗位职责和考核标准；

▲ 掌握本职工作的基本工作方法；

▲ 熟练各相关工作部门的业务；

▲ 熟悉本职岗位领导；

▲ 熟悉本职岗位的部属；

▲ 建立与本职岗位工作相关部门人员的关系；

▲ 提高团队意识。

表 49　常规新员工培训课程

课程内容	训练对象		
	高级	中级	基层
企业过去、现在和将来	Y	Y	Y
企业文化（哲学、理念、精神等）	Y	Y	Y
企业管理制度	Y	Y	Y
企业员工行为规范	Y	Y	Y
岗位职责与工作要领	Y	Y	Y
团队精神训练	Y	Y	Y
企业环境参观感知	Y	Y	Y
部门工作实习	Y	Y	Y
岗位述职	Y	Y	Y

十四、企业文化与员工教育培训课程

就企业文化本身而言，他主要由三个层面组成，其一为核心理念层，其二为行为表现层，其三为形象认知层。作为形象认知层其实可以看成整个企业的外在形象，CI 就是其主要组成部分，因此形象认知层培训往往只占很少的一部分，更多的企业文化培训是关注企业文化的核心理念和规范员工言行等行为层部分。企业文化培训的最有效方法是：讲故事，参观，同事分享。常见课程内容见表 50 所示。

企业文化与员工教育培训课程绩效：

▲ 提高员工对企业的归属感；

▲ 提高员工的主人翁精神；

▲ 提高员工注意节约避免浪费的意识；

▲ 创造良好的企业内部人际环境；

▲ 提升企业整体社会公众形象；

▲ 提高员工自律意识；

▲ 以积极的方式解决问题和矛盾。

表 50 企业文化与员工教育培训课程

课程内容	训练对象		
	高层	中层	基层
企业文化理念	Y	Y	Y
企业员工行为标准	Y	Y	Y
职业工作者应有的精神、心态和道德	Y	Y	Y
职业化发展的生涯规划与团队双赢	Y	Y	Y
如何做一个快乐的职业工作者	Y	Y	Y
职业工作者如何进行自我管理	Y	Y	Y
市场经济下的职业化发展之路	Y	Y	Y
职业工作者的朋友交情与工作原则	Y	Y	Y
工作创新与改善	Y	Y	Y
如何做好上司的左膀右臂	Y	Y	Y
如何正确面对抱怨解决工作矛盾	Y	Y	Y
如何提高工作效率和降低工作成本	Y	Y	Y
企业文化故事分享	Y	Y	Y
企业文化展览参观	Y	Y	Y

十五、团队合作培训课程

近几年来，团队合作精神在企业中越来越被重视，员工团队合作精神的培训也便成为企业内部培训的重要项目之一，培训专家们开发出多种多样的团队合作精神训练项目，这些培训项目因其多以活动的形式开展，很少体现说教性的内容，这与其他培训项目是有所区别的，同时正因这种区别，使团队合作精神训练课程得到更多员工的积极参与，培训管理者在开展团队合作精神培训课程的时候也要充分利用这一培训形式，对于增强培训效果将会起到事半功倍的效果。常见课程内容如表51示。

全员团队合作精神培训课程绩效：

▲ 提高企业员工凝聚力，统一目标；

▲ 提高高层管理人员影响力；

▲ 减少组织内部冲突；

▲ 提高组织工作效率；

▲ 组织内部配合更加紧密；

▲ 组织内部沟通更加容易。

表51　团队合作培训课程

课程内容	训练对象		
	高级	中级	基层
拓展训练	Y	Y	Y
团队领导艺术	Y	Y	
高绩效团队教练技能	Y	Y	
团队矛盾冲突管理	Y	Y	
团队执行力管理	Y	Y	Y
团队激励艺术	Y	Y	

十六、客户（经销商）培训课程

企业经销商、代理商、授权专营店的培训对于企业产品或服务的推广能力产生非常关键的影响。因为客户对产品的了解是否准确、及时、深入，将会影响为最终消费者介绍产品时是否正确和可信、对产品的偏好和信心，也会影响其销售产品的积极性，特别是同时代理同类竞争性品牌产品的客户，在这一点上表现得尤为明显，客户培训正是提高经销商、代理商和授权专营店对企业、产品和服务认识，提高其对企业和产品偏好及信心、忠诚的有效方式之一。

目前多数跨国公司设有专门的客户培训部门专门负责客户培训工作，也有一些企业将客户培训工作交由销售部门负责，销售部门的主要职责之一就是客户培训。对于这两种模式，本人更加倾向于选择后者。因为销售部门与客户沟通的机会较多，对客户的培训需求和心理把握得更为准确，同时在为客户培训的过程中又可以加深销售部门与客户之间的有效合作。

由于客户培训与员工内部培训的目的有所差别，员工培训的目的是提高员工素质、能力和改变工作观念及态度，而客户培训目的是更好的销售公司产品，为消费者提供更加满意周到的服务，因此在客户培训的课程设置方面要着重考虑这种区别，同时又不能够令客户感觉到企业对他们的培训目的性太强，这也正是许多企业在进行客户培训时经常穿插一些活动性项目的主要原因。

常见的客户培训课程设置情况见表52。

客户培训课程绩效主要从以下几个方面进行评估：

▲ 加强客户对企业文化的了解；

▲ 加强客户对企业的信心和信任；

▲ 加强客户对企业产品的偏好；

▲ 加强客户对企业新产品的了解；

▲ 端正客户对服务的正确态度；

▲ 提高客户服务技术水平；

▲ 提高客户对产品推广方式方法的掌握程度；

▲ 提高客户对企业营销管理政策的认识并减少违规操作现象；

▲ 提高客户对促销活动和产品终端展示组织能力和规范化操作水平；

▲ 提高终端销售成功率；

▲ 提高渠道信息反馈效率。

表52 常规客户（经销商）培训课程设置

课程内容	训练对象
	经销商代理商
企业的过去、现在与未来	Y
企业文化	Y
企业产品	Y
企业新产品展示与介绍	Y
营销管理制度	Y
经销商代理商服务与技术培训	Y
产品推广的方式与方法	Y
促销活动与终端展示	Y
销售渠道开发与送货服务	Y
参观企业活动	Y
交流活动	Y

第八章　选择合适的培训方法

学习的压力首先来自市场，现在的市场需要决策人具有较高的综合素质，正如我们创出的 OEC 管理模式所倡导的“练为战，不为看”一样，只有抓紧每一分钟时间来提高自己的综合素质，使自己的知识水平、认识能力、判断能力都进入一个高层次上，才能适应市场的变化。

——张瑞敏

在与培训界的朋友进行交流的过程中发现，多数朋友在选择培训方法时考虑的是——选择最佳的培训方法，而不是——选择合适的培训方法，虽然只是两字之差，但意义截然不同。其实最佳的培训方法只是相对而言的，对不同的培训对象和不同的培训内容而言，只能说某种培训方法是最适合的，另外一种方法是不适合的，却不能说除最适合当前需要的培训方法之外的其他培训方法是不好的。同时，如果选择了不恰当的培训方法，将直接影响到学员对培训内容的接受情况，从而影响培训的整体效果，作为培训管理者对此应该引起足够的重视。

第一节　培训内容与培训方法

“方法为内容服务、为对象服务。”是选择培训方法的基本原则之一。在讲授知识性课程的时候，就不能选择角色扮演的培训方法，而选择课堂讲授式则比较合适，因为知识性课程涵盖的内容较多，且理论性较强，如产品介绍性课程、基础对外贸易课程、基础财会课程等，课堂讲授式培训更能够体现其逻辑相关性，对于一些概念性内容、专业术语性的内容通过讲授便于学员的理解。在讲授技能性课程的时候则完全相反，选择角色扮演的培训方法就比选择课堂讲授式更加合适。因为技能性培训的目的是要求学员掌握实际操作能力，如销售技能、生产作业技能等，学员通过角色扮演的反复练习使本来不会做的事经过模仿、熟练，最后达到应用自如并能够创造性的发挥。如果仅仅通过课堂讲授而不参与具体操作，就会出现虽然知道怎样做但不一定能够做的现象，培训也就没有达到目的。在讲授心态类课程时又与前面的两种课程有所不同。靠说教的课堂讲授式培训会使学员感到空谈大道理，角色扮演式的培训方法又很难体现态度转化课程的内容，如团队合作精神训练课程、服务心态训练课程等，而采用活动游戏式的培训方法则较为合适。通过学员共同参与的活动游戏，使学员在轻松快乐的游戏中得到启发，领会到团队合作精神的重要意义，认识到服务心态与己与人的重要影响，从而产生强烈的树立团队合作精神或服务心态的意愿，再通过培训顾问在方法上面的引导，将很快转变为学员的自主行动。而课堂讲授式的培训应用在心态训练课程中时，实现这一目标将非常困难。有关不同的培训内容适合的培训方法可参考表 53 所示内容。

表 53　培训内容与培训方法对应关系参照

序号	培训课程内容	适合培训方法
1	领导艺术	讲授、研讨、范例等
2	战略决策	讲授、案例、研讨等
3	管理常识	讲授、案例、分享等
4	产品知识	讲授、实验等
5	营销知识	讲授、案例等
6	财会知识	讲授、练习、分享等
7	作业管理	讲授、练习、分享等
8	跨国经营	讲授、案例等
9	金融贸易	讲授、案例等
10	品牌管理	讲授、案例等
11	渠道建设	小组竞争等
12	管理技能	角色扮演、分享等
13	销售技能	角色扮演、范例、分享等
14	服务技能	角色扮演、范例等
15	操作技能	角色扮演、练习等
16	人际沟通技能	角色扮演、范例等
17	创新管理	讲授、分享等
18	商务谈判技能	角色扮演、研讨等
19	团队精神	拓展训练、游戏活动等
20	服务心态	拓展训练、游戏活动等

第二节　培训对象与培训方法

在实际培训工作中，培训工作者面对的培训对象往往差别很大，有新员工老员工之分，有基层员工与高层员工之分，有本土员工和非本土员工之分，同时还有公司的客户（经销商或代理商）。每种培训对象具有不同的实际情况，如果采用同样的培训方法来培训不同的培训对象收到的培训效果可能是截然相反的。对于新员工来说，他们对于企业的基本情况还不完全了解，仅靠课堂讲授来培训是不够的，新员工要对企业有全面的感性认识和理性认识，因此在多数企业里面培训新员工的时候，更多的是采用实习的方法而不仅仅是课堂讲授，更谈不上角色扮演等形式的应用。对于基层员工来说，素质不像企业内部高层人员的素质那么高，他们希望接受的培训是非常容易理解的，实用性强的，切实对工作有用的培训，采用讨论式的培训在有些时候就显得不符合他们的需要了，而要选择那些参与性较强的培训方法，如角色扮演、游戏活动、实践练习等。本土员工和非本土员工因其文化背景不同，存在一定观念和习惯方面的差别，有些国家的员工非常喜欢表现自己，针对这样的员工采用小组竞争等参与性较强的培训方法则很对路，而有些国家的员工向来比较含蓄，不愿在众目睽睽之下表现自己，面对这样的员工如果事先授课顾问不了解这一差别，同样像培训表现欲较强的员工一样来培训，在进行参与性活动的时候可能出现冷场的尴尬局面。需要特别注意的是，目前为拓展市场营销渠道，增强企业竞争力，越来越多的企业为客户提供培训的机会，客户与企业的特殊关系决定了他们将对培训工作者有更高的期望，更不能完全用培训企业内部员工方法来培训客户，而更多的时候要选择讨论式、活动式、体验式的培训方法，让客户在相对轻松的气氛和环境中得到影响，或对企业和产品产生更加全面的认识和信心。如果多数时间采用课堂讲授式来培训客户，则效果会大打折扣。综上所述，用一句教育理论中常提到的话讲就是——因材施教。这是培训管理者在确定培训形式时需要把握的第二个原则。

第三节　培训方法的应用

培训常用的方法有一些在成人教育当中经常得到应用，从本质上来讲，培训本身的工作性质应该列入成人继续教育范畴，只是培训工作更加强调“训练”二字，注重的不仅仅是“教”。通过训练提高实践能力，通过训练转变职业观念，通过训练促进个人的发展。培训方法也正是为实现这一目的而发展和不断得到创造的。培训方法主要有课堂讲授法、比较法、小组竞争法、循环法、工具法、四环法、案例法、范例演示法、实践练习法、调查法、讨论交流法、游戏活动法、三明治法、角色扮演法和启发式培训方法等上百种。下面就一些重点常用的培训方法怎样进行实际运用分别进行探讨。

一、课堂讲授法的应用

课堂讲授法其实就是通常所说的讲座和主题演讲，当然这里所提的主题演讲不完全等同于演讲艺术，演讲艺术不仅注重语言和形体的表达，同时也注重情感的宣泄，在培训中对这一点的要求则不是着重强调的，培训中有些内容以抒情的方式来讲是不恰当的，如知识性内容。

——课堂讲授法的应用方法　应用课堂讲授法进行授课时讲师要把握三点原则。其一，逻辑性较强。应用课堂讲授法进行培训时讲授的内容较多，如果逻辑性不强，学员听起来会很吃力，有时甚至有不知所云的感觉，当然在逻辑思路设计时可以采用倒叙、插叙或顺序等不同的方法，也可以采用议论文的写作思路出现，先提出论点，接下来抛出一些论据，最后以科学的逻辑进行过程论证，这一思路比较容易吸引学员的注意。第二，把握课程难点。对于课程的难点要事先进行分析，以备在授课的时候进行详细讲解，分配时间有所侧重，对于较易理解的内容则可三言两语带过，这样就使授课内容详略得当，避免出现记流水账的呆板授课形式，同时又有效地提高了学员的接受效果。第三，主题突出。每节课程应该设计独立的主题，即使有时一位授课顾问接连讲几节课，课程之间又有紧密的相关性，也不可忽视每节课相对独立主题的重要作用，这样做有利于学员根据单独的课程主题掌握培训内容，帮助学员记忆的同时也帮助授课顾问自己记忆，有利于备课时节约时间，又可避免因课程内容过多主题单一导致在讲授的过程中出现遗忘。

——课堂讲授法的优点和不足　利用课堂讲授法进行培训的主要优点表现在如下几个方面：

▲ 一次性传授的内容较多并且全面；

▲ 应用条件宽松，在一般的培训设施环境下就可以采用；

▲ 授课顾问自由度较高，可以旁征博引，能够最大限度地发挥顾问的水平。

正是因为课堂讲授法具备以上优点，同时从另一个角度来说也是课堂讲授方法的局限：

▲ 讲授内容较多，学员记忆和消化存在难度；

▲ 顾问的水平不高将明显影响授课效果；

▲ 与学员之间的互动交流机会不够，属于灌输式培训；

▲ 讲师面向所有学员讲课，无法顾及个体差异。

二、比较法培训的应用

严格地说，比较法授课也属于课堂讲授法中的一种，只是在讲授课程时强调比较方法的运用。这一方法主要适用于对员工进行思想教育，转化陈旧观念，引入新的管理方法或服务方法的培训课程。

——比较法的应用　当同类企业出现对本企业竞争危机时，为使员工更加明确的认识到改革的重要意义，就可以将同类竞争企业的一些先进做法与本企业在这方面表现出来的落后进行对比，通过对比让学员自己认识到自身存在的不足，并在顾问介绍竞争性企业的先进做法中学习到先进经验。当企业发展进入困难期的时候，可以采用比较法培训，以榜样的力量，鼓励员工重新树立起克服困难的勇气和信心，这时可以将企业目前的困境与企业创业初期时面临的困境进行对比，通过对比使学员对目前的问题有更加正确的认识，通过介绍创业初期企业在克服困境时并没有采取开除员工的做法，现在的做法也同样是采取积极的努力措施，这样使思想波动的员工不仅能够放心工作，又对企业文化有了更加深入的理解。在实际应用比较法培训过程中还可以考虑不同类别事物之间进行比较，发现共同的规律，来达到说明问题的目的。总的来说，比较法培训是提高授课说服力的有效方法。

——采用比较法进行培训时的注意事项　首先需要注意所选比较物要具有代表性，如果比较参照物较特殊，就失去了说服力。其次需要注意的是进行比较的各项要素要具体，如果有可能尽力进行量化或标准化，比如公司在去年这个月的销售额是3亿元人民币，今年这个月的销售额2亿元人民币。这样通过量化非常容易看出两者之间的差距，授课顾问也就不用费力进行解释。另外需要注意的一点是所有参与比较的要素要真实客观，别指望通过捏造的事实来取得比较培训的良好效果，如果被学员发现不仅达不到培训目的，反而产生不良影响。

——比较法培训的优缺点

优点：

▲ 说服性较强，有利于增强培训效果；

▲ 有利于帮助学员对培训内容的理解；

▲ 顾问授课时便于掌控培训内容；

缺点：

▲ 授课准备时间较长，需要投入很多时间和精力收集具体资料并确认资料的客观性；

▲ 存在授课内容出现争议的危险。

三、小组竞争法的应用

二元竞争管理法是很多管理者常用的管理方法，在组织管理中引入竞争不仅可以激发员工参与工作的激情，同时也是澄清谁是英雄谁是狗熊的有效措施。同样道理，在培训过程中采用小组竞争的方法对于提高学员参与的积极性，和增强培训效果都是非常具有实效的。

——小组竞争法的应用　将学员分成几个小组，当学员人数较少或因培训内容局限时也可以单个人为一小组，然后顾问发给学员同样的讨论题或竞赛题，并由顾问事前对有关内容和即将进行的竞争活动进行说明，然后各小组分别到指定地点进行准备，规定时限内完成准备后学员再回到培训授课场所，按抽取的顺序分别派小组代表登台讲授该小组的讨论结果或展示该小组的作品，也可以以参加竞赛的方式出现。小组竞争式培训需要有保持中立立场的评委来评判孰优孰劣，一般的做法是在每个小组中各抽取一位代表组成评委小组，评委依据同样的评判标准进行裁判。应用小组竞争法培训要求顾问的控场能力要强，始终引导整个培训活动按照预期的安排进行，而不至于出现混论局面。目前多数管理类培训或销售类培训经常采用此种培训方法。知识性较强的培训同样适合采用此种方法，这有利于提高学员对知识的掌握的熟练程度，但在传授知识类培训课程中采用小组竞赛的培训方法首先要采用课堂讲授式的培训方法，如果学员对相关知识比较熟悉，只需要简要的复习即可，反之则要首先进行系统的讲解。

——应用小组竞争法的注意事项　对于竞赛的题目或讨论的题目的标准答案或最优方案要保持唯一性，如果不能保证唯一性，竞争的结果会出现难分胜负。在分组的时候要注意小组实力之间的均衡性，不要把能力较强的学员都集中在一个或两个小组中，而其他的小组实力明显较弱，这样也会失去应用小组竞争法的意义。在小组讨论时尽可能将每个小组都分开进行，如果有足够的会议室最好每个小组单独在一间会议室中，以免互相之间互通信息。此外，要确保评判的公正性，事前与评委做好沟通，并作出明确规定，对于一些不符合条件的评判结果采取淘汰措施。

——小组竞争法的优点与不足

优点：

▲ 激发学员参与的积极性；

▲ 提高学员的竞争意识和自我提高意识；

▲ 巩固授课内容；

▲ 加深对授课内容的理解。

不足：

▲ 相对浪费时间，效率不高；

▲ 对顾问的授课水平产生局限。

四、循环培训法的应用

之所以称之为循环培训法，是因为整个培训过程是封闭循环的过程，强调前后培训内容之间的关联性，这一培训方法多用于系统培训课程当中，培训由多节课程组合而成，内容具有承前启后的作用，且多数由一位主讲顾问授课。循环培训法的基本过程详见图 24 所示。

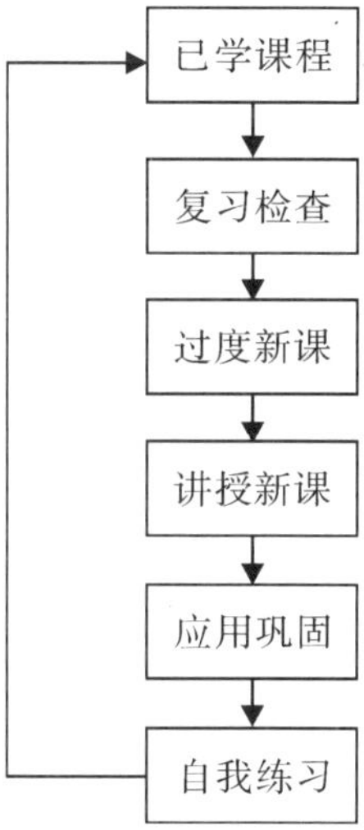

图 24　循环培训过程

——循环培训法的应用　顾问上课前要对前面一节课的内容进行再熟悉，并结合前面一节课的内容编制适量的问题，正式开始授课即进行提问，检查前面课程内容的掌握情况，如果学员的掌握情况较好，则可继续讲解新课，如果发现学员对已学的课程重点内容掌握不够，则要寻求原因，并将重点内容重新进行复讲，以强化记忆，同时为讲解新课内容提供铺垫。新课主要内容讲解完成之后要给出一些练习作业让学员进行自我练习，以达到巩固学习内容的目的，并借此实现对所学内容融会贯通。目前在学校中授课多数是采用此种方法进行授课。

——循环培训法的优点和不足

优点：

▲ 提高学员对培训内容的掌握程度；

▲ 有利于系统化培训内容的连贯衔接；

▲ 有利于学员对培训内容的活学活用。

不足：

▲ 学员参与的机会较少；

▲ 因其较强的条框化导致企业培训灵活性不够。

五、工具培训法的应用

在幼儿园、小学、中学乃至大学的课堂上，经常会有老师应用各种各样的教学工具来辅助教学，如动物图片、动物标本、拼音卡、单词卡、地图、地球仪、望远镜、显微镜、电脑等，我们上学的时候曾经也像今天的小朋友或中小学生们一样对这些东西产生兴趣，老师上课的时候听得特别认真，并总想去亲手碰一碰，摸一摸，这就中了老师利用学生好奇心的圈套。其实成人同样有好奇心，在培训授课中为吸引学员的注意，有经验的授课顾问经常会应用一些离奇古怪的东西来辅助授课。增强培训的效果。

——工具培训法的应用　采用工具授课法的第一步是研究授课内容，然后是开发培训工具。培训工具的选择和开发非常重要，这一步是影响采用此种培训方法成败的关键。需要强调的是培训工具必须能够与所讲授的培训内容产生联系，这样在应用时才可以通过培训工具来强化培训效果，揭示培训内容所蕴涵的道理。比如，在讲授企业信用风险管理课程时，就可以用一只鞋子做培训工具，如果从正面来强调企业信用风险管理的重要意义则不易被学员接受，而运用培训工具则效果完全不同。授课顾问举起一只鞋子，学员都感觉非常奇怪，这时提问：我手上举起的是什么？学员更感到奇怪了，都纷纷回答说是鞋子啊，接着继续提问到：鞋子是作什么用的？这时学员开始感觉可笑了，这样简单的问题来提问，真没水平。接着讲到：我们每个人都知道要穿鞋子，目的是预防脚被冻伤、被刺伤，这是最简单的预防事故的做法，但我们为什么就不愿为企业也穿上一双预防信用风险的“鞋子”呢？难道企业的财产不比我们的鞋子重要吗？学员们听到这里恍然大悟，在领悟了企业信用风险管理的重要性之余不由赞叹顾问的高超授课艺术。

——工具培训法的优点与不足

优点：

▲ 应用培训工具可以增强培训的吸引力，集中学员注意；

▲ 工具式培训可以使培训内容形象化；

▲ 工具式培训可以提高学员的记忆效果。

不足：

▲ 工具选择或开发耗费时间较多；

▲ 工具应用过多产生负面效果；

▲ 同样的学员，培训工具只能使用一次。

六、四环培训法的应用

四环培训法是学校上课常用的一种培训方法，之所以称之为四环培训法是因为整个培训过程由四个步骤组成（具体情况见图 25 所示），分别是学、讲、练和评。每个步骤都围绕上面四个字开展。由四环培训法派生出来的还有四步练兵培训法和四段培训法。四步练兵培训法着重于“练”字，而四段培训法的第一步是“观”，即首先由老师操作，学员看，这种方法在美容美发和厨师等技能性培训中应用较多。就企业培训来讲，四环培训法是比较实用的一种方法。

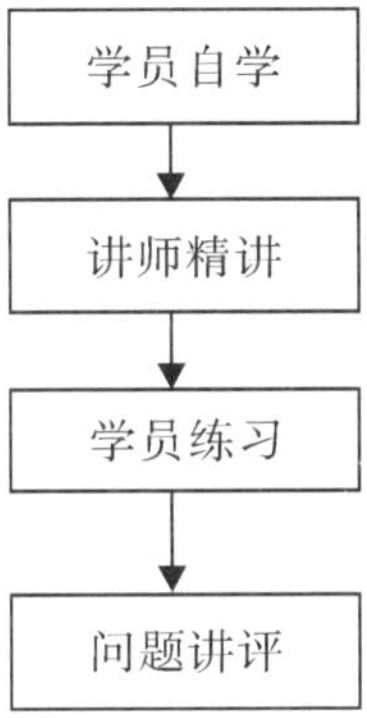

图 25　四环培训法培训步骤

——四环培训法的应用　四环培训法的第一步是要求学员自学，自学的内容主要是阅读培训教案，熟悉培训内容，并对阅读过程中发现的难点和重点做好标记，对于存在疑问的地方要将问题写出来，以便在授课的过程中适时提出疑问。第二步是在学员自学的基础上顾问对课程中的重点和难点内容进行详细讲解，并注意鼓励学员在听讲过程中主动提出不理解的问题，顾问进行解答。“练”的方法很多，如果是用在讲授销售技能方面的课题，就鼓励学员自我练习基本的销售技能，也可以采取两个人配合练习的方式。多数情况是顾问给出一些与课程相关的练习题由学员独立完成，达到学以致用的目的。进行问题讲评时可以由顾问进行讲评，也可以由学员互相讲评，主要是针对学员在“练”的过程中存在的一些问题进行纠正，以免以后再犯同样的错误。

——四环培训法的优点和不足

优点：

▲ 提高学员对培训内容的理解；

▲ 提高学员对培训内容的应用能力；

▲ 提高学员发现和解决应用培训内容出现的问题的能力；

▲ 讲解比较容易，培训过程易于掌控；

▲ 学员有适当的参与机会。

缺点：

▲ 学员的自学能力不同培训效果也不同，这一点顾问无法照顾得面面俱到；

▲ 在制作培训讲义时需要比较详细，方便学员自学。

七、案例式培训法的应用

案例式培训方法是目前培训界应用最多的培训方法之一，这一方法最初始创于美国哈佛大学培养 MBA 学生之用。该培训方法着重于顾问与学员之间的互动，结合学员的实际工作或学习的需要，提供现实生活中的事实案例，由学员发挥自己的学识和经验通过讨论来解决案例中提出的问题，着重于培养学员的实际工作和解决问题的能力，更加符合企业人才培养的需要。

——案例式培训方法的应用　案例式培训的成败关键在于提供的案例是否与培训学员急需解决的问题相关，因此顾问在开发或选择案例之前要深入研究学员的培训需求，并最好能够深入学员当中去了解学员目前所面临的问题的具体情况，然后选择含概学员普遍性问题的案例。除此之外选择案例时要注意案例是否是真实的，如果是顾问开发的，就要着重注意案例的可信性，并力争使案例生动，让学员读后感觉到就像发生在自己身边一样。选择和开发案例的时候需要注意的是——只提出讨论的问题而案例本身并无答案。最起码没有标准答案。有答案的案例就不会引起学员的争议，谁都知道问题应该怎样解决，就没有人愿意参加讨论了，更无法解决困惑学员的问题。另外，顾问在提供给学员案例故事时同时，可以提供一些与案例相关的表格、统计数据等资料，以帮助学员了解事实的真相。

——案例培训法的优点和不足

优点：

▲培训参与性强，变学员被动接受为主动参与；

▲有利于提高学员解决问题的实际能力；

▲有利于激发学员参与培训的积极性；

▲能够交流学员的学识和经验；

▲激发学员思考，发挥学员潜能。

不足：

▲案例培训法相对效率较差，比较浪费时间；

▲案例开发耗费时间和精力较多。

八、范例培训法的应用

范例培训法与案例培训法有着本质的不同。前者是给出标准的成功模式，然后让学员追溯其成功的经验，并将经验为学员吸收，在解决类似问题时进行借鉴，后者则是给出发生的事件，让学员凭借自己和小组成员的知识和经验来寻求自认为最恰当的解决问题的方法。国家树立的一个又一个楷模（当然正面的比较多），意在鼓励人们向他们学习，其实这就是一种范例培训方法的应用。

——范例培训法的应用　范例培训法应用的第一步是要寻找到与学员工作性质相近，经历和遇到的问题比较接近的范例，也就是我们平常所说的典型。当然这一典型可以是企业内部的同事也可以是企业外部的人士。找到范例后要总结其成功的经验，并将亲身经历编辑成授课教材，在教材前面先提出问题或工作困难点，这样学员在拿到培训范例教材后首先是看到困惑自己的问题，从而产生兴趣来阅读范例资料，阅读完成后，顾问再分别组织学员发表自己的见解和体会，并对自己将如何借鉴成功范例的经验来解决自身工作中的问题进行阐述。最后由顾问进行归纳概括，并对学员提出期望，鼓励学员应用范例培训所学解决实际问题。

——范例培训法的优点与不足

优点：

▲ 学员全程参与，互动性较强；

▲ 能够调动学员参与培训的积极性；

▲ 对培养学员自主解决问题的能力有利。

不足：

▲ 范例的选择需要时间较多；

▲ 寻找大家熟悉的范例并不容易；

▲ 范例既要照顾到学员的差别又要具有普遍性。

九、调查培训法的应用

培训以调查的形式进行，顾问根据学员的需要，统一组织学员深入实际进行观察和研究，最后得出结论，并得到启示或获得经验。有些企业组织员工参观先进企业其实就是一种调查培训法，通常企业内部进行新员工培训时也采用调查培训法。

——调查培训法的应用　采用调查培训法的第一步是要进行充分的准备。准备阶段要制订详细的调查计划，并对调查的目的、调查对象、调查的时间和地点、调查开展的步骤、调查的问题和调查的具体方法进行明确。调查培训的实施阶段要做好学员的组织工作，联系好调查对象，顾问要做好过程的跟进工作，并事前对调查过程的注意事项和需要做的记录及收集的资料进行说明。调查结束后要进行总结，由顾问对调查情况进行检查，最好能够回到课堂进行总结，学员对各自的调查所得进行分享，强化学习效果。

——调查培训法的优点与不足

优点：

▲ 生动、直观，学员接受效果较好；

▲ 理论与实践相结合，能有效提高学员参与的积极性。

不足：

▲ 调查培训法组织起来有一定难度，搞不好容易流于形式；

▲ 调查培训法因学员的素质不同，世界观不同，培训的结果差距明显。

十、实践练习培训法的应用

此种方法多用在企业培训生产作业员工时的培训课程中，此种培训方法将“听”、“看”和“干”有机地结合在一起，使学员不仅掌握理论知识，同时在实践中掌握操作技能，加深对理论知识的理解。可以较快的培训出合格的生产作业人员，因此此种方法非常受生产型企业的欢迎。

——实践练习培训法的应用采用实践练习培训法进行培训主要要做好五个步骤的工作，具体情况见图 26 所示。

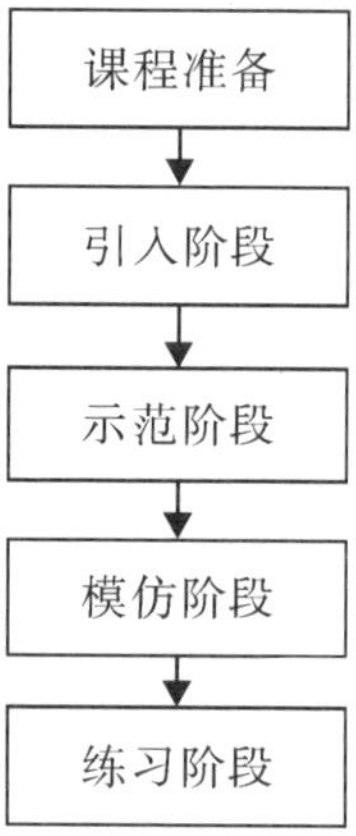

图 26　实践练习培训法步骤

课程准备阶段主要需要准备两方面内容，一方面是培训的理论知识，另一方面是培训的应用工具。如进行产品包装人员的上岗培训，讲师首先要对包装的有关方法进行理论概括，最好能够编成顺口溜，学员听起来容易，又可以帮助强化记忆效果。产品包装需要准备的培训应用工具包括需要包装的产品、包装盒或包装箱、包装封口胶、产品说明书、合格证或检验证件、打包工具，等等。因为可能同时培训多名学员，故此应该根据学员数量准备培训练习工具，保证学员都有机会参加实践练习。

引入阶段主要是将学员组织到培训现场，像生产作业性培训一般都将生产现场作为培训课堂，比如产品包装的培训就应如此。然后要集中学员的注意，使学员只关注与培训有关的内容，在讲解理论知识之前，顾问可以通过提问的形式来检查一下前面已经学过并且与本节课程有关的培训内容，并通过提问帮助学员复习前面学过的内容，促进本节课程的培训效果。

示范阶段主要是顾问“教”的动作。顾问一面进行操作演示一面进行操作讲解，并对操作过程中的注意事项和可能出现的错误进行说明，顾问作操作演示时可以采用多种方法，如全程演示与分解演示相结合，快速演示与慢速演示相结合，重复演示与对比演示相结合等，但无论采用哪种演示方法，都要注意能够让学员看清、看全、看懂并能够记忆。

接下来顾问可以从学员中选择接受度不同的学员，根据顾问的操作演示和讲解来模仿操作，其他学员帮助找出他们操作中的不足，并进行纠正，对于普遍性问题，顾问要帮助分析发生错误的原因，并指导应该怎样避免，从而强化学员对培训内容的掌握程度。

采用实践练习培训方法进行培训的重要环节在于学员的——练习。因此在培训时要多安排一些练习时间，通过顾问的巡回检查和个别问题的指导纠正，使每个学员对所学内容和操作方法达到熟练程度。

——实践练习培训法的优点和不足

优点：

▲ 培训实效性较强；

▲ 学员的参与性较强，能够把看、听、干有效结合，大大提高学员培训的积极性；

▲ 能够在短期内解决企业增加生产作业人才培训的需要。

不足：

▲ 顾问必须懂得示范方法，特别是生产作业性培训要求具备丰富的生产作业工作经验；

▲ 培训往往需要占用生产作业场地，影响正常生产活动。

十一、讨论培训法的应用

讨论培训法也是培训常用的一种方法，因为这一方法着重解决现实问题，因此一般得到企业领导人员的欢迎。讨论培训法可以以小组研讨、全体学员一起研讨、报告人报告然后分组研讨或小组之间就某一问题辩论的形式进行，目的都是要深入分析问题，并提出明确的解决方法。

——研讨培训法的应用　以讨论培训法开展培训，首先需要确定的是讨论主持人。主持人可以是授课顾问，也可以是学员，主持人主要的任务是宣布讨论主题，发放讨论资料，组织讨论进行，并注意强调讨论要围绕主题展开，不要离题，此外当讨论双方“打”得难解难分的时候，主持人要出面进行协调，以免影响讨论正常进行。最后主持人要对讨论结果进行总结，有些时候要作出一些明确决定，作为解决实际问题的政策或方法，一般这种情况需要有企业决策层人员在场，并经过首肯，因此应用讨论培训法开展培训时最好能够有企业决策层人员参加。

——研讨培训法的优点和不足

优点：

▲ 学员参与性较强；

▲ 学员能够各抒己见，帮助加深对问题的全面认识和理解；

▲ 可以帮助学员解决实际问题。

不足：

▲讨论容易离题，对主持者要求较高，要能够控制场面；

▲因为讲授的机会较少，因此不能够充分发挥顾问的作用。

十二、角色扮演培训法的应用

角色扮演培训法通常在培训销售人员的推销技能以及企业内部管理人员的管理技能时应用最为广泛。通过情境和问题的设置使学员扮演实际工作中的角色，并运用学员已有的经验和技能进行表演，一部分学员充当观众，表演结束后，观众和顾问来分析点评成功与失败之处，从而认识到自己的不足，并明确改进方向，多组学员共同参与又可以起到交流经验取长补短的作用。

——角色扮演培训法的应用　角色扮演培训法的应用主要表现为四个主要步骤，具体情况见图 27 所示。就拿销售技巧中的拜访技巧培训来说吧，顾问首先要进行详细的讲解。如应该注意避免过多表现自己和过度推销，以及在没有明确顾客需要的情况下不要贸然推荐某一种产品等，并要应用一些交际方法，如如何出示名片，如何握手，如何打招呼，如何进行自我介绍，等等。如果是拜访老客户方法又有所不同。顾问讲解完成后，就要为学员角色扮演提供设置好的情境，并给出扮演的演练题目。如公司生产出一种新产品，业务员的任务是向一位曾经向公司退货的客户去推荐新产品，目的是推荐成功。有了明确的角色演练题目，顾问就要发挥鼓动性，鼓励学员自愿参与，抓住每一个锻炼自己的机会，我们东方人多数都不愿意出风头或表现自己，因此角色扮演培训法的成功与否与顾问调动学员参与的积极性关系密切。

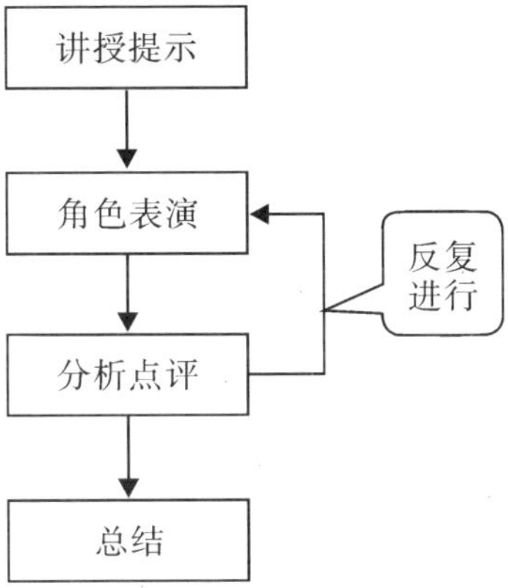

图 27　角色扮演培训法培训步骤

在学员进行表演的过程中，顾问一定要做好控场动作，避免出现哄笑的现象，那样培训就成了闹剧，而且前面的学员遭到哄笑的待遇后，其他的学员就更加不愿主动配合积极参与。角色扮演培训法因为存在受角色扮演者的情感、知识和技能的影响，一般缺乏代表性，因此要在学员中找出不同层面的角色扮演者来反复表演，其他学员通过比较更加能够有所收获。

点评是角色扮演较为重要的步骤，点评可以由学员来进行也可以顾问来点评，但多数情况下是顾问与学员配合进行点评，这样从不同角度分析问题，使点评更加具有说服力。

——角色扮演培训法的优点与不足

优点：

▲ 学员参与性较强，学员和顾问之间的互动交流充分，可以提高学员培训的积极性；

▲ 培训的实效性较强；

▲ 通过学员之间的互相点评帮助学员认清自身的不足和优点，并掌握改善方法；

▲ 能够强化学员的反应能力和心理素质。

不足：

▲ 角色扮演法控制过程比较困难；

▲ 角色扮演培训着重体现的是参与扮演者自身存在的问题的分析和点评，不具有普遍性，因此不利于全面提高学员的能力。

十三、游戏活动法的应用

游戏活动培训方法因其参与性较强，培训的气氛较好，近些年被广泛采用，一般用来培训员工的团队合作精神、心态调整、开发学员潜能等方面的课程中。

——游戏活动培训法的应用　首先应用游戏活动法进行培训时要注意两点，第一是要制定明确且完整的游戏规则。没有明确的游戏规则，就无章可守，而往往在游戏中引入的小组或个人比赛就无法分出胜负，就像体育比赛中的篮球赛一样，要规定怎样做才是犯规的，怎样做才是合理有效的，对比赛的规则要进行细化和量化。第二是游戏作完之后要有结果，当然游戏的结果不是目的，而是通过游戏结果使学员对培训内容有更加深刻的认识。在一些引入竞争比赛的游戏培训活动中，要有最终的胜负者。顾问在应用游戏活动法进行培训时第一步是要将学员分成几个小组，如果是比赛性质的游戏，一定要将学员分成的小组数量为偶数，这样才能够体现公正性，同时组织起来也容易一些。分完组之后是讲解游戏规则，对于违反规则者要进行处罚，如降低小组分数等，如果小组超过三个的情况下，就要抽取对抗对象，确定竞争对象，然后是确定出场顺序，其他小组可以先做准备工作。游戏活动结束后由顾问和小组代表来共同明确胜负结果，并宣布活动结果，接下来就是培训的重要环节所在——分析和评述。游戏活动使学员有了感性认识，通过顾问的分析和评述使学员对培训内容有更深入的理性认识，从而扭转学员的错误观念和做法。

——游戏活动培训法的优点和不足

优点：

▲ 学员的参与性较强；

▲ 游戏的趣味性吸引学员的积极参与；

▲ 寓教于乐，学员在感受游戏的乐趣的同时得到启发；

▲ 可以激发学员的创新精神和潜在能力；

▲ 培训内容与游戏活动相联系，对学员的印象深刻。

不足：

▲ 游戏活动培训的开发时间较长；

▲ 游戏活动培训占用学员的时间较多；

▲ 游戏活动培训较适合观念和态度方面的培训，此种培训形式的适应面不宽；

▲ 做游戏不是目的，培训顾问分析讲解能力不够则会使培训失去意义；

▲ 以游戏活动培训方法开展培训对顾问的要求较高。

十四、“三明治”式培训法的应用

称为“三明治”式培训法是一种形象的比喻，这种培训方法是将理论知识培训与实践相结合的培训方法。本人在为国内一家特大型企业培训实战型市场营销专家的时候就采用了这一方法，由于该企业属国家重点控制行业，当企业上市后经营活动要按照市场规律和原则进行，如果采用原来的请几位专家教授讲讲课就算完的培训方式，是无法适应企业发展需要的，而理论与实践相结合的“三明治”式培训方法就比较适合。“三明治”式培训的基本操作思路有四个步骤，具体情况如图28所示。

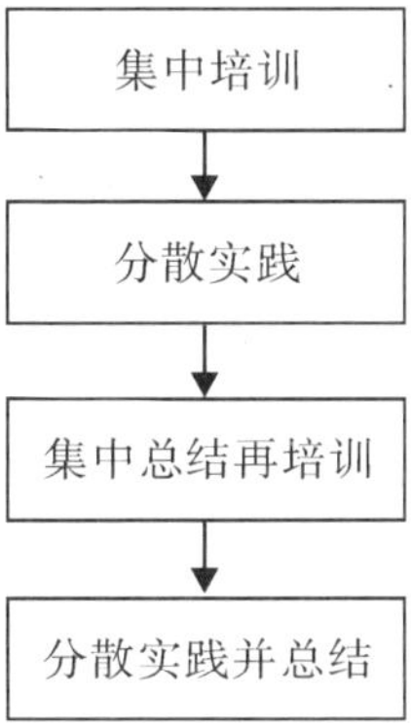

图28　“三明治”式培训方法的培训步骤

——“三明治”式培训的应用　此种方法适用于系统性培训和专业人士培训。一般时间跨度较长，企业储备人才培训可以选择此种培训方法，而培训急需的成熟型人才是不适合的。顾问在选择此种培训方法时一定要认识到以下两点原则：其一，所培训的内容集中在某一个领域，具有很强的相关性，如培养实战型营销专家时授课内容主要是与营销有关的内容。其二，顾问要认识到，学员在实习的时候要进行跟进，同样肩负着指导的责任，实习本身就是培训的重要组成部分。对于课程内容的设计要具有很强的针对性，既符合企业和学员的实际需要，结合工作实际来培训，又要体现专业知识和能力。在安排学员实习时要尽量选择与学员专长符合的实习岗位。企业内部员工培训一般都在企业中的相关部门或下属单位进行实习，因此在协调和确定实习岗位时要比学校培养的学生实习要容易。同时需要注意的是，在学员实习的过程中，不仅顾问有进行跟进指导的责任，学员实习岗位的领导者也要肩负起指导学员工作的责任，这样可以确保及时发现错误并进行纠正，使学员在做中学，在学中做，加深对培训内容的理解和掌握。

——“三明治”式培训法的优点和不足

优点：

▲ 理论讲授与实习相结合，使培训与企业实际需要结合紧密；

▲ 学员具有较多的参与机会，真正实现学以致用；

▲ 巩固学员对培训内容的掌握；

不足：

▲ 时间跨度较大，培训比较耗时；

▲ 学员在实习时顾问的可控性不足，会出现懈怠现象；

▲ 对顾问的要求较高，顾问不仅要具备系统的理论知识，同时要有企业内工作的丰富工作经验。

前文主要就一些现代培训中常用的培训方法进行了经验性的分享，在实际培训过程中，其实并非需要严格按照某种培训方法去套用，通常的情况下是几种培训方法在一次培训活动中穿插应用，但无论是多种培训方法综合运用还是只采用单独一种方法来进行培训，应根据培训内容、培训需要、培训对象和时间、地点及资源情况而定，目标只有一个——为企业和个人提供满意的培训产品。

第九章　培养优秀的培训顾问

一个组织必须具备不断地向外界学习的欲望和能力，并且还要以最快的速度，将所学得的一些转化为行动和能力：竞争力就是这样提升的。

——杰克·韦尔奇

培训顾问（也就是我们通常所说的讲师。包括内部顾问和外部顾问）在企业培训中的地位不是被看得无足轻重就被奉为至高无上，视为无足轻重的企业基本上在企业内部没有专职培训讲师，邀请外部讲师顾问时也主要关注的是付出的报酬多少，而对于讲师顾问是否能够适合企业培训的需要却关心不够，多数是看谁有名气就邀请谁；在培训中将讲师视为至高无上的企业认为只要有好的讲师顾问培训就算做好了，什么时候要搞培训了，就让讲师备一下课，然后讲一讲就完事大吉。其实这都是对培训顾问在培训工作中作用的错误看法。

前文中我们曾经就讲师顾问邀请时的控制方法进行分享，在探讨培训管理人员作为组织战略促进者角色还是作为培训实施者的角色时也提到过讲师顾问的基本职能属于培训实施者的职能，那么在企业培训工作管理中的作用就不能过分的强调，请想如果培训管理的方向不符合组织的需要，培训顾问的能力再高，课程讲得再好也无济于事，就像大海中的航船一样，如果航行方向错了，那么划桨的船夫本领再高，也不能到达目的地。但就培训实施工作来说，讲师顾问又确实是非常重要的，一个多么完善的培训计划如果授课的讲师不能够应用灵活的授课方法使培训内容让学员接受，不具备所讲课程的专业知识及实践经验，那么对于整个培训活动的影响将是毁灭性的，因此培训管理者又不可忽视建立实力较强的讲师顾问资源。

第一节　关于外部顾问

总的来分，讲师顾问可分为外部讲师顾问和企业内部讲师顾问，外部的讲师顾问主要来自于专业培训顾问服务机构、国内外高校、自由职业培训顾问和跨国公司的兼职培训顾问，近些年有一些来自中国台湾、中国香港、新加坡、日本和美国的职业培训顾问在国内活动也比较多。来自专业培训顾问服务机构的培训顾问因其具有较强的商业性质，顾问质量参差不齐；高等学府虽然人才较多，而且授课经验丰富，但一般都缺乏企业实际工作经验，特别是跨国公司的工作经验，授课的特点一般是理论性较强却缺乏实用性；自由职业顾问经验丰富，具备专业职业技能，但目前国内从业人数无法满足上千万家企业的需要，所以授课报酬很高；海外和跨国公司的培训顾问能够开阔学员视野，带来一些先进的理念，但对本土文化研究不够，与企业培训需要差距较大，综合分析邀请外部培训顾问的好处主要有如下几点：其一是外来的"和尚"好"念经"，学员有新鲜感，可以激发学员参加培训的积极性，从而创造较好的培训气氛。其二是选择性较强，可以根据企业的资源情况和培训需求来邀请外部培训顾问。一般的培训顾问都有其研究较为深入的课题，每个人擅长的课题不一，如果样样都通的培训顾问奉劝您不要邀请，结果必定是样样"松"。其三是能够带来不同的理念，甚至是最为先进的培训内容，为企业发展产生一定的引领作用。其四是外部培训顾问在培训管理和培训系统建设方面具备专业知识和技能，企业内部培训管理者往往可以进行咨询，以改善培训管理工作。同时邀请外部培训顾问的局限性也是非常明显的，主要表现为五个方面：其一是邀请成本较高，一般较出色的培训顾问一天的报酬在几万元到几十万元人民币/天，而邀请稍逊色一点的培训顾问也要几千元到上万元人民币/天，如果企业员工需要系统培训，无疑是一笔不小的开支，当然培训效果好创造出的效益将远远超出邀请培训顾问的成本，如果和抢夺电视台广告的标王比起来，这种投入就更加值得了。其二是企业与培训顾问之间的关系不够紧密，培训管理者对没有接触过的培训顾问缺乏了解，在邀请时存在一定的风险，这就需要应用前面关于培训计划控制部分提到的讲师顾问控制办法，来降低邀请风险。其三是外部培训顾问缺乏对企业实际情况的了解，如果不经过对企业培训需求的研究，培训的内容可能并不实用，导致培训目的难以实现，而再次开展同样内容的培训无论从成本控制还是从学员参与的积极性调动方面来讲，都是不可取的。其四是培训的内容与前后培训内容之间很难保证连贯性，对培训管理的系统性不利，现在有些企业长期邀请相对稳定的合作顾问是解决这一问题的很好办法，这样不仅可以降低邀请外部顾问的风险，又可以使外部培训顾问对企业有全面深入的了解，从而能够根据企业实际需要来提供培训服务，也能够保障培训的系统性。其五是存在一定的沟通难度，虽然外部培训顾问会考虑服务好客户而在某些方面依照培训管理者的意见工作，但外部培训顾问一般都有比较成熟的思想体系和行事作风，不可能完全遵照培训管理者的意见。当然从另一个角度来说这有利于培训管理工作的改善，如果外部培训顾问完全按照培训管理者的意见办事，又会出现敷衍工作的现象，培训管理者在与外部培训顾问沟通时要注意避免。

随着社会分工向职业化发展的步伐加快，将有更多的职业培训顾问从业者，培训顾问的服务也将更加规范，培训管理者也将有更多的选择空间，邀请外部培训顾问存在的问题也会得到不断改善，同时本人也呼吁业界人士能够共同来为这种改善不懈努力。

第二节　关于内部顾问

随着企业对培训需求的不断增多，对培训工作的重视程度不断提高，将会需要大量的内部培训顾问，但由于多数成熟的培训顾问更倾向于选择做企业的外部顾问，企业内部培训顾问就要靠企业长期的培养，一方面要求深入企业的各个部门积累丰富的实际工作经验，另一方面又要注重专业技能的训练，也可以挑选在本职工作中做出优秀成绩者肩负起企业内部培训顾问的职责。虽然这一工作要投入很多精力，但了解了企业内部培训顾问存在的必要性之后，相信每一位培训管理者都值得去开展这一工作。企业内部培训顾问的优势是非常明显的。其一是对企业的文化，员工的实际需求了解透彻，培训时可以对症下药，培训的实效性较强。其二是通过树立企业内部培训顾问的典型形象为其他员工树立学习的榜样，不仅在培训课堂上能够发挥培训作用，平常工作中也可以影响身边的员工不断学习。其三是单位成本比较合算，虽然提供给内部培训顾问的报酬不一定比外部顾问的少，但内部培训顾问工作量和时间都要多于外部培训顾问。值得培训管理者明确的一点是由内部培训顾问肩负培训实施职责与邀请外部培训顾问同样存在不足，最为明显的是内部培训顾问如果与外界交流较少，创新能力和意识不够强，那么在提供新知识、新技能和新理念方面会显得力不从心，对学员来说缺乏新鲜感，对激发学员参与培训积极性不利。另外，企业内部培养起来的培训顾问对专业培训管理经验没有外部培训顾问丰富，需要培训管理者更多的指导和帮助，特别是在培训需求与培训课程设计的对接上要花费更多的时间进行沟通。还有一点局限是内部培训顾问能够讲授的课程受其工作经验局限，如果涉及工作经验不足的领域，其培训的权威性不够，而企业又不可能在每个培训领域都培养一位内部培训顾问，从这一点来看又体现出外部培训顾问的优势和存在的必要。

作为培训管理者，是着重于运用外部的培训顾问资源还是倾向于培养内部的培训顾问，不仅要充分考虑外部培训顾问与内部培训顾问的各自优势，规避各自存在的局限，还要根据企业实际情况进行决策，灵活掌握，有效结合，方可达成企业决策者和员工对培训管理者寄予的迫切期望。

第三节　培训顾问需具备的素质与态度

现代企业培训对培训顾问的素质和态度要求与学校中的教师有着非常大的区别，也不同于社会上到处都是的汽车驾驶、美容美发、厨工木工的培训，企业培训工作要求的培训顾问不仅要具备良好的教育背景，丰富的实际工作经验，同时要掌握现代培训的专业技能，就素质方面来说，主要要求如下一些方面：

——扎实的知识基础。具备所授课程内容相关的系统专业知识是对培训顾问最基本的素质要求，在学校里如果教历史的老师不懂历史，教语文的老师经常出现错别字，文不对题，那真是没有比这更加糟糕的老师了，当然也不可能出现这种现象。不论企业内部培训顾问还是企业外部顾问，本身要为企业和学员提供顾问服务，如果讲授的课程错误百出，是无法有长久生命力的。另外专业培训顾问要对现代教育学、心理学和演讲艺术有着较深的研究，因为这些知识与现代培训的关系非常紧密，能够灵活运用这些知识对于增强培训效果非常关键；此外还要求培训顾问具备专业的培训理论知识，懂得如何进行辨别学员的需求，如何评价培训的效果，如何设计和应用适当的培训模式来开展培训活动。

——丰富的实际工作经验。对培训顾问的实际工作经验不单单体现在培训顾问的职业工作经验，虽然这是必不可少的，但更重要的是要具有与培训对象同行业或曾经在相似岗位工作过，并在实际工作中积累了大量的成功与失败的经验，因为培训本身并非完全是教给学员成功的经验，同时也更加注重培养学员如何规避失败，具备丰富实践经验的培训顾问在授课时才不至于出现过于理论化的枯燥局面，才能够使培训有血有肉，培训的课程才能够更加实用。

——良好的心理素质。我曾经见过一些培训师在授课的时候因过度紧张，本来准备非常周密的课程却不能流畅的讲授完整，以至出现授课逻辑混乱，重要内容忘记，而当讲师比较紧张时学员对讲师也失去了信心，无法对讲师的话产生信任，有时甚至表现出不屑一顾的表情，这又反过来促使已经很紧张的讲师对自己产生怀疑，阵脚大乱。对学员对企业的损失是非常明显的。因此优秀的培训顾问一定要具备良好的心理素质，对自己充满信心，相信自己的授课是对学员有益的，并平时多加练习，强化自己的心理素质。

——良好的专业形象。对于培训顾问来讲，专业化形象是不可忽视的。内部培训顾问更应该在平时注重树立自己的形象，平时做事就不注意节约纸张等办公用品，学员的眼睛都会看到，他们就在培训顾问身边，到培训顾问给学员讲授如何降低工作损耗课程时，提醒大家要注意节约办公成本，就失去了说服力。外部的培训顾问在学员面前虽然具有陌生新鲜的优势，但如果言谈举止不能体现做过企业高层领导人的形象来，给学员讲授领导艺术等课程就不会有很好的效果，即使是课程讲授得再精彩，学员在内心还是不禁要问：他讲的是事实吗？他做过领导吗？他没有做到我能够做到吗？因此说，树立培训顾问的专业化形象是提升授课说服力的必要因素，也是对培训顾问的素质的基本要求。

——专业娴熟的授课技巧。专业培训顾问的授课不仅要掌握娴熟的语言表达艺术，如详略得当，重点突出，通俗易懂等，同时还要具备良好的身体语言的应用，甚至在培训授课的过程中会应用到表演艺术，另外由于现代培训更加强调培训顾问与学员之间的互动性，互动性能否得到更好的体现，在于培训顾问对学员的心理的把握，在于培训顾问的观察能力，有时培训过程当中会出现一些意外事件，如果培训顾问处理不当就会影响培训活动的正常进行，这便要求培训顾问具备灵活的反应能力，同时，往往培训计划对每节培训课程都事先做好了时间上的安排，如果授课讲师对时间的把握不够准确，出现断档或拖课的现象，会打乱整个培训计划的正常进行，因此专业培训顾问要具有很强的时间意识，并能够很好地掌控培训时间。

——良好的道德素养。在以往的参加培训的经历中，不乏听到有些培训顾问在授课的过程中满嘴脏话，或开一些低级下流的玩笑，这是作为培训顾问的大忌，培训顾问能否令学员敬佩，不在于宣扬一些怪异的理论，更不在于应用一些哗众取宠的玩笑来换得学员的欢笑，虽然我们非常提倡培训顾问要具备幽默感，但应用幽默要有所选择，并且要认识到幽默之于培训就像是味精之于一盘菜一样，没有菜的味精是没有实际意义的。

——丰富的感情。本人对那些“大哭”、“大叫”、“大跳”、“大闹”的培训方式并不抱好感，但作为出色的培训顾问具备丰富的感情是非常必要的。可以这样来形容：一场成功的培训就是一次精彩的演出。培训虽然不需要培训顾问像演员一样动辄声泪俱下或怒气冲天，但通过应用丰富的感情来传达培训内容所能带来的感染力是普通说教无法达到的。有人曾经说只有偏执狂才能成功，对于培训顾问来说，只有充满感情的人才能成功。

——自我控制的能力。前面讲到培训顾问要具有丰富的感情，但感情的发泄如果不能够自我控制则是非常危险的。比如当学员当中有人提出非常尖刻的问题让讲师下不来台，或就某一问题在讨论时学员讲出一些不敬的言辞，这时就要求培训顾问发挥自我控制能力，冷静沉着地来处理问题，并耐心地面对学员的提问、意见和批评。

——较强的备课能力。培训顾问授课不同于专家或政府官员作报告，照本宣科是培训顾问授课时的大忌。学员不会愿意浪费时间来听这样的课程，在他们的眼里还不如看看书进行自学，因此培训顾问在授课时要做到脱稿授课，但原原本本的背诵课程讲义的死板做法也是同样不可取的，那样培训就成了背诵课文了，而且培训顾问要浪费大量的时间在背诵上，此处所说的备课能力是指培训顾问准备授课的能力，他不等同于背诵课程，更加强调的是设计授课逻辑并概括课程纲要内容，同时结合丰富的素材使课程有理有据的能力。

——现代培训技术的掌握。随着现代高新技术的不断发展，一些现代设施在培训过程当中得到大量应用，如网络在线培训、电脑投影设备、声控设备等，培训顾问如果不掌握这些现代培训设施的应用技术，就不能熟练应用这些现代培训设施，培训的效果则会相对受到影响，工作的效率也没有应用这些设施的培训顾问的工作效率高，因此掌握现代培训技术是对专业培训顾问的基本要求之一。

以上着重探讨了培训顾问需要具备哪些基本素质，除此之外，培训顾问还应该具有一些职业化的心态，具体表现在如下几个方面：

——对工作的热爱。如果培训顾问缺乏对培训顾问工作的热爱，那么我奉劝这样的朋友不要从事培训顾问工作，因为只有热爱这个职业，才能够投入身心去不断学习，不断提高自己，并不断创新。培训顾问工作是挑战性较强的职业，他要求从事这一职业的成功者必须走在时代的最前列，知识和技能要领先于大多数，这样对于学员来说才有听他授课的价值。

——谦虚的态度。由于从事培训顾问工作者常以老师的身份出现，学员也通常称培训顾问为老师，就出色的培训顾问本身来讲，也确实有“料”，这时就很容易犯骄傲自满的错误，而一旦以高高在上的身份自居，就会在学员中产生排斥的心理，与学员沟通就更加困难，当然存在这种态度的讲师还称不上是成熟的培训顾问，只有那些把学员看成是朋友或交流对象，永远保持空杯心态的培训顾问才能受到学员的景仰和赞佩。

——尊重学员的态度。作为培训顾问要确立这样一个观念——在培训课堂上没有谁高谁低之分，培训顾问不仅在地位上与学员没有差异，而且还要报着服务者的心态来为学员提供高质量，满意的授课服务。形象一点说，培训课程就是培训顾问的产品，而学员就是购买产品的顾客，如果顾客不满意产品，培训顾问当然有责任进行改进，因此在培训过程中尊重学员的意见和提问是现代培训顾问应该树立的正确心态之一。

——对工作负责的态度。现在有一些培训顾问人员什么课都能讲，无所不能，企业需要什么培训内容他就可以讲什么内容，有这种本事的人我们确实应该敬佩，但这样的培训顾问有没有在承诺接受培训任务之前问一下自己，是否具有相关的专业知识，有没有相关的实际工作经验呢？如果没有，就仅凭读几本书，然后编造一下课程内容就去授课，那么无疑于是欺骗，更是对工作不负责任的表现，优秀的培训顾问应该对自己提供的服务负责，并对企业负责，对参加培训的学员负责。

以上有关对培训顾问素质与态度的基本要求，可以作为企业邀请外部培训顾问的参考标准，也可以作为培养内部培训顾问的参考资料，同时也希望能够为从事培训顾问职业工作者提供自律和发展的参考。

第四节　培训顾问的风格

对于培训顾问的独特卖点，有人认为是培训顾问最擅长讲授的品牌课程，但具有同样素质和经验的人很多，经过训练之后同样能够讲授类似的课程，有人说是培训顾问的个人名气，但有名气不一定能够提供企业需要的培训服务，本人认为培训顾问的独特卖点在于他的——授课风格。培训顾问授课风格与其个人性格、习惯、态度等各方面关系紧密，不是靠模仿能够成为独特风格的，一味地模仿别人只能是邯郸学步。但从总体上看培训顾问的授课风格可以归为六大类，他们分别是新闻播报型、专业教育型、经验分享型、讲台表演型、活动组织型和群众煽动型，下面分别就每种培训顾问的风格特点进行一些概括。

——新闻播报型。新闻播报型培训顾问在授课时缺乏形体语言和丰富感情的应用，基本上像电视上的新闻广播员一样，一般这种培训顾问非常少见，有经验的专业培训顾问服务机构也不会派这样的培训顾问为客户提供服务，企业内部当然也不愿培养这样的培训顾问，通常情况都是在培训新员工时讲解企业制度或介绍企业基本情况时临时拉来的“壮丁”，新闻播报型的培训顾问走职业化道路是困难的，因此有志于在培训顾问方面进行职业化发展的朋友要注意避免以此种风格出现。

——专业教育型。此种培训顾问多来自专业教育部门，或曾经有过专业教育部门的工作经验，在给企业学员进行培训时还是老习惯，像在学校给学生上课一样，同时又因为缺乏企业特别是跨国公司的工作经验，授课的特点是理论化较强，逻辑思路明确，专业知识功底深厚，但往往缺乏实用性，这种形态的培训顾问只能适合讲授知识性或技术性较强的课程，而对于技能性课程、实战性课程则不够适合。

——讲台表演型。此种类型的培训顾问非常善于应用身体语言和表情、感情等因素来强化培训效果，给学员的感觉是课堂气氛活跃、轻松，讲师的一举一动能够吸引学员的注意，具有幽默感，讲师的表现力丰富，此种风格的讲师如果内涵足够丰富，实践经验和理论基础都比较好，那么应该是最为出色的培训顾问，反过来说，这一形态的培训顾问如果内涵不够，只是表达能力较好，能吹善侃，那么对于学员来说收获不多，培训效果也不会理想。

——经验分享型。培训顾问中有一些人专业理论并不系统，但他们有着丰富的实践工作经验，授课内容基本上以自己以往的工作经验为主，对于学员的启发和帮助显得更加实际，但因为任何成功与失败的经验都有其环境局限性，第一个人采用的方法能够成功，第二个人采取同样的方法可能就会失败，而第一个人采取的方法失败了，另外的人采取同样的方法可能就会成功，学员不可完全照搬所学。这一形态的培训顾问在授课表现力方面往往也不够重视，多数是认为那不重要，给学员讲一点实在的东西才是最重要的。因此如果是经验分享型的培训顾问应该注重强化自己的理论基础和专业培训技能，那样将会成为非常出色并非常受企业欢迎的培训顾问。

——群众煽动型。这一风格的培训顾问有点像拿破仑，讲授培训课程时激励性特别强，表现力出色，能够把握学员的心理，课堂的气氛非常活跃，培训顾问能够把学员的注意力高度集中，并能调动起学员的感情因素，但此种形态的培训顾问不宜讲授知识性较强的课程，那样会令学员听起来感觉不伦不类，比较适合讲授的课程是观念和态度转化型的课程。讲授技能性课程也可以，这种授课风格有利于鼓励学员踊跃参与。

——活动组织型。活动组织型培训顾问在授课逻辑思路和语言表达等方面可能不是专长，也不像群众煽动型培训顾问那样具有激励性，但这一风格的培训顾问组织能力特别强，一般采用的授课方法也是活动游戏的方法较多，善于通过潜移默化的培训过程来帮助学员自我认识问题和明白应该如何进行改进。

培训顾问的风格多种多样，差不多是一个人一个样，世界上没有完全相同完全相同的两个人，也没有风格完全相同培训顾问。以上只是几种具有代表性的授课风格，在实际当中往往一位培训顾问兼具几种授课风格的特点，另外，每个培训顾问的授课风格也不是一成不变的，至于说哪种培训风格更好，应该根据实际培训对象、培训时间、培训内容等各种情况来定，比如在进行专业知识培训时比较适合的培训风格是专业教育型的授课风格，但如果课程安排在下午两三点人们普遍容易困倦的时间授课，采用专业教育型的授课风格恐怕会有一大批学员睡觉，而采用讲台表演型的授课风格，进行一些产品功能、产品使用方法等方面的演示，调动学员的兴趣，吸引学员的注意，效果就会完全不同了。总之，培训顾问风格没有最好和最差之分，只要培训的效果好，就是好的风格。有志于做职业培训顾问的朋友，应该多把心思放在如何增强培训效果的研究上，而不只是只注重表面工夫的练习。

第五节　培训顾问的工作程序

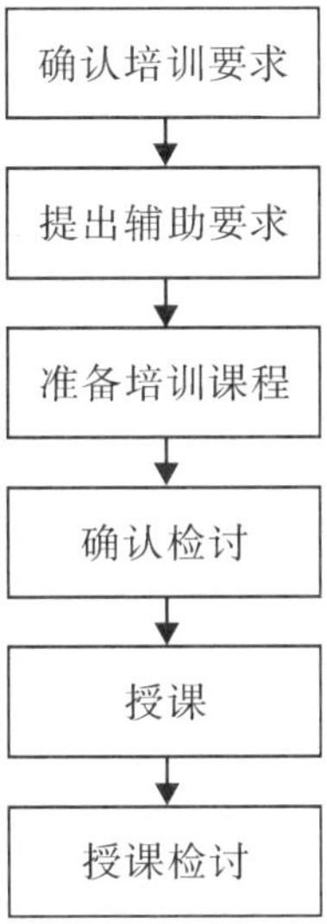

图 29　培训顾问工作流程

专业培训顾问需要掌握工作的基本流程（具体情况见图 29 所示），确保什么时候应该做什么事。并根据工作流程的每一个环节的需要来全面的强化自己的工作技能。作为专业培训顾问不仅仅要通过培训管理者来了解培训计划有关课程安排和学员的培训需求，同时要成为学员的指导者，帮助学员认清自己目前的能力和知识水平，并帮助学员明白现实与目标之间的差距，在此基础上帮助学员制定改善的措施和办法。了解了培训需求和培训计划对培训顾问的要求后，培训顾问就要提出一些需要培训管理者和学员提供相应工具和配合的辅助要求，包括物质条件，如培训场地的标准，环境、设施等，同时也包括学员的人数、年龄结构等要求，另外还有一些在授课过程中需要其他人员配合的工作安排，如授课教材的发放，教学工具的展示，录音录象资料的播放，等等。备课是培训顾问工作流程中非常重要的一个环节，曾经有一位非常出色的职业培训顾问朋友这样形容备课在整个工作中的重要性——“准备”会建立您的信心，“热忱”则创造心灵的传播。备课并非只是编写培训教程和收集一些相关的资料、开发制作一些辅助授课工具那么简单，而是要对整个培训的授课过程的每一个环节精心设计，并在头脑中事先预演，同时要进行自我操练，以便在正式开展培训活动时能够驾轻就熟，避免到实际操作中出现手忙脚乱的现象。确认检讨不仅是对辅助培训设施等辅助要求的确认，同时要对自己的授课准备情况进行检讨，检查一下是否已经做好了充分的准备。在授课这一工作环节不仅要有出色的“演出”，更要时时检查授课的情况，培训顾问要经常自问：

▲ 我真的发挥了最好水平吗？

▲ 学员的注意力集中吗？

▲ 培训会场的氛围如何？

▲ 学员听得懂、听得清授课内容吗？

▲ 学员欢迎我的授课方法吗？

▲ 学员能够接受我的授课风格吗？

▲ 我帮助学员认识到自己的进步了吗？

▲ 我帮助学员学会怎样应用培训所学了吗？

通过自我检讨授课情况，根据学员的反应来采取相应的调整方法，特别是培训时间较长的培训项目，更要注意这一点。课后检讨是非常必要的，他不仅可以帮助培训顾问不断发现自己的缺点和不足，同时也是提高企业培训水平的必要手段。

第六节　培训顾问的工作技巧

专业培训顾问的基本工作技巧虽然与学校的教师有很多相通之处，但也有较多的差异。基本的一些专业技巧主要包括授课准备技巧、授课前的控制技巧、培训开场的技巧、培训过程的控制技巧等七项。具体情况见图 30 所示。

——授课的准备技巧　周密的准备工作是一次授课成功的一半。做好授课的准备工作可以从以下几个方面入手：

设计课程逻辑主轴。授课的逻辑性是评价授课是否成功的基本因素，也是对培训顾问授课能力的基本要求，授课的逻辑性更是确保学员接受培训内容效果好坏的主要影响因素，同时培训顾问的授课能否吸引学员的注意也与授课的逻辑设计有关，当然这里所说的课程逻辑主轴并非像一般的文章写作逻辑那样简单，他

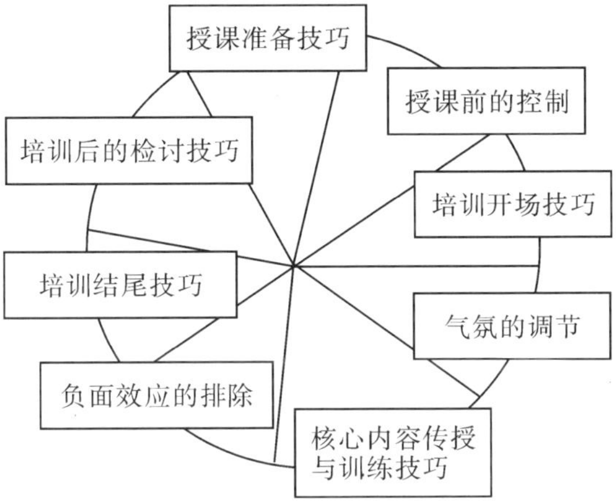

图 30　培训顾问的工作流程

要求要具有一定的形象性。比如本人有一次在给一家企业做销售业务人员培训时，讲授的课程主题是——如何跨越销售障碍。当时在设计课程逻辑主轴时就考虑如何能够把课程内容的逻辑关系形象化的表现出来，在吸引学员注意防止学员溜号的同时，能够帮助自己记忆授课内容，减轻备课压力，最后就决定用五座大山来代表销售过程的五个常见障碍，然后从跨越第一座大山也就是销售过程中常见的人际关系障碍开始讲起，学员的思路跟着讲授的思路走，高度集中了学员听课的注意力，并通过讲授跨越大山的精神激起了学员战胜销售过程中困难的信心，将本来比较分散的销售技巧有效的结合到了一起，授课效果非常好。

实务经验总结。培训顾问授课的实用性和生动性主要来自于实践经验有效的结合，但培训顾问多数实践经验未必与所要讲授的课程有关，这就需要培训顾问平时要对亲身经历或朋友经历过的一些事实进行总结，在设计开发培训课程的时候选择一些与课程内容有关的事例进行应用。有些朋友曾经向我咨询为什么他在备课时就找不到适当的事例，而且事例每次都非常少。其实这就是培训顾问的工夫所在了，现实生活中、工作中到处都在发生着各种各样的事情，关键在于是否能够用培训顾问的专业眼光去观察，在酒店就餐您可以发现服务人员工作技巧和服务态度的事例，在飞机上您可以发现飞机乘务人员工作方法的事例，在商场里购物您可以发现营业人员对顾客投诉的处理事例。当然并非所有的事例都能够说明问题或帮助您证明您所讲授的理论，有一些反而起到负面影响，这就需要培训顾问根据实际讲授的课程情况灵活掌握了。

穿插一些小故事。在人们的眼里，好象只有孩子们爱听故事，其实成人也同样爱听，如果能够在授课的过程中结合一些与培训内容有关的幽默、寓言小故事，不仅可以吸引学员的听课兴趣，同时对学员理解授课内容也具有非常大的帮助，往往能够收到比千言万语更好的效果。如在讲授团队精神课程的时候结合这样一个小故事——有一位盲人和一位瘸腿的人共同居住在一间屋子里，平时很少说话，并且矛盾很深，总是自己忙自己的事。有一天深夜，不知是什么原因导致房子着了火，大火已经燃到了房顶，如果再不逃命就没有生还的希望了，但是盲人看不到路，平常进进出出的房门早就被大火包围了。瘸子靠自己同样无法逃出火海，因为虽然他能看到逃生的道路，但却因为腿脚不好用，难以达到目的，这时盲人和瘸子同时想出了一个好主意，那就是两个人合作，发挥各自的优势，弥补各自存在的不足，由盲人背着瘸子双双逃出了火海。通过讲授这个小故事会让学员认识到自己存在不足的一面，每个人都不可能是十全十美的，只有团结合作才能够创造更加出色的业绩，从而使学员受到深刻的启发。

时间和速度的预测。有些朋友认为实际工作经验和小故事对于培训效果非常重要，往往费了好多精力和时间来收集，授课内容准备了厚厚的一大本，结果没有对授课时间进行预测，课程没有讲完就收场了，甚至影响到主要内容的讲授。有时安排的授课内容和授课时间都比较恰当，但在讲授时没有把握好速度，内容全都讲完了离计划结束时间还有半个小时，这对学员是个损失，同时又打乱了培训计划，为尽可能避免这种现象的发生，培训顾问在备课的时候要做好时间和培训速度的安排。

自我操练。在培训课程正常开展之前，培训顾问最好能够将准备好的课程自我操练一下，即使经验多么丰富的培训顾问都有这个必要，其好处主要表现在如下几个方面：

▲ 检验时间和讲授进度是否合适；

▲ 检验培训课程设计是否合理；

▲ 巩固授课内容；

▲ 熟悉培训方法；

▲ 熟悉授课过程。

在培训顾问进行自我操练的时候，最好能够找二到四位与学员具有同样培训需求但是已经参加过类似的培训的人来试听，最好同时有培训管理者也在场，在试听过程中可以帮助培训顾问来纠正自己授课过程中存在的不足，使授课安排更加符合学员的需要。

——授课前的控制技巧　课前控制是确保培训顺利进行的必要工作，培训顾问更应该掌握一些授课前的控制技巧，主要表现在如下一些方面：

情绪控制。当培训顾问面临一些陌生的学员，对他们是否能够接受自己还不够了解，经验丰富的培训顾问也会有一些紧张，紧张的情绪对于培训的开场来说影响非常大，而陌生学员对培训顾问的第一印象又是非常关键的，因此培训顾问要对自己充满自信，当然这种自信是建立在充分的准备和丰富的经验基础上的。当情绪确实特别紧张时，培训顾问可以回想一下以前的成功经历，以此来告诉自己——I Can，I Do！并承认自己对所从事的工作的热爱——授课就是一种自我价值的体现，从而充满热情地登上讲台，开始一场非常精彩的表演。

形象控制技巧。不同的学员喜欢的形象有所不同，培训顾问一方面要树立自己专业的外部形象，同时也有必要根据学员的口味对自己的外部形象如服装，领带色彩、鞋子、发型等做适当的调整，当然这属于形象设计方面的学问，还是推荐朋友们找一些形象设计方面的书籍来读一下收获定会更多。

培训设施的控制技巧。在培训课正式开始之前，培训顾问要对培训过程中需要用到的各种培训设施进行全面调试和检查，主要有以下几个方面需要重点注意：

▲ 音响音量调到适当高度；

▲ 影视器材的屏幕摆放到学员都能够看清的位置，器材能够正常工作；

▲ 投影机或幻灯机接好电源，并确认可以正常工作，同时要调试好焦距和色度，保证学员在前排和后排都能看得清楚；

▲ 麦克风的音量调试到适当高度，音质清晰；

▲ 白板笔能够正常使用，并摆放到方便拿到的位置；

▲ 白纸板上面的白纸已经装订好，需要提前书写的内容写到白纸上面并留出第一页空白；

▲ 授课过程中需要展示的工具都事先放在学员看不到的地方，以免分散学员注意和降低所要展示的工具的新鲜感；

▲ 讲台的高度适合，白板的摆放位置与讲台之间的距离不要过近也不要过远，大概在 2～4 米之间；

▲ 培训场所的学员座位摆放适合培训方法的需要，能够方便学员与培训顾问之间的沟通；

▲ 要发放给学员的资料已经全部准备好，并由专人在指定时间发放。

时间控制技巧。培训顾问在培训活动开展之前的时间控制主要需要注意两点：其一要提前到达培训场所。对于培训顾问来说时间是非常宝贵的，但如果让几十名学员有时甚至上百名学员花费时间等待培训顾问一个人的到来，就更加不经济了，同时也会降低培训顾问在学员心目中的形象，至少是不够守时。其二是要准时开始授课，计划好的开始授课时间培训顾问一定要遵守，有时经常会遇到培训顾问匆匆赶到培训场所，然后开始调试投影机或幻灯机等培训设施，一切顺利还好，能够准时开始授课，如果出现机械故障，则耽误了培训课程的准时开始，这就要求培训顾问在备课时应该注意防备意外故障的出现，准备应急的措施，比如投影机不能用，那么就可以采用事先准备好的替换设备或其他办法来应急，确保课程准时开始。等其他配合人员将投影机维修调试好之后再转用投影机授课。

——培训开场技巧在文章写作中非常强调文章开头对于整篇文章的作用，在培训过程中，开场的作用类同与文章的开头。多数培训顾问在授课开始时对自我介绍并不重视，其实开场白中的自我介绍对于提高学员对培训顾问的认可程度是有很大影响的，运用得好就像一缕春风一样打开了培训顾问与学员之间的心灵之门，迅速拉近与学员之间的距离。一般常用的培训开场方法主要有如下几种：

开宗明义法。此种开场方法开篇即直接切入主题，令学员感觉到简洁明快，干净利落，废话较少，此种方法应用比较广泛。举例如下：

举例 A：各位朋友，大家早上好，很高兴能够有机会与大家在一起共同探讨有关现代营销这个话题，今天，我要与大家共同交流的课程主题是——深度营销的渠道开发与管理。

举例 B：各位同仁，下午好。在接下来的四个小时中由我与大家共同探讨现代企业领导者的领导艺术问题。

小故事比喻法。采用此种方法开场能够吸引学员兴趣，调动学员听课积极性，为整节课的授课气氛奠定良好的基础，但应该注意的是，所引用的小故事应该与所要强调的观点或内容有关联，否则在讲完小故事后再转入其他内容就会令学员感到比较突兀，衔接不够自然。

举例 A：各位营销界的朋友，大家好，前几天我在一本书上看到这样一个故事：在一次奥运会上，美国女子游泳队取得了冠军，队员们非常高兴而激动，一起将她们的教练举过头顶抛进了游泳池，可她们的教练却在游泳池中大喊救命，原来这位游泳教练并不会游泳。这个故事使我认识到一个问题，说明能够培养出奥运会游泳冠军的教练并不一定会游泳。同样道理，今天我在此给大家讲授营销管理的课程，并不一定我就会做营销，就一定是营销高手，今天我和大家分享一下营销管理的基本常识，希望能够起到抛砖引玉的作用。

举例 B：各位公司同事，周末好。在这里，我首先与大家分享一个同样有可能发生在我们身边的故事。有一次，一家食品厂发生管道破裂，导致有毒的气体外泄，酿成二死三重伤的惨剧。后来经调查发现，管道破裂之初，已经有部分工人发现，可他们一方面认为不关自己的事，另一方面也不知道会造成这样严重的后果，所以便继续自己本职的工作，过了不长时间，这些工人便纷纷中毒倒地，而成为那五位不幸的受害者。不过，灾难没有造成进一步扩大，要归功于当时刚好有一个工人路过，立即采取行动，先行暂时堵住裂口，然后立即通知有关部门修理，解除了工厂无数生命财产的威胁。虽然这位做好事的工人也可以认为不关自己的事，但他却挺身而出，救了同事同时更重要的是也救了自己，并且因此受到公司的表彰和晋升，获得了同事们的一致赞许和感激。听了这个故事，不知各位有什么感想？

以上两个示例，都采用的是小故事比喻法开场，但适合应用在不同的场合，大家可以自己体会和灵活掌握。

自我解嘲法。此种开场方法是开篇即从培训顾问自身的一些话题入手，先进行一番自我嘲弄，令学员感到亲切，以使讲师与学员之间消除距离感，对于增进与学员之间的沟通有较大的帮助。

举例 A：各位某某公司的朋友，大家早上好，首先让大家认识一下本人，我姓高，高矮的高，但是因为我个头比较小，所以朋友们都建议我还是改姓矮要恰当得多，不过高有高的好处，矮有矮的优点。有一句顺口溜说得好：董存瑞，个不高，能够顶起炸药包；邓小平，个头矮，能让中国富起来；活雷锋，个不大，雷锋精神遍天下。

举例 B：长期以来，我一直以自己悦耳动听的声音而感到自豪，因为朋友们经常说我的声音就像鸭子的叫声一样动听。还有一点让我感到自豪的是我的走路姿势非常优美，具有绅士风度，朋友们说我的走路姿势就像南极的企鹅一样，各位看看，是不是很有派头儿。

应用自我解嘲方法开场如果能运用好，则能在学员的笑声中迅速拉近距离，消除陌生造成的隔阂和偏见，但如果应用过度则会有损培训顾问自身形象，因此，要掌握适度。

双向沟通法。双向沟通法是指在授课之初培训顾问就广泛征求学员意见，或采用互相自我介绍的方法来彼此认识，这样培训顾问在授课时能够把握学员的基本素质或真正的培训需求，使授课更加具有实用性，学员受到充分的尊重，更能够接受培训顾问的授课内容。

举例 A：各位某某公司的经理们，晚上好，今天晚上我们主要探讨的话题是有关如何激励和培育下属的问题，那么我想先听一听各位对于这个问题的看法和体会。

举例 B：某某集团的各位高级经理们，今天我们将主要来探讨一下有关职业经理人素质的问题，“三人行，必有吾师。”，今天在座的各位都是老师，我们以互相交流的形式进行，为方便我们之间的沟通，有请各位每人以 1～2 分钟的时间进行一下自我介绍。

双向沟通开场方法主要应用在培训对象为中高层人员的培训授课中，但培训对象较多，利用此种方法会导致会场混乱，耽误授课进度。

设问法。设问法是演讲当中应用较多的开场方法之一，同时也广泛应用于培训授课的开场白当中。应用设问法开场容易吸引学员注意，激起学员好奇心，从而能够集中注意来听讲，同时也能够明确授课主题，并引出授课内容。

举例 A：各位同事，我们能够眼睁睁地看着我们的顾客从我们的手中流走吗？不能！肯定不能！那么我们有什么办法留住我们的老顾客呢？今天就让我们来共同探讨一下这个关系到在座各位利益和企业发展的重要问题。

举例 B：各位朋友，当我们看到公司的产品质量下降，顾客投诉事件频频发生时，当我们看到公司的损耗越来越大时，我们还能够坐视不理吗？不能！坚决不能！因为这是我们作为公司一员的基本责任。

揭示事实法。事实的巨大说服力是其他任何比喻、激励等培训手法都无法比拟的，授课开篇就以揭示事实来切入，能够引起学员的足够重视，同时让学员感到培训顾问讲授的内容非常实在，培训顾问所要达到的改变学员观念或促使学员行动的目的，通过引述事实而更加容易实现。

举例 A：各位同事，截止到昨天为止，我通过售后服务部门统计结果了解到，自今年一月份开始，公司产品在生产和包装过程中出现的不合格率为8%，也就是说：如果有100位消费者购买我们公司的产品，其中将有8位消费者的权益受到侵害，而这8位消费者的负面口碑将会影响到成百上千位目标消费者。

举例 B：各位同志，现在我非常遗憾的向大家宣布一个消息，我们企业截止到昨天已经负债3亿元人民币，其中有2亿元人民币的银行贷款将于下个月到期，而且我们今年生产出来的产品有60%都还在仓库中积压，再有10个月，产品的有效期一到，这些积压的产品将变成废品，再来看看我们的工人们，全厂3000名工人要吃饭，目前已经两个月没有开工资，已经退休和即将退休的800名工人和干部的退休金已经告急，现在是到了我们生死存亡的时候了，那么我们应该怎样办呢？把工厂卖掉吗？换回来的钱还不够发两个月工资，两个月之后怎么办呢？你们能告诉我应该怎样做吗？不知道，好！那么，现在听我说，目前摆在我们眼前有两条路可走……

独特创意法。为能够吸引学员注意，培训顾问有时可以采用平常难以想象的独特方式来开场，给学员焕然一新的感觉。

举例 A：跑动出场，并边跑边喊“狼来啦！狼来啦！”然后向学员解释说：我说的不是山里面的“狼”，不过这些狼同样能够“吃人”，他们是谁呢——是比我们实力强大到千倍万倍的跨国公司。今天我们就来探讨一下“跨国企业在中国”这个课题。

举例 B：开课之初，培训顾问一句话也不说，只是拿了一大把的筷子一根又一根的折断，后来每次两根两根的折断，接着是三根三根的折断，四根四根的折断，五根五根的折断……直到折不断为止，然后向学员提出问题：你们看到我刚才在做什么？从这件事中您得到什么启发？

——会场气氛的调节。一场培训的会场气氛是平淡无味、沉闷枯燥还是掌声不断、笑声连篇，抑或是群情激动、兴趣盎然，则取决于培训顾问对培训会场的掌控能力和技巧，这一技巧主要表现在眼神运用、音调运用、语气运用、板书运用、手势运用等方面。眼神运用。在授课的时候经常遇到一些只看授课教案，或只看前面几排学员的情况，这会使旁边的学员和坐在后面的学员感到不受尊重，培训讲师不是在向他们讲课，因此他们也不会集中注意来听讲。一般情况下，授课讲师眼光应该正对学员，并且勇于面对所有学员，否则，学员就会对讲师产生不信任感，并且要注视学员中的特定听众，如在学员中比较有影响的人物，通过对特定听众的关注，了解学员可能会产生什么样的反应，以便及时采取策略来调整。另外，有经验的培训顾问把整个培训会场分为四个区，眼神在四个区（见图31所示。）中不断交替巡视，这样就可以及时发现学员的反应，把握会场气氛掌控的主动权。

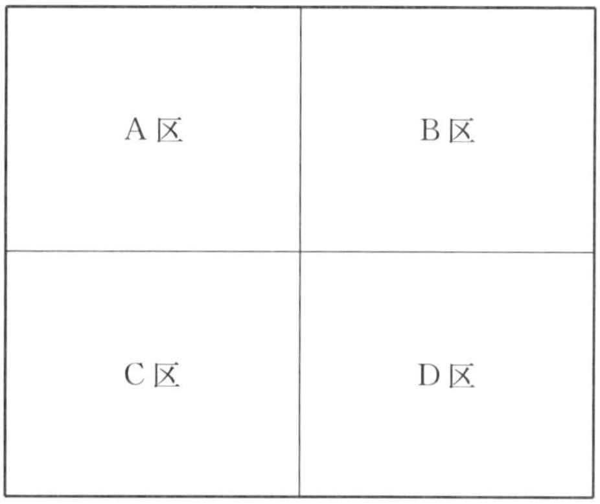

图31　培训会场眼神分配

音调运用。有些培训师授课时从头到尾都是一个音调，有的都是高声调，有的都是低声调，讲课的速度也是一个速度，平铺直叙，没有突出重点，这样就很难调动学员的听课兴趣，一般要发挥学员的听觉作用来强化授课效果，就应该注意在授课时音调要高低结合、快慢结合。对于重点的内容要用音调重点提示，对于需要调动学员情绪的内容要低缓平和或激昂高亢。同时授课时也不宜过于刻意去变化音调，那样就会令学员感到有些做作，反难达到很好的效果。

语气运用。在以往参加培训的听课经历中，经常会听见授课讲师应用“可能”、“也许”、“大概”、“估计”等不肯定的词汇，其实这样在学员听来的感觉是这位顾问是不可信的。连顾问自己都无法肯定的事情，最好不要讲，这样的口头禅是培训顾问语气运用的大忌，讲出的话一定要肯定，并注意在多用第二人称“您”而要少用第一人称“我”，以示对学员的尊重。

手势运用。授课时手势运用得好对于授课的效果会起到很大的帮助作用，不仅可以帮助学员理解主讲者所讲授的内容，也可以使主讲者的授课更加生动，有感染力。像列宁、希特勒就是在手势应用方面的高手。在手势应用方面主要需要把握以下三个原则：

▲避免不良小动作；

▲忌手势重复；

▲善用肢体；

▲配合形态。

板书运用。在授课时板书的字迹不工整，有时甚至看不清楚，还不如不要板书。另外，有些授课培训顾问将大量的内容都写到黑板或白板上，在书写板书时又背对学员，授课讲话中断，这些都是培训顾问在授课时不该出现的现象。板书应该突出主要重点内容，并且书写工整，条理清晰，否则大量的板书不仅耽误较多的讲课时间，又会导致学员的听课注意力分散，使授课缺乏连贯性。背对学员写板书对学员有所失礼，要尽量侧身写板书。总之授课时的板书应用要注意把握几点：

▲不要多，不要乱；

▲不要背对学员，少擦黑板；

▲突出重点。

——负面效应的排除。授课负面影响有些是能够事先预料的，如下午上课容易犯困，可能会出现学员睡觉的情况，学员的注意力难以集中，有一些学员故意给讲师出难题等。而有些负面影响是事先无法预料的，如授课过程中出现停电，培训课室内一片漆黑，等等。出现这些负面因素有时对整个课程的培训效果的影响是致命的，有一些影响因素虽然不至于导致课程中断，但同样会产生不利影响，这便要求授课讲师能够随机应变，灵活化解这些负面影响。常见方法见表54 所示。

——余音绕梁的结尾方法。培训结尾的重要性我想是不需要在这里强调了，课程是否能够画上完美的句号，给人以回味无穷的感觉，加深记忆，留下深刻的印象，增强培训效果，结尾的作用是不可忽视的。

重申主题法。此种方法是在授课中较为常用的结语方法，意在通过重复授课主题和主要的授课内容给学员再次的印象，提高授课的记忆效果，帮助学员掌握授课重点，同时使整个课程首尾呼应，完整而统一，不致出现离题的感觉。

举例 A：本节课我们重点围绕《如何提高顾客服务水平留住老顾客》这一主题，探讨了服务心态调整的重要意义和方法、服务技能的引进和开发、服务系统的建设和管理等内容，希望大家能够结合本次课程所讲授的内容在实践工作中灵活应用，并对工作不断进行改善有所帮助。

表 54　授课中常见负面影响及排除方法

序号	负面因素	排除方法
1	注意力分散	强调培训纪律 加重语调 故意停止讲授 穿插小笑话或小故事
2	有人打瞌睡	直呼其名回答问题 叫起邻座位学员回答问题 穿插游戏小活动
3	外人干扰	请组织者配合 感谢而勿责备 问题搁置会后处理
4	突发事件	幽默化解 提前预设备用方案 请组织者帮助解决 暂时改变授课形式

举例 B：本节课我们重点探讨了国内企业品牌管理的误区与对策、品牌调查与品牌策划、品牌推广与品牌扩展、品牌维护与品牌创新等有关品牌管理的基本知识和方法，希望通过这一天的品牌管理培训我们各位能够对品牌管理有更深入的认识和收获，有不当之处欢迎各位会后与本人交流探讨。

祝福语结束法。此种结语方法经常用于演讲中，采用这种方法结束培训课程可以给学员留下较好的印象，让学员带着良好的感觉走出培训会场，但此种方法结语显得过于俗套，缺乏新意，难以给学员留下深刻的印象，建议最好少用此种结束法。

举例 A：今天我们在这里讲述了有关“市场经济下的个人成功学”的问题，祝愿在座的各位朋友都能够在市场经济环境下，在人生的每一段里程里实现自己的梦想，并最终创造成功的人生、辉煌的人生！谢谢各位！

举例 B：今天我们主要探讨了什么样的道德和心态才是作为一名合格的职业经理人员应该具备的职业道德和职业心态，真诚的祝愿各位朋友都能够像我们今天大家讨论过程中所期望的那样，不断塑造自己正确的职业道德和职业心态，最终迈向职业经理人的成功之路。

小故事比喻法。运用小故事来开场和收场，是效果较好的一种方法，通过讲授富有哲理的寓言或小故事，使学员在兴趣盎然中体会到一种道理，从而留下深刻的印象，并对培训的内容理解和记忆起到升华的作用。

举例 A：有这样一个故事，说的是有一位智者经常坐在村边的大树下，一位刚刚从邻村来的旅客也到树下休息，就请教智者问道：这个村子里的居民好还是坏？智者反问他上一个村子里的居民如何。旅客回答说非常友善好客，使他宾至如归。智者就告诉他说这村里的居民也是如此。过了不久，另一位旅客也到树下休息，问起同样的问题，智者反问他上一个村里的居民如何，只见他横眉竖目、咬牙切齿地回答说，上一个村里的居民欺侮外乡旅客，他再也不想到那个鬼地方了。智者听了摇摇头，告诉他这村里的人也是这样糟。旁边的人听到智者对同样的问题居然有不同的说法，感到非常的好奇，问智者为何如此回答，智者笑着说：其实两个村里的居民都一样，差别只在于旅客本身的态度，而他在此数十年都是如此回答旅客，竟然次次灵验。一个顽童为了考验智者，手抓着一只小鸟问智者说：我手中的小鸟是死的还是活的？智者明知若答是活的，他将捏死小鸟，若回答是死的，他将放开手让小鸟飞走，于是微笑着回答说：是死是活都由你自己决定。各位朋友，当我们埋怨身边的同事时，当我们对生活感到不满时，您是否曾经从自身找过问题？您是否看到了同事的优点和长处呢？正像故事中所说的一样：一切都在您自己的掌握中！

举例 B：有一位刚刚毕业的大学生，就像今天在座的每一位一样，不同的是他被分配到一支海上钻井队工作，各位被分配到本公司工作。上班的第一天，他的领班拿过来一个盒子叫他把盒子送到正在三层钻井台工作的主管手中。他接过盒子噔噔噔跑上三层钻井台，将盒子交给主管，主管接过盒子，在上面签上自己的名字，然后叫他把盒子送回到领班手里。他接过盒子转身下到一层钻井台，把盒子交给了领班。领班在盒子上签上自己的名字，叫他把盒子再送到三层钻井台的主管手里。他用疑惑的眼光看了看领班，但还是接过盒子一步一步登上三层钻井台，这时他已经一身大汗。他把盒子交到主管手中，主管又在盒子上签上自己的名字，命令他再把盒子送到领班手里。这时，他已经心中感到愤愤不平了，这分明是因为他是新来的，主管和领班合起来戏耍自己，但他还是接过盒子一步一步地来到领班面前，将盒子交给领班手里。领班接过盒子又在盒子上签上自己的名字，命令他再把盒子交到主管手中，这时他已非常气愤，但还是强忍怒气接过盒子垂头丧气的一步一步登上三层钻井台，把盒子交到主管手中时他已经毫无力气。主管在盒子上又签上自己的名字并非常强硬的命令他把盒子打。他打开盒子，发现里面竟然是一罐咖啡和一罐咖啡伴侣，主管又非常强硬的命令他冲上一杯咖啡，这时他实在是无法再忍受下去了，一挥手把盒子打翻在地，气愤地说：我不干了！主管非常冷静地看着他摇了摇头，说道：其实这不是在戏弄你，而是在考验你，在海上钻井平台工作，经常会遇到大风大浪，因此要求每一名队员都要具备良好的承受能力，才能够在遇到风浪时胜利的完成任务。可惜的是你已经承受住了前面的考验，却没有能够喝上你自己亲手冲的甜咖啡，现在你可以走了。各位新同事，希望你们能够以这位大学生为鉴，经受住工作的考验，最后能够喝上自己亲手冲的“甜咖啡”!

名言佐证法。名人名言多数都是经过实践总结出来的蕴涵着深刻生活或事业道理的警句，同时名人效应是广告创作中经常应用的方法，目的主要是借助名人的影响来提高产品的可信度，增强对消费者的说服力。引用名人名言来结束课程，不单可以提高对学员的说服力，也可以给学员以启示，加深对授课内容的理解。

举例 A：各位朋友，美国万宝路公司总裁——马克斯·韦尔曾经用一句话来形容品牌的重要性：企业的牌子如同储户的户头，当您不断用产品累计其价值时，您可以尽享其利息。他说得实在是太精彩了，正是他们这样重视品牌的管理，才使得万宝路产品大幅调价却仍然保住了在同类产品中的市场地位，如果我们都能够像管理自己的储户一样来管理企业的品牌，在不远的将来，您定会收获大笔“利息”!

举例 B：当有人问起松下幸之助，松下公司是做什么生意的时候，他的回答是：“松下电器公司是培育人才的公司，并且兼做电器商品的生意。”各位老总，如果您的企业也能够像松下公司一样重视企业人才的培养工作，相信有一天您公司的产品也会像松下电器一样畅销全球市场。

行动鼓励法。培训的最终目的是促使员工行动，运用所学到的新知识，运用学到的技能，改变以往错误的做法乃至不良的习惯，工作中以正确的观念和态度来处理问题，因此应用行动鼓励法来结束授课是比较重要的一种方法，也是增强培训效果的有效方法，这一方法也是本人在实际工作中最为常用的一种方法，获益良多。应用此种方法时要注意以下两点：

▲ 要为学员指出行动的方向；

▲ 要说明这样行动的好处或告诉学员按照您指出的行动去做可以避免哪些损失；

▲ 要指出行动的具体方法。

举例 A：各位同事，根据前面我们有目共睹的事实，降低工作损耗是我们每个人的责任，也是公司管理的必行之路，降低工作损耗对于公司和大家都有好处。对于公司来说，通过降低工作损耗，可以减少企业经营成本，增加效益，增强竞争能力；对于各位来说，企业效益好了，大家的奖金就有了保障，劳动得到更多的回报。况且，在我们的工作中，降低损耗并非是什么难事，您可以从节约一张白纸做起，您可以在打电话时通过少说一句废话做到，也可以通过合理运用废品做到，更可以在生产产品过程中提高产品合格率来做到。

举例 B：各位业务员朋友，2011 年还有一个月就要结束了，我们本年度的销售目标还只差 500 万元就可以完成，如果我们能够完成今年的销售目标，公司承诺给大家的奖励保证能够兑现，那样各位就可以在新年到来的时候尽情地享用自己通过拼搏赢来的果实，如果我们希望完成自己的销售任务，从走出这间培训课室那一刻，你就可以通过多给顾客打几个电话，多拜访几位目标销售顾客，多回访几位曾经的老顾客而实现这一目标。好吧，从现在开始，就让我们共同用实际行动来迎接胜利时刻的到来吧。

设身处地法。培训顾问在授课中说出学员的心里话，真正为学员考虑，站在学员的角度来讲话，讲清道理，定会受到学员的欢迎，让学员感动之余，能够说服学员按照培训顾问提倡的那样去行动。

举例 A：各位同事，我和大家一样，都是为我们的企业打工，但同时我们又是在为我们自己而工作。我们都希望拿到高工资，得到更多的奖励，能有更好的发展，能够受到领导的赏识，但我们也应该反过来为我们的上司、我们的领导想一想，如果我们没有通过工作，为公司创造更多的利润，公司用什么来给我们发工资，发奖金呢？我们的上司凭什么来提拔我们呢？靠个人关系吗？那么，与您有同样期望并且比您工作出色的同事会怎样想呢？如果这个同事换成是您的话，您会是什么样的感受呢？因此，抱怨对于我们是无用的，等待对于我们等于死亡，只有行动，立刻行动，通过实际行动来创造价值，同时来提升我们自身的价值。

举例 B：在座的各位与我一样，在我们这个企业工作了十几年，有的甚至有二十几年，三十多年，在这个企业付出过汗水，企业的每一个角落都留下了各位的足迹，我们对企业的一草一木都那样熟悉，都有着不愿割舍的感情，但是正是因为我们对这个企业有着深厚的感情，才不愿看着他一步一步的走向衰落，走向破产，而要改变这一命运，就必须引进先进技术，提高生产技术水平，裁减一些不胜任的人员，降低企业负担，提高企业在市场经济中的竞争能力，产品才有可能站稳国内市场，并参与国际市场竞争，是啊，我们谁都不愿离开这个曾经奋斗过，付出过青春的地方，但总得有人离开，让谁下岗呢？厂长吗？难道我们不正需要这样年轻有为的人才吗？让技术人员下岗吗？企业技术水平本来就已经远远落后于同行的竞争对手，我们再也不能更落后了。让刚刚走上工作岗位的大学毕业生们下岗吗？这些经过现代高等教育的年轻人，不正是我们企业未来重振雄风的希望吗？那么，剩下来的就是我们在座的各位，当然，大家都曾经为这个企业作出过不可磨灭的贡献，后人是不会忘记我们的，但我们不能靠自己的功劳来吃饭，更不能因为自己而影响了这个我们一手创建起来的企业，我们的选择只有一条，那就是——从容下岗！

——培训后的自我检讨技巧。课程结束后培训顾问通过自我检讨可以不断发现自身存在的不足，总结成功经验，从而不断改进授课方式和方法，提高培训授课水平，创造更好的培训效果。结合本人以往的工作经验，常用的自我检讨方法主要有如下三个方面：

▲对照反躬自查表检讨；

▲进行学员意见调查；

▲组织者意见征询。

对照反躬自查表检讨。反躬自查表（见表55所示。）是本人结合实践工作需要经多次总结调整而成的授课自我检讨工具，可以在授课的前、中、后应用，以此为参照物来检查工作是否存在疏漏和不足，从而及时采取改进措施，在使用此工具时最好能够配合备忘录一起使用，收效更佳。

学员意见调查和组织者意见征询。都可以通过调查表来实现（调查表的设计可以参照培训评估内容中有关培训师评估的工具），也可以通过面谈交流来实现，但面谈交流由于碍于情面，得到的信息会出现不够全面或不够真实的情况，因此最好采用调查表的方法来收集信息。

表55　培训顾问反躬自查表

如每人所知，多数人都把上台演说视为畏途，连演说家也不例外，然而真正想成为一名演说家也并非难事，只要相信："准备"会建立您的信心，"热忱"则会创造心灵的传播。 **检查自己：** 我觉得信心十足吗？ 我对所讲内容经验丰富吗？ 我期待这次上台吗？ 我内心充满热忱吗？ 我的仪容整齐吗？ 我剔除了所有负面的想法吗？ 我已充分准备了吗？ **检查内容：** 我设计了课程的逻辑主轴吗？ 我所讲授的内容是学员需要的吗？ 我所提倡的能够给学员带来好处或避免损失吗？ 我的开场白是否引人入胜？ 我是否准备了一、二个适合的小故事？

（续表）

我讲述的深度是否适合听众接受？ 我是否想过预期的反应？ 我是否检查过讲授的时间？ 我讲授的内容是否清楚易懂？ 我的结尾是否有力或令人难忘？ **检查授课过程：** 我检查了授课的辅助器材或讲稿了吗？ 我对会场的环境布置、器材熟悉吗？ 我有控制时间进度吗？ 我是否注意到听众的反应？ 听众都能清楚地看到我，听到我的声音吗？ 我准备的视听器材都可让每个人清楚看到没吗？ 我的表情、动作适宜且易于了解吗？ 我已经将我的理念销售传达出去了吗？ 我培训的内容是否被大多数学员学会了？ 我的培训是否促进学员能够在今后工作中实践应用？ 本次培训的目标实现了吗？

第七节　如何提高授课的说服力

进行员工培训的根本目的是改变行动方向、改变行动能力、改变行动方式，归纳起来就是——促使行动。试想，如果培训后学员不去应用学到的内容，能力没有得到提高，态度没有发生改变，（当然这里存在短期显效和长期显效的问题）那就等于什么也没有发生过，培训就失去了存在的价值，而且成为浪费资金和时间的行为，那么，学员为什么而改变呢？如何才能说服学员行动呢？下面就来分析一下这个问题。从根本上来说学员的改变只有以下两种影响因素。

▲能给学员带来什么好处；

▲能够帮助学员避免什么损失。

培训顾问只有抓住这两点来设计课程才能达到改变行动的目的，培训内容也才有了立足之地，接下来需要解决的问题就是——如何让学员最好的接收这一信号。从影响学员接收培训内容相关信息和是否能够采取行动的因素来看，主要有如下几个方面，具体情况见表 56 所示。

表 56　影响学员行动的具体因素

学员是否听到了？
学员是否看到了？
学员是否感觉到了？
学员是否理解了？
学员是否认同了？
学员是否记住了？
学员是否会做了？
学员是否能够按照培训内容行动了？

培训信息是对学员在听觉、视觉、触觉、心理、神经等物理知觉多方面的信息传递，而仅仅是听到了、看到了并且触摸到了还不足以促使学员产生行动，只有让学员真正理解了授课内容，相信了授课内容，并且学会了实际应用才能最终产生行动，因此，培训顾问要想提高授课说服力，促使学员产生行动，就必须从提高这六个方面的效果来采取相应的措施。本人采取的主要做法有如下几个方面。

——巧用辅助工具。应用培训辅助工具的好处其一是可以提高对学员的吸引力，从视觉上增强效果，提高授课可信度，有些辅助工具还能够从听觉和感觉上增强效果，如一段音乐，一段广播录音，一杯饮料，一杯茶水等；其二是可以通过辅助工具的联想，帮助学员记忆授课内容；其三是可以帮助授课讲师记忆授课内容，减轻备课负担。

对于培训辅助工具的选择来说，可以选择能看的，如常用的培训教案、挂图、模型、录像、产品样本、标本、电脑投影等；也可以选择能听的，常用的有新闻广播录音、音乐片段、广播剧录音、相声录音、科普知识录音、领导讲话录音、名人讲话录音等；还可以选择能够感觉到的辅助工具，如芳香的气体、手感不同的面料、味道不同的蛋糕等。

应用辅助教学工具应该注意以下三方面原则：

▲ 避免干扰；

▲ 避免过量；

▲ 要新颖。

对于人们常用的辅助授课工具来说，学员已经司空见惯，因此没有多大吸引力，引不起学员的兴趣，像学员见过的挂图、授课教案、幻灯机等，使用已经非常普遍，因此培训顾问在适当应用传统辅助工具外，还要不断开发创新辅助工具，但开发新的辅助工具又不能一味追求新、奇、特，还要注意所开发的辅助工具与授课内容的相关性是否很强，是否有反面的影响等，如曾经有一位朋友在授课时拿了一个榴莲做辅助工具，他的创意是非常好的，即先让学员闻到榴莲的臭味，然后再让学员亲口品尝榴莲果肉的美味，以此来说明外表不好的东西未必就是不好的。但由于学员全部是北方人，很多人不喜欢榴莲的味道，培训还没开始就有人离开了培训会场，到外面去呼吸新鲜空气，后经组织者说明才得以解决，但一个榴莲却影响了整个培训活动的正常开展。

避免干扰。应用培训辅助工具在避免干扰方面需要注意两个方面。其一是在使用之前不要让学员看到辅助工具，否则就失去了辅助工具的新颖性，又会分散学员的注意；其二是在培训工具用完之后要及时拿开，避免继续吸引学员注意，影响学员听课。

使用培训辅助工具还需要注意的一点是——不要过量使用。应用的同类辅助工具过多，辅助工具就失去了激发学员兴趣的作用，应用的不同类别的辅助工具过多，学员眼花缭乱，授课的跳跃性过大，激发学员的兴奋点太多，对授课内容的记忆效果也不会很好。

——事实胜于雄辩。要提高授课的说服力，在授课过程中引用事实来说明问题，是不可缺少的，可以结合的事实素材主要可以从以下几个方面考虑：

▲ 新闻佚事；

▲ 亲身经历的事实；

▲ 朋友介绍过的事实；

▲ 学员中相关的事实。

新闻佚事是发生在现实生活中的事实，比如在讲授品质管理时可以引用四川綦江发生的桥塌人亡事件，可以引用长江大堤的豆腐渣工程事件，可以引用某某啤酒爆炸伤人事件等；在讲授企业战略决策课程时可以引用巨人集团的企业发展战略事例，可以引用海尔集团的海外市场拓展战略报道，也可以引用麦当劳中国市场发展战略报道；讲授企业管理模式课程时可以引用小天鹅的“末日管理”模式报道，可以引用香港某集团采用的“品质圈”管理模式报道，同样可以引用国内某私营企业的家族式管理模式的报道等，通过引用新闻佚事来佐证所要讲述的内容，更容易帮助学员自己辨清是非黑白，从而提高授课说服力。

授课过程中给学员讲述培训顾问亲身经历的一些事实，让学员有身临其境之感，如讲授全面质量管理课程时，可以引用您在某某商场购物时营业员的服务态度对您决定是否购买商品产生的影响事例，可以穿插在某某酒店用餐时发现菜中有头发等东西，值班经理的处理方式的经历等。

如果授课讲师对学员比较了解，最好在授课时能够引用发生在学员当中的一些事例，对学员的说服力是其他任何素材都无法相提并论的，因为这个事件就发生在他们身边，甚至有很多人曾经亲眼目睹整个事件的过程，本身就有很深的体会，为进一步强调事件的真实性，可以在授课过程中随机让事件的亲身经历者来亲自讲述事件的经过，然后授课讲师在引导学员来讨论，发表各自的看法，这样不仅起到了说服学员的作用，又体现了培训的实用性。

——现场演示。“眼见为实，耳听为虚。”是人们的普遍心理，更说明了通过视觉来传播内容对提高说服力的作用。现场演示是培训方法之一，这一方法在很多企业推广产品中广为应用，对于帮助产品迅速开拓市场产生决定性的促进作用。如日本的精工表在开拓澳洲市场时，采用在直升机上向地面抛手表的演示方法，当人们看到手表从直升机上抛到地面时还完好无损并能正常工作时，再也没有人怀疑产品的质量，精工表一举赢得了澳洲顾客的信赖。我国国酒茅台酒走出国门也曾经采用了这一方法。有一次茅台酒厂参加世界轻工产品博览会，限于经费而没有租赁比较明显的展位，参会嘉宾都被展位较好的企业吸引，很少光顾茅台酒展位，领队情急之中想出了一个好办法——拿一瓶茅台酒在展览大厅中间故意摔在地上。这样一来，整个展览大厅飘满了茅台酒的醇香，参会嘉宾们闻到后纷纷打听这是什么酒的香味，慕名纷纷来到茅台酒展位前，茅台酒声名远播，走红国际市场。现实中还有很多这样的例子，如卖老鼠药的当场拿几只活老鼠作实验等，前些天看报纸报道上海品牌保暖内衣在零下 8 度的天气下，由模特身着其保暖内衣站在户外的展台上，而且旁边还放上大动力的风扇，以此来展示其产品的抗寒抗风效果，令消费者大饱眼福之余，对其产品信任有加。培训顾问在授课时同样可以采用同类方法，如产品酸碱度实验，观察能训练课程中可以做一些观察方法的实验等。

——引用借力。引用名言和民间俗语是培训授课中常用的方法，除此之外要特别强调的是引用具体化的数字，往往能够收到很好的说服效果。如讲授 10 年前中国加入 WTO 之时面临的挑战，讲授这个课程时可以引用下面几组数据。

一、国内外主要农产品价格比：（1999 年资料）

品种	单位	国内价（元）	国际价（元）	国内高%
小麦	元/吨	1450	1006	44.1
大米	元/吨	2260	1796	25.8
玉米	元/吨	1300	777	67.3
大豆	元/吨	2400	1523	57.6
豆油	元/吨	8400	3611	132.6
白糖	元/吨	2900	1651	75.7
棉花	元/吨	12340	10521	17.3

二、入世前国内外汽车价格比较：（1996 年资料）

种类 项目	天津夏利	一汽大众捷达	上海桑塔纳	二汽神龙	北京吉普
零售价万元	8.04	14.4	13.75	14.5	16.9
按 8.3 比价折万美元	0.97	1.73	1.66	1.75	2.04
国际价万美元	0.77	1.60	1.0	1.60	1.4

（过高的关税政策导致国内汽车是国外的 1～2 倍。）

通过引用权威部门统计的数据可以帮助学员澄清事实，发现差距，并且可以自己得出结论，培训顾问的授课难度随之减小。

——身教胜于言教。对于内部的培训顾问来说，这一点非常重要，不论授课技巧多么高超，如果培训顾问在实践工作中没有按照自己讲的那样去做，对于授课的说服力影响是至关重要的。我就遇到过一位朋友曾经在授课时遇到学员反问他：你让我们这样做，那么请问您自己这样做了吗？结果弄得他无言以对，脸红脖子粗。而更多时候学员不会这样直爽，只是他不会听你那一套，把培训顾问的话当成耳边风，因此培训顾问不仅是课程的讲授者，更应该是不折不扣的实践者，这样才能言行一致，才能树立起自身的形象。因此建议企业在培养或选拔内部培训顾问时一定要选择能够勇于实践者来担任。

第八节　培训顾问的自我成长

现代市场营销的成败与营销定位关系密切，比如产品功能定位、形象定位、价格定位、渠道定位、市场角色定位、宣传推广定位等，只有通过科学的市场定位，才能够确立产品的独特卖点，创造与同类产品的差异化特色，在产品同质化越来越严重的市场环境下，只有确立了产品或服务的独特卖点，才能在竞争中占据主动地位，否则顾客随时都可以选择竞争对手的产品。作为培训顾问来讲，同样存在自我定位的问题，不论是企业内部顾问还是外部培训顾问，一个人不可能样样通，样样通的结果只能是样样松，毫无自己的核心优势，最后只能被淘汰出局，因此说，培训顾问自我发展的首要问题是结合自身优势给自己“定位”。

学习与实践可以说是培训顾问的生命，授课技巧只要经常练习，注意平时自己多加演练，就会得到很大提高，但培训技巧只能算是工具，通过工具把培训内容表现出来，就像做菜的厨师，培训技巧相当于厨师的锅碗瓢盆勺，而培训内容相当于做菜的原料，有再好的厨具如果缺乏原料，也难以做出色香味俱佳的菜肴。培训顾问的“原料”借不来，也抢不来，唯一的积累方法是：学习学习再学习，实践实践再实践。这一点我本人的体会是非常深的，业内的朋友也报有同感，并且有人曾经总结说：房子再小也要藏书，票子再少也要买书，时间再紧也要读书。我在此再补充一句：环境再差也要实践，压力再大也要实践，课程再多也要实践。

创新是培训顾问成功之本。还是列举厨师的例子，如果厨师只会做几道拿手好菜，胃口再好的人也会有吃腻的一天，因此好的厨师要不断创造出新的产品。好的培训顾问也是这样，这并不与专业定位这一原则相矛盾。美国微软公司的事业领域定位非常明确，但他的产品如果不能够不断更新换代必然被竞争对手所淘汰，海尔集团的冰箱也确实不错，但如果不能从有氟冰箱发展到无氟冰箱，不能从无氟冰箱发展到绿色冰箱，不能够从绿色冰箱发展到个性化冰箱，保持不断创新，其市场地位则难保今天格局。同样道理，培训课程要随企业发展需要而不断发展，要随着时代的发展而发展，以前卡耐基的培训课程大受欢迎，但今天已经有些不适应，以前拿破仑·希尔的培训课程也曾经广受推崇，但也难逃卡耐基的命运，时代在进步，时代在发展，培训顾问的课程只有不断创新，才能焕发出强盛的生命力。

第十章　培训实施计划及组织的控制

政治路线确定之后，干部就是决定的因素。因此，有计划地培养大批新干部，就是我们的战斗任务。

——毛泽东

在前面的一章中我们已经就培训计划所涵盖的内容、培训计划的制订流程和培训计划的制订方法进行了探讨。通常情况下，培训实施计划制订出来以后，就进入培训项目正式操作阶段，而多数培训实施计划是由一两个人制订的，如果不对培训实施计划进行严格的控制，培训的目标就很可能无法实现，各项工作之间的配合衔接也可能出现矛盾，特别是由部门自行组织的一些培训项目更容易出问题。本人曾经认识一位推销保险的人士，他的工作非常出色，并在同行中取得了难得的成功，我请他介绍成功经验时，他介绍说，并非他的推销能力超出别人，只是在每次开始推销之前都要对自己所带的物品和工具表格等进行一次全面的检查，并对拜访客户的计划再一次检查，看一下有没有忘带常用的东西，拜访计划是否是最节约时间的，经常有一些同事就是因为少带一份表格就错失成交的良机，有时是因为没有进行科学的计划而把大量的时间浪费在公共汽车上。其实我们在制订培训计划时又何尝不是如此呢。

常见的缺乏培训计划控制导致的问题主要表现在如下一些方面：

▲ 时间安排不合理；

▲ 培训进度安排不合理；

▲ 培训内容先后程序矛盾；

▲ 培训顾问（讲师）邀请缺乏可行性；

▲ 培训资金投入过多或过少；

▲ 培训场所过远或不合适；

▲ 人员分工不合理；

▲ 人员分工不明确；

▲ 工作没有进行合理的量化标准使培训评估失去依据；

▲ 培训所需工具资料准备不够充分；
▲ 培训形式说明不够具体；
▲ 对培训对象的接待安排欠妥；
▲ 对出席培训活动的相关领导讲话安排没有通知；
▲ 培训动员没有与培训计划进度一致；
▲ 对培训实施过程可能出现的问题没有可行的防范措施；
▲ 对培训的纪律要求不够实际；
▲ 对需要培训管理者提供的支援不够明确。

从以上这些可能出现的问题中我们不难看出培训实施计划控制的重要作用。那么作为承担培训实施职能的部门经理怎样才能够做好培训实施计划的控制呢？

第一节　明确控制步骤

作为培训实施计划的控制者首要的是要思路清晰，掌握管理控制的基本思路。就像一位出租汽车司机一样，顾客上车之后，第一步要明确——到哪里去；其次是明确——我现在何处；然后是检索——有哪些“道路”可以通往目的地；接下来是检讨——哪条道路是通往目的地的最佳选择，我们现在走的是这条路吗？如果不是，立即进行调整；最后的一步是——调动各种能力以最高的效率到达，并预防可能出现的“交通事故”。将这一管理控制的基本思路用在培训实施计划控制上同样实用。那么可以得出培训实施计划的控制步骤如图 32 所示。

第一步：收集相关资料

实行培训实施计划控制的第一步就是从培训需求评估人员手里获得有关培训需求的评估报告，以及来自培训计划制订人员手中的控制目标对象——培训实施计划方案，另外还有必要获得来自企业内部关联方有关该培训计划的意见。同时收集一些有关以前的培训实施计划及其评估和控制的资料，有助于进行对比参考，企业内部的中长期培训计划也是不可缺少的资料，通过培训实施计划与企业内部中长期培训计划的对比可以发现培训实施计划的偏差，如果这种偏差是经过论证得出的决定，则要找到论证资料，否则企业内部的中长期培训计划就形同虚设。总之概括起来需要收集的资料主要有表 57 中所列的内容。

收集培训相关资料

↓

比较目标与现状之间的差距

↓

分析实现目标的培训计划
设计培训计划检讨工具

↓

对培训计划进行检讨
发现偏差

↓

培训计划纠偏

↓

公布培训计划
跟进培训计划落实

图 32　培训实施计划控制步骤

表 57　需要收集的培训实施计划控制资料

培训需求评估报告； 培训实施计划方案； 企业内部中长期培训计划方案； 以往的培训实施计划方案和其评估报告； 来自内部关联方的意见； 本年度的培训资源分配计划； 在培训实施计划中拟邀请的培训顾问资料； 在培训实施计划中拟订的课程大纲； 在培训计划中拟订的培训地点及设施情况介绍； 培训参与部门的近期工作计划。

第二步：比较目标与现状之间的差距

此一步骤重在明确目标与现状的差距，也就是培训实施计划所要解决的问题，为检讨培训实施计划确立整体方向。具体工具见表 58 所示。

表 58　培训实施计划所要解决的问题工具

培训所要达到的目标： ______________________________ ______________________________ ______________________________ 目前的现状： ______________________________ ______________________________ ______________________________ ______________________________ ______________________________ ______________________________ 需要弥补的差距的可行性分析： ______________________________ ______________________________ ______________________________ ______________________________ ______________________________

第三步：分析实现目标的最佳计划并设计检讨工具

培训实施计划控制的主要标准就在于培训实施计划是否符合实现目标所要具备的条件，同时对照实际情况看一下是否存在或可创造这些条件，如果计划完全符合要求但实际工作中却无法实现计划中明确的工作，培训实施计划还是没有实际价值。因此这一步要对培训实施计划中所要明确的相关事项进行量化和标准化，为培训实施计划的控制确立参照物。将这些经过量化、标准化的相关事项进行分类排列，就形成了检讨培训实施计划的工具。参考举例工具见表 59 所示。

表 59　培训计划检讨工具（举例）

实现培训目标需要具备的条件	培训计划是否明确	实际情况是否允许
50 位员工参与培训组织筹备工作		
组织工作分工进行量化标准化		
所有准备工作在培训前一周内完成		
培训需要准备的 30 项工作是否落实到个人		
所有计划的工作都是必要的		
每个人所承担的工作量均衡		

（续表）

实现培训目标需要具备的条件	培训计划是否明确	实际情况是否允许
每个人已经明白自己承担的任务并相信有能力完成		
培训地点保证30分钟车程以内		
培训课程先后具有相关性		
所有参加培训的员工都有参与时间		
需要电脑网络配合整个培训过程		
全体员工脱产培训时间是5天		
培训资金总投入为10万元人民币		
邀请外部培训顾问专家2名		
需要培训主管者提供5项培训支援		
需要提供1间可容纳50人的培训课室		
对培训动员和培训对象的吃住行作了明确安排		
要为全体参加培训的员工提供接待服务		
培训的课程安排要求突出某某内容		
要保证培训工作的满意度达到98%		
培训结束后顾客投诉率要降低0.5%		
对可能出现的一些问题提供了防范和应急措施		

第四步：培训实施方案纠偏

开展此步工作时会出现三种情况，第一种情况是培训实施计划完全符合要求，不需要进行纠偏，这就说明培训实施方案的控制并不是为了修改培训实施计划。这就像国家制定刑法并非是为了判刑一样，如果是为了纠偏而纠偏则对于培训工作毫无意义。可能出现的第二种情况是培训实施计划本身有些地方安排欠妥，比如人员分工，课程编排次序，工作进度不协调等。这种情况下一般只要对培训计划进行必要的修改即可达到要求，也可以称为培训实施计划的轻度纠偏。第三种情况是最为危险也是培训实施计划纠偏的重点，如出现邀请的培训顾问不合适、培训的投入过多或过少、培训的场地安排不合适、培训组织工作出现漏项等现象，就要对培训实施计划作大“手术”，也可以称为重度纠偏。出现这种问题时就要召开培训计划专题讨论会议，讨论解决方法，并同时对培训实施计划的相应部分作出修改。

第五步：公布培训计划并跟进落实

公布经过纠偏后的培训实施计划有几方面作用。其一是让培训项目相关人员明确自己的具体工作职责，掌握整体培训项目的有关变化情况；其二是起到培训动员的作用，使培训对象作好参加培训的准备，不至于临时打乱工作或缺乏必要的心理准备。这一步控制动作重要的是体现在计划的跟进落实上，即使各项工作的安排已经写在纸面上，但在执行过程难免受到来自各方面的干扰，同时因为某一工作环节出现懈怠、困难将影响整体工作的进度。用来进行计划跟进的工作工具参考样本分别见表 60、表 61、表 62、表 63、表 64、表 65、表 66、表 67、表 68 所示。

表 60　工作分工跟进工具

序号	工作项目	完成标准	完成时间	责任人
1				
2				
3				
4				
5				
6				
7				
8				
9				
10				
11				
12				

表 61　培训日程跟进工具

序号	时间	地点	进行项目	责任人	配合
1					
2					
3					
4					
5					
6					
7					

（续表）

序号	时间	地点	进行项目	责任人	配合
8					
9					
10					
11					
12					
13					
14					
15					
16					
17					
18					
19					
20					
21					
22					
23					
24					

表 62　培训所需物品跟进工具

序号	物品名称	要求标准	到位时间	责任人
1				
2				
3				
4				
5				
6				
7				
8				
9				
10				
11				

（续表）

序号	时间	地点	进行项目	责任人	配合
12					
13					
14					
15					
16					
17					
18					
19					
20					
21					
22					
23					
24					

表 63　培训吃住行安排情况跟进工具

序号	姓名	性别	培训座位	就餐座位	住宿房号	乘车座位
1						
2						
3						
4						
5						
6						
7						
8						
9						
10						
11						
12						
13						
14						
15						

（续表）

序号	时间	地点	进行项目	责任人	配合
16					
17					
18					
19					
20					
21					
22					
23					
24					

表 64　培训支援工作跟进工具

序号	支援项目	提供支援者	标准	时间
1				
2				
3				
4				
5				
6				
7				
8				
9				
10				
11				
12				
13				
14				
15				
16				
17				
18				

（续表）

序号	时间	地点	进行项目	责任人	配合
19					
20					
21					
22					
23					
24					

表 65　培训问题预测及应急措施工具

序号	可能出现的问题	补救措施
1		
2		
3		
4		
5		
6		
7		
8		

表 66　外部培训顾问邀请控制工具

姓名		性别		到达时间	
主讲课题				交通方式	
简介				接待人	
课程大纲					
培训方式					
教材资料					

（续表）

辅助工具	
合约签订	
课酬支付	
接待安排	
送行安排	

表 67　培训动员跟进工具

序号	动员对象	动员时间	动员方式	责任人
1				
2				
3				
4				
5				
6				
7				
8				
9				
10				
11				
12				
13				
14				
15				
16				
17				

（续表）

序号	动员对象	动员时间	动员方式	责任人
18				
19				
20				
21				
22				
23				
24				

表 68　培训成本跟进工具

序号	用途	金额	时间	备注
1				
2				
3				
4				
5				
6				
7				
8				
9				
10				
11				
12				
13				
14				
15				
16				
17				
18				
19				
20				
21				
22				
23				
24				

第二节　掌握重点控制常识

一、关于培训动员

在与很多业内人士进行交流中发现，很多企业在做培训动员时，采取的是一纸通知了事。这种做法的思想根源是——只要培训工作者的工作做好就能够取得培训的成功，实现培训目标。这一思想忽视了培训对象的接受效果对培训结果的影响。培训动员的重要意义主要体现在如下几个方面：

▲ 告知有关培训的详细情况；

▲ 消除负面排斥因素，提高重视程度；

▲ 综合不同意见；

▲ 了解特殊要求，增强培训效果；

▲ 强调培训纪律。

培训动员的实施一般要召开培训动员会议和培训动员通告结合进行，召开培训动员会议在先，发培训动员通告在后，涉及的内容如上所列。其中“告知有关培训的详细情况”要明确培训时间、地点、吃住行的安排、培训日程、培训的主要内容、培训将采取的形式和主要出席培训会议的公司领导和培训课程主讲顾问等；“消除负面因素”主要是强调本次培训活动对于公司和接受培训的个人的重要意义，引起对培训的普遍重视；“综合不同意见”关注的是参加培训者对于培训内容、时间、地点、培训顾问等安排可能会有不同的意见，实践证明这种情况是非常普遍的，如果忽视不同意见的存在而不加以解释，培训对象对培训工作的不满很容易转化为对培训的消极对待，不仅自己在培训过程中表现不佳，同时会影响其他人的培训效果；“了解特殊要求”体现的不仅是对培训对象的尊重，同时也是培训工作者对“客户”的关怀，我们56个民族的泱泱大国，每个民族有每个民族的文化和生活习惯，住宿就餐的习惯差别非常大，注意对培训对象个人特殊要求的关怀，学员本人高兴，同时又对培训效果产生积极的促进；“强调培训纪律”是一般的培训组织者和控制者都能够关注的问题，特别是培训对象公务繁忙，经常会有电话打到手机上来，手机的铃声和接听电话的走动会影响培训讲师的正常授课，又影响培训对象的注意力集中，因此诸如此类的行为一定要事前强调，一般主要需要明确以下几项纪律要求：

▲ 遵守培训安排，按时就餐；

▲ 按时携带指定证件进入培训场所；
▲ 不要在培训场所吸烟；
▲ 不要在培训场所乱扔杂物；
▲ 不要在培训场所大声喧哗；
▲ 不要在培训过程中随便走动出入；
▲ 不要在培训过程中打开手机机；
▲ 不要在培训过程中私下讨论，积极参与集体讨论和活动；
▲ 不要在培训过程中溜号睡觉；
▲ 不要在培训过程中进行与培训无关的事，等等。

二、关于邀请培训顾问

目前国内职业培训师越来越多，比较知名的多数培训顾问来自于港台等地，但这些培训顾问存在一个共同的不足——缺乏对本土市场实际情况的把握。本土也不乏特别出色的，多数来自于跨国公司、国内大公司的高级管理人员和高校教授群体，但因其本职工作局限很难抽出时间来进行深入的研究所承担的课题，基本上是凭借实践积累的经验讲课。培训顾问将对整体培训效果产生决定性影响（这里没有探讨在职培训），由于培训市场的繁荣，也有个别培训讲师善于自我包装，故此在邀请外部培训顾问是一定要慎重，需要关注的主要内容在如表69所示。

表69　培训顾问邀请检讨工具

是否对邀请对象有足够的了解？
培训顾问的教育背景如何？
培训顾问是否具有与所承担的课题相关的工作背景？
培训顾问是否了解本公司的实际需要？
培训顾问的授课经验是否丰富？
培训顾问的授课风格是否符合公司要求？
培训顾问的邀请成本与其所提供的服务价值是否对等？
培训顾问是否能够提供相关的授课资料？
培训顾问对本土情况是否有足够的把握？

（续表）

培训顾问授课的实用性如何？ 培训顾问是否有足够的时间提供服务？ 培训顾问曾经服务过的企业口碑如何？ 培训顾问的名气与实际情况是否相符？ 培训顾问的核心能力怎样？

三、关于培训工具

培训活动中经常应用的工具主要表现为两大类——资料类工具——设施类工具。培训工具是否全面，质量是否符合需要对于增强培训效果起到辅助性作用。因为培训效果的好坏来自于学员听觉、视觉和心理的共同接收效果。常用的培训工具见表70所示。

表70　常用培训工具

资料类工具： 培训教材； 培训说明性资料； 讨论资料； 测试资料； 有关培训评估工具； 记录本。 **设施类工具**： 白板或黑板； 投影机； 幻灯机； 白纸板； 白板笔或粉笔； 录音器材； 照相器材； 录像器材； 音响器材； 影视器材； 无线或台式、立式麦克风； 座位名牌； 多媒体网络终端等。

资料类工具中尤以培训教材的制作质量最为重要。培训教材的内容要求详细并具有逻辑性，与讲师的授课思路相一致，印刷要清晰，装订要精致，大小要便于携带，同时不要把几节课的教材装订到一起，以免在讲前面的内容时学员翻看其他内容，影响听课效果，更不能将讨论资料与授课资料装订到一起，防备学员看到讨论题后溜号。

设施类工具应用的好坏对培训效果产生较大影响。就白板和黑板来说，目前使用较为普遍的是白板，这不仅是因为白板环保效果较好，另外白板更有利于运用不同颜色的白板笔来描绘代表不同内容的图表，因此在准备白板笔时要同时准备几支颜色不同的白板笔。相对于幻灯机来说电脑投影机应用的要多一些，一方面是培训顾问倾向于使用笔记本电脑携带授课资料，另外，翻阅起来非常方便，视觉效果又超过幻灯机，有利于吸引学员的注意力。专业培训顾问一般习惯于使用白纸板作为辅助教学工具，主要是白纸板可以随意翻看，课程进行到哪里或回顾前面讲过的内容时就可以翻到相关的内容，而白板或黑板因面积局限无法同时保留大量内容，讲课过程中擦黑板又浪费时间又使培训失去连贯性，分散学员的注意，多数时候学员在讲师擦黑板或白板时出现溜号现象，这在我们上学的时候应该都有体会，但使用白纸板时最好由讲师提前将所要讲授的内容或讨论的内容写到白纸板的白纸上面，减少在正常授课时因板书浪费时间。音响和影视器材有利于在培训休息时调节气氛，同时授课讲师有时需要播放音乐或影视片段作为辅助授课内容，如果没有准备也会影响讲师的授课效果，影响整个课程的设计。学员名牌不仅具有提示学员对号入座避免混乱的作用，同时有利于授课讲师与学员之间直呼姓名的沟通，特别是讲师在提出问题时因与学员不熟而无法直呼学员姓名来回答问题，出现不必要的尴尬。照相器材、录像器材和录音器材主要是为了收集培训资料，为期后的培训评估和建立培训资料档案提供条件。

四、关于培训环境选择

为确保培训取得最佳效果，最好选择较安静的培训环境来开展培训，如果在闹市区而噪音又无法降低，将不利于举行培训活动，除此之外对培训环境的选择可以参照表 71 所示的相关内容。

表 71　培训环境选择检讨工具

环境光线不过暗也不过亮； 环境空气较为新鲜，且通风较好； 环境气温可以调节； 地点距离符合限定的车程；

（续表）

价格符合培训预算； 环境噪音较小或可以控制； 设备齐全，经过调试符合要求； 培训课室的结构和空间符合培训要求； 桌椅数量足够，不易损坏，使用舒适； 有茶水供应； 有专职服务人员配合服务； 有专职的音响师配合服务； 与住宿及吃饭地点在步行 5 分钟以内的距离； 有设置分组讨论的足够空间； 有符合开展户外培训项目要求的场地； 符合商业机密保护需要； 培训顾问到达方便； 培训场地装饰较为明快； 建筑质量不会出现意外事故。

五、关于课程编排

培训课程编排的基本原则是培训控制者需要掌握的基本知识之一。这有利于检讨课程的编排顺序、内容、课程的时间分配等方面是否合理。具体情况可参见表 72 所示内容。

表 72　培训课程编排检讨工具

基础培训内容安排在前面的课程中； 培训课程之间具有相关性，前面的课程是后面的课程的铺垫，后面的课程是前面的课程的延伸； 每节课课时不超过 2 小时为佳； 两节课之间有足够的上厕所和休息时间； 早晨开课前有足够的早餐时间； 中午有足够的用餐和休息时间； 培训课程之间有一些活动贯穿来活跃气氛； 课时与授课内容多少相符； 授课时间保证授课讲师提前在场； 课程编排完整，没有漏掉本次培训安排的课程。

六、关于工作分配

培训计划控制者虽然不能要求是各方面的专家，但对于培训计划相关的基本常识如果不够了解或了解不够全面，都会使培训计划控制失去意义，那样将会出现外行领导内行的局面。工作分配的方法同样是培训计划控制者需要掌握的内容之一，这里所谈的工作分配不同于日常工作中的授权，对于授权的工作主管人员还有较大的调整空间，培训计划中涉及的工作分配要特别强调可行性和实效性，作为培训计划控制者在检查工作分配时要特别把握这两个原则，具体的参考标准见表 73 所示。

表 73　培训计划工作分配注意事项

分配的工作包含所有计划相关工作，不存在漏项； 分配的工作量均衡； 承担工作的人员具备完成工作所需的能力且熟练； 每一项工作都有明确的责任人； 人力上没有浪费； 不需要疲劳作战就能确保工作完成； 重点工作有主管人员的参与； 对其他工作进度产生影响的任务确保按时优先完成； 安排工作时明确具体的进度； 安排工作时明确具体的完成标准； 安排工作时考虑到个人的意见； 主管人员分配工作时不受个人关系影响； 安排工作时对工作方法进行必要的指导； 安排工作时对可能出现的变数作出了预测并有明确的处理意见和备选方案； 每一项工作都是完成培训目标所需要的； 需要跨部门开展的工作有主管提供协调援助。

七、关于培训成本

一般企业在核算培训成本时只计算培训活动本身的开支，对于参加离职培训的员工工资和工作成本忽略不计，这对于评价培训效益来说是不客观的，正是因此有很多人把培训看成是浪费金钱的游戏而没有足够的重视。其实培训本身就是企业的一种经营性行为，他像广告促销投入一样，既要关注成本，同时更不能仅仅因为存在成本而舍弃可能带来的更多产出。为更客观的评价培训效益，合理控制培训成本，培训计划控制者有必要了解哪些应该列入培训成本的范畴。一般来讲，培训成本应该包括如下一些项目：

▲ 邀请外部顾问的交通、食宿和酬金；

▲ 培训工作人员的工资；

▲ 租用培训场地、设施费用；

▲ 制作各种培训工具的费用；

▲ 参与培训学员的工资；

▲ 培训工作者的时间成本；

▲ 参与培训学员的时间成本；

▲ 参加培训学员的吃、住、行费用。

在跨国公司中，有一些离职培训需要员工交一部分费用甚至承担全部培训费用，企业内部的培训部门也就成为真正的经营部门，这样虽然可以降低企业的培训投入成本，但培训部门因为要进行经营核算，如果学员的交费不足以达成其经营目标，有些培训安排就会出现折扣。另外，至少目前国内的企业实行这一制度还有一段路要走，毕竟员工在自我参加培训方面进行投资的意识还没有得到树立。

第十一章　建立完善的培训评估系统

培训和培养是任何意义上的人力资源管理的活动中心——如果没有把培训看作是实现经营计划的重要组成部分，那就很难说这样的公司承担了人力资源管理的责任。

——Ewart keep

自系统型培训模式以来，培训发展管理模式中都将培训评估视为培训循环中的重要组成部分，特别是自计划型培训模式得以开创后，培训评估的重要性更加引起普遍关注，并被视为整个培训循环的核心，对应学习型组织需要提出的 ST 型培训模式更进一步形象的强调了培训评估在培训发展循环中的核心意义。

第一节　培训评估的重要意义

培训评估实质上是对有关培训信息进行处理和应用的过程，之所以有很多企业没有开展有效的全程培训评估活动，重要的原因是对培训评估所能带来的效益和好处没有充分的认识，即使在每次培训活动之后进行了简单的培训效果调查，但对调查的结果多是不了了之，而这种不负责任的态度对于参加培训者和企业内部的决策者都产生对培训评估产生走过场的看法，或者认为培训后如果取得良好的效果，培训管理者就会借助培训评估来表功，效果不好就过去了事不再提起，怕给培训管理者自己造成不利的影响。一旦产生上述看法以后，不经过多次的扭转是很难改变的。要真正提高对培训评估的重视，首先要了解培训评估的重要意义。

其一，培训评估可以为决策者提供有关培训项目的系统信息，从而作出正确的判断，在不同的培训项目之中选择最为科学的培训方案，或对时间跨度较长，投入资本较多的培训项目作出是否继续或终止的决定提供较有价值的参考信息。

其二，通过培训评估可以帮助培训管理者对培训需求的确定、培训目标的选择、培训计划的拟订、培训资源的控制、培训形式的采纳、培训讲师的确定、培训时间的控制、培训环境的营造等所有影响最终培训效果的工作提供改进的信息，同时对培训管理政策、培训模式和采用的培训技术及培训组织主持者不断进行检验，使培训管理者从培训评估中吸取有价值经验教训，成功的经验争取适当的推广和在环境不变的情况下进一步坚持，失败的教训提醒培训管理者不要再掉进同一口陷阱。说起来，这应该是所有工作改进的普遍规律，培训管理和企业内部其他管理工作一样需要遵守这一规律。

其三，通过培训评估信息的交流，培训心得交流分享，参加培训后运用培训所学取得的工作进步进行分享，使得培训资源得到更广泛的推广和共享。同时使培训对象更加清楚自己的培训需求与目前水平的差距，从而产生参与下一阶段培训的愿望。

其四，通过对培训前、培训中和培训后的全程培训评估，可以实现对培训过程的全程控制，从而使培训需求确定更加准确、培训动员更加有效、培训计划更加符合实际需要、培训资源分配更加合理、培训内容与形式更加相得益彰、培训顾问更加符合需要，更为重要的是可以通过培训中的培训评估实现，对培训实施中出现的偏差进行及时的纠正，抑或因原来培训计划制订时的一些主要条件出现变化，通过培训评估发现这种变化信息后，及时调整培训计划。

对于培训评估的重要意义，只有通过实践才能够真正有所体会，但同时也不可忽视培训评估所提供的评估信息的局限性，那就是信息的不准确性问题。

第二节　培训评估系统的构成

由于培训管理者提供的培训产品的好坏并非只决定于培训活动的最终环节，而决定于培训过程中的每一步做得好坏。因此，培训评估的意义的体现来自于对培训过程的全程评估。大体上可以分为三个阶段。即培训前的评估、培训中的评估和培训后的评估。此外还有一种起到承前启后作用的培训评估——年度绩效考核培训评估。详细的评估内容见表 74。

表 74　培训评估内容总分表

一、培训前的培训评估： 1. 培训需求整体评估； 2. 培训对象知识、技能和工作态度评估； 3. 培训对象工作成效及行为评估； 4. 培训计划评估。 **二、培训中的培训评估：** 1. 培训组织准备工作评估； 2. 培训学员参与培训情况评估； 3. 培训内容和形式的评估； 4. 培训讲师和培训工作者的评估； 5. 培训进度和中间效果的评估； 6. 培训环境和现代培训设施应用评估。 **三、培训后的培训评估：** 1. 培训目标达成情况评估； 2. 培训效果效益综合评估； 3. 培训工作者的工作绩效评估。 **四、年度绩效考核培训评估。**

第三节　培训评估系统的流程

培训评估的开展要遵循科学的程序，否则得出的培训评估结果很可能失去客观性。一般情况下培训评估由以下四个步骤组成：评估确定、评估方案制订、评估实施和评估反馈，具体一点的培训评估流程请见图 33 所示。

一、培训评估确定

确定培训评估是否开展主要从以下几个角度来进行考虑：

▲ 培训评估的可行性；

▲ 评估的价值是否值得；

▲ 培训评估结果是否能够得到充分利用。

从培训评估的可行性方面来说，可以以下面的几项要素来进行参考：

▲ 是否具备明确的培训目标；

▲ 是否有合适的培训评估人选；

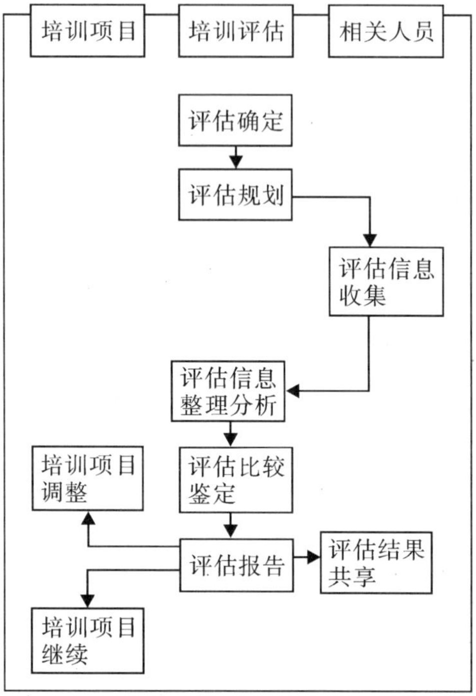

图 33　培训评估流程

▲ 是否来得及进行培训评估的准备工作；
▲ 是否有足够的时间来开展培训评估；
▲ 是否有足够的资源来开展培训评估。

要确定培训评估是否有价值可以从以下几个方面进行考虑：

▲ 培训项目需要的经费较多；
▲ 培训项目实施需要较长的时间；
▲ 培训项目的效果好坏对于公司的影响非常重要；
▲ 培训项目影响的范围较广；
▲ 培训项目遭到的非议较多；
▲ 培训项目得到的赞许较多。

二、培训评估方案制订

培训评估方案主要需要明确的项目有：

▲ 培训评估的目的；
▲ 评估的培训项目；
▲ 培训评估的可行性分析；

▲ 培训评估的价值分析；
▲ 培训评估的时间和地点；
▲ 培训评估的人员确定；
▲ 培训评估的方法；
▲ 培训评估的标准；
▲ 培训评估的推进步骤；
▲ 培训评估的工作分工与配合；
▲ 培训评估的频率；
▲ 培训评估的报告形成与反馈。

在制订培训评估方案时最好能够由培训项目的实施人员、培训管理人员、培训评估人员和培训参与人员来共同进行，如果有可能最好邀请外部培训顾问共同参与，这样可以确保培训评估方案本身的科学性和切实可行。

三、培训评估信息的收集

不同的培训评估信息收集的渠道和收集的方法是有所不同的。例如：培训计划评估与培训最终效果效益评估的信息收集渠道和收集方法就有所不同，前者的信息收集渠道主要是培训计划制订的参与者，收集方法是与参与制订培训计划的相关人员进行沟通面谈，并争取得到与培训计划制订相关的所有资料和培训计划本身，而后者在信息渠道和信息收集方法方面则涉及得更加广泛。

培训评估内容的不同与培训评估信息收集渠道的对应关系见表 75 所示。

表 75　培训评估内容与培训评估信息收集渠道

培训评估内容	信息收集渠道
培训需求整体评估	企业决策者 培训对象（学员） 培训管理者
培训对象胜任力评估	培训管理者 培训对象 培训对象领导 培训对象下属
培训对象工作绩效评估	人力资源绩效考核管理人员 培训对象以往的工作成果 培训对象的领导

（续表）

培训评估内容	信息收集渠道
培训计划评估	培训计划制订人 培训计划决策人 培训计划实施人 培训计划的培训对象
培训组织准备工作评估	准备现场 培训讲师 其他培训实施者 培训管理者
培训环境和现代培训设施应用评估	培训现场 培训对象 培训实施者
培训对象参与培训情况评估	培训现场 培训对象 培训实施者
培训内容和形式的评估	培训对象 培训实施者 培训现场
培训讲师的评估	培训现场 培训对象
培训进度和中间效果的评估	培训对象 培训现场
培训目标达成情况评估	培训现场 培训对象 培训计划 培训实施者 培训管理者
培训资金投入产出效益综合评估	所有培训前、中、后有关的信息
培训工作者的工作绩效评估	培训对象 培训对象领导或下属 培训管理者

四、培训评估的信息整理和分析

培训评估需要的信息来自于不同的渠道，信息形式有所不同，因此有必要对收集到的信息进行分类，并根据不同的培训评估内容的需要进行信息归档，同时要制作一些表格对信息进行统计，并利用一些直方图、分布曲线图等工具将信息所表现的趋势和分布状况作以数据化、形象化的处理。至于系统的信息处理方法在同类著作中早有详细论述，不作为本书的讨论范围。

五、撰写培训评估报告

培训评估报告是整个培训评估的最后工作环节，同时也是影响培训评估结果的重要环节，因此在撰写评估报告时不可仅凭一两个人的观点，那样会大大影响培训评估结果的价值，也失去了培训评估的重要意义。

撰写培训评估报告要注意以下几点：

▲ 要用辨证的眼光来分析问题；

▲ 要在下结论之前确定真凭实据；

▲ 要考虑到培训评估者本人存在的偏见；

▲ 要考虑到培训的短期效果和长期影响。

培训评估报告的撰写一般由以下几个部分组成：

▲ 培训背景说明；

▲ 培训概况说明；

▲ 培训评估的实施说明；

▲ 培训评估信息的陈述或以图表形式表示；

▲ 培训评估信息的分析；

▲ 培训评估结果与培训目标的比较；

▲ 培训项目计划调整或是否实施的建议提出。

培训评估报告在没有向上级呈报或没有定论之前一定要召开由培训评估项目小组和所评估的培训项目的管理者、实施者、项目顾问、培训学员、学员的领导或下属等相关人员共同参加的评估会议，共同讨论培训评估报告的真实性，结论的合理性，以确保培训评估的客观性，并真正发挥培训评估对领导决策、培训工作的改善等方面的重要作用。

在实施培训评估的过程中值得重点注意的是——培训评估标准的确立。实质上培训评估标准主要由两个部分组成：

▲培训目标的细化分解；

▲培训行动的标准化、量化。

一般的培训评估标准制定过程要经过以下四个阶段：

标准提出——标准细化、量化或定性——标准讨论——实验调整

由于不同的企业对于培训效果的价值观不同，要求达到的培训目标也不一样，因此很难给出统一的培训评估标准，只有结合实际情况来进行具体确定评估的标准，不过好在培训评估标准的制定尚有规律可循。

第四节　培训评估信息收集方法

培训评估信息的收集主要有四种方法，即：通过资料收集、通过观察收集、通过面谈访问收集和通过调查问卷来收集。详情见表76所示。因此我们就根据这四种信息收集方法给出常用的应用工具，以备各位在实践应用过程中参考使用。

表76　培训评估的信息收集方法

通过资料收集： 培训方案的资料； 有关培训方案的领导批示； 有关培训的录音； 有关培训的调查问卷原始资料和统计分析资料； 有关培训的考核资料； 有关培训的录像资料； 有关培训实施人员写的会议纪要、现场记录； 编写的培训教程等。
通过观察收集： 培训组织准备工作观察； 培训实施现场观察； 培训对象参加情况观察； 培训对象反映情况观察； 观察培训后一段时间内培训对象的变化观察。
通过访问收集信息： 访问培训对象； 访问培训实施者； 访问培训管理者； 访问培训培训对象领导和下属。

（续表）

通过培训调查收集信息： 培训需求调查； 培训组织调查； 培训内容及形式调查； 培训讲师调查； 培训效果综合调查。

通过资料收集信息的应用工具　要收集有关培训项目的全面资料，首先就要明确需要收集到的资料有哪些，列清表格才不至于毫无目标地去收集。培训评估资料收集一览表格式见表 77 所示。

表 77　培训评估资料收集一览表

编号	资料名称或内容	收集时间	收集渠道	责任人

通过观察收集培训评估信息的应用工具　通过观察来收集培训评估信息主要分为三个阶段，即事前观察收集，事中观察收集和事后观察收集。其应用工具分别见表 78、表 79 和表 80 所示。

表 78　事前观察收集培训评估信息应用工具

观察对象	观察项目	观察结果
培训组织者		
培训对象		
培训对象相关人员		

表 79　事中观察收集培训评估信息应用工具

观察对象	观察项目	观察结果
培训环境及设施		

（续表）

<table>
<tr><th>观察对象</th><th>观察项目</th><th>观察结果</th></tr>
<tr><td rowspan="8">培训对象参加情况反映情况</td><td></td><td></td></tr>
<tr><td></td><td></td></tr>
<tr><td></td><td></td></tr>
<tr><td></td><td></td></tr>
<tr><td></td><td></td></tr>
<tr><td></td><td></td></tr>
<tr><td></td><td></td></tr>
<tr><td></td><td></td></tr>
<tr><td rowspan="6">培训讲师</td><td></td><td></td></tr>
<tr><td></td><td></td></tr>
<tr><td></td><td></td></tr>
<tr><td></td><td></td></tr>
<tr><td></td><td></td></tr>
<tr><td></td><td></td></tr>
<tr><td rowspan="6">培训组织者</td><td></td><td></td></tr>
<tr><td></td><td></td></tr>
<tr><td></td><td></td></tr>
<tr><td></td><td></td></tr>
<tr><td></td><td></td></tr>
<tr><td></td><td></td></tr>
</table>

表 80　事后观察培训评估信息应用工具

<table>
<tr><th>观察对象</th><th>观察项目</th><th>观察结果</th></tr>
<tr><td rowspan="7">培训对象</td><td></td><td></td></tr>
<tr><td></td><td></td></tr>
<tr><td></td><td></td></tr>
<tr><td></td><td></td></tr>
<tr><td></td><td></td></tr>
<tr><td></td><td></td></tr>
<tr><td></td><td></td></tr>
</table>

（续表）

培训对象相关人员		
培训组织者		

通过面谈访问收集培训评估信息的应用工具　通过面谈访问的方法来收集培训评估信息一般在培训项目开展之前和培训项目开展之后进行，在培训项目进行过程当中进行面谈访问往往会影响培训计划的正常进行，但面谈访问的范围要相对较为广泛，组织内部的决策者也同样包括在内，要通过访问组织决策者来了解高层领导人员对所评估的培训项目的期望。其应用工具分别见表 81、表 82、表 83、表 84、表 85、表 86、表 87、表 88、表 89 所示。

表 81　事前决策者访问应用工具

问题序号	面谈访问主题	回答结果
1	请问本次培训与企业目标和战略的相关性怎样？	
2	请问您对本次培训持怎样的态度？	

（续表）

问题序号	面谈访问主题	回答结果
3	请问您对本次培训给予的支援资源怎样？	
4	请问您对本次培训的效果预测怎样？	
5	请问通过本次培训您想解决什么问题？	

时间： 地点： 被访问者： 访问者：

表 82 事前培训项目管理者访问工具

问题序号	面谈访问主题	回答结果
1	请问本次培训计划的前提是什么？	
2	请问本次培训的目标是什么？	
3	请谈一下本次培训采用的策略和方法好吗？	
4	清谈一下本次培训的资源配置及计划构想？	
5	请问您对本次培训的效果预测怎样？	

时间： 地点： 被访问人： 访问人：

表 83 事后培训项目管理者访问工具

问题序号	面谈访问主题	回答结果
1	请问您认为本次培训的目的实现程度怎样？	
2	请问您认为本次培训较为成功的地方有哪些？	

（续表）

问题序号	面谈访问主题	回答结果
3	请问本次培训中应该改进的地方有哪些？	
4	本次培训计划中有哪些失误？	
5	您认为本培训项目还有必要进行推广吗？	

时间：　　　　　地点：　　　　　被访问人：　　　　　访问人：

表 84　事前培训对象访问工具

问题序号	面谈访问主题	回答结果
1	您认为您有必要参加本次培训吗？	
2	你希望通过本次培训解决那些问题？	
3	您对得到了本次培训的详细通知了吗？	
4	您觉得本次培训安排合理性怎样？	
5	您会积极参与本次培训吗？	

时间：　　　　　地点：　　　　　被访问人：　　　　　访问人：

表 85　事后培训对象访问工具

问题序号	面谈访问主题	回答结果
1	能谈一下您对本次培训的整体看法吗？	
2	参加本次培训的目的达到了吗？	
3	本次培训那些方面是您最为满意的？	
4	您认为本次培训主要的不足有哪些？	

（续表）

问题序号	面谈访问主题	回答结果
5	您将培训所学应用到工作中了吗？	

时间：　　地点：　　被访问人：　　访问人：

表 86　事前培训对象相关人员访问工具

问题序号	面谈访问主题	回答结果
1	您认为您的下属（上司）有哪些不足？	
2	您期望您的下属（上司）达到怎样的水平？	
3	您的下属（上司）最急需的培训是什么？	
4	通过下属（上司）的培训对您的帮助怎样？	
5	您认为什么样的培训适合您的下属（上司）？	

时间：　　地点：　　被访问人：　　访问人：

表 87　事后培训对象相关人员访问工具

问题序号	面谈访问主题	回答结果
1	能谈一下您的下属（上司）通过培训的变化？	
2	培训对您的下属（上司）的进步有所帮助？	
3	您的下属（上司）怎样应用培训所学？	
4	您的下属（上司）怎样评价本次培训？	
5	您的下属（上司）还有什么问题没解决？	

时间：　　地点：　　被访问人：　　访问人：

表 88　事前培训实施人员访问工具

问题序号	面谈访问主题	回答结果
1	您在本次培训中的工作明确吗？	
2	您对本次培训有什么意见？	
3	您应该承担本次培训中的工作？	
4	您愿意承担本次培训中的工作吗？	
5	您有足够的能力和经验来承担此项工作吗？	

时间：　　　　地点：　　　　被访问人：　　　　访问人：

表 89　事后培训实施人员访问工具

问题序号	面谈访问主题	回答结果
1	您完成了本次培训承担的工作了吗？	
2	您对自己的工作满意吗？	
3	您在工作中出现了那些问题？	
4	您对您的伙伴工作情况怎样看？	
5	您的伙伴工作那些需要改进或奖励？	

时间：　　　　地点：　　　　被访问人：　　　　访问人：

通过调查问卷收集培训评估信息　调查问卷收集培训评估信息主要在培训前、培训中和培训后进行，其中在培训前的评估信息问卷可以通过培训管理人员获得，因为培训项目开展之前培训管理者要进行培训需求的调查，培训需求调查问卷基本囊括了事前培训评估信息的内容，培训需求调查我们将在下一节进行探讨。因此这里只给出培训中和培训后培训评估信息调查工具。

为不影响培训项目的正常进行，同时提高评估对象的高度配合，培训中的评估调查宜简不宜繁，占用的时间应该较短，不超过 10 分钟最佳，因此调查问卷也要重点突出。范例见表 90 所示。

表 90　培训过程评估信息收集问卷

您好：为使培训工作更加对您和各位有所帮助，耽误您几分钟时间帮助我们完成此份调查问卷，请您在认为对应的评价内容后的括号中打对号。

一、您对刚刚结束的培训内容的需求情况？

很高（　）高（　）一般（　）低（　）很低（　）

二、刚刚结束的培训内容实用情况？

很好（　）好（　）一般（　）差（　）很差（　）

三、到目前为止您对本次培训的感觉？

很好（　）好（　）一般（　）差（　）很差（　）

四、刚才课程的授课讲师水平和技能？

很好（　）好（　）一般（　）差（　）很差（　）

五、刚才的培训形式？

很好（　）好（　）一般（　）差（　）很差（　）

六、刚才的培训资料？

很好（　）好（　）一般（　）差（　）很差（　）

七、您认为本次培训的组织者怎样？

很好（　）好（　）一般（　）差（　）很差（　）

八、您对后面的培训安排兴趣程度？

很好（　）好（　）一般（　）差（　）很差（　）

姓名：　　　　部门：　　　　岗位：　　　　时间：

事后的培训评估调查问卷主要包括培训组织情况调查问卷、培训形式及结构调查问卷、培训课程及教材调查问卷、培训环境及设施调查问卷、培训顾问（讲师）及主持人工作人员调查问卷、学员自我评价调查问卷、培训组织者对学员评价调查问卷和培训组织者自我评价调查问卷，对于这些调查问卷的设计应该根据培训项目和学员的不同而进行调整，有一些培训较为简单完全采用游戏的形式开展，根本不发给学员培训资料，那么对于培训资料的调查就没有实际意义，也就不需要培训资料相关的调查问卷。有一些培训活动只需要把上面这些调查问卷综合成一份调查问卷就可以对获得关键培训评估信息。下面仅列出一些本人在实际工作中应用过的调查问卷样本，以供参考。分别见表 91、表 92、表 93、表 94、表 95、表 96、表 97、表 98、表 99 所示。

表 91　培训组织情况调查问卷

劳驾耽误您几分钟时间帮助完成此份调查问卷，您的评价对于改进培训工作来说非常重要。请在您认为相对应的内容后的括号中打上对号。谢谢您的配合。

1. 在参加本次培训之前您的培训需求受关注程度怎样？
   很高（　）　高（　）　一般（　）　差（　）　很差（　）
2. 在举行本次培训活动前培训计划的安排对您的意见的关注程度？
   很高（　）　高（　）　一般（　）　差（　）　很差（　）
3. 在参加培训之前您得到的通知的及时情况？
   很好（　）　好（　）　一般（　）　差（　）　很差（　）
4. 在参加培训之前您得到的通知对于了解本次培训的各项安排的帮助程度？
   很好（　）　好（　）　一般（　）　差（　）　很差（　）
5. 您觉得本次培训就餐安排情况怎样？
   很好（　）　好（　）　一般（　）　差（　）　很差（　）
6. 您觉得本次培训交通安排情况怎样？
   很好（　）　好（　）　一般（　）　差（　）　很差（　）
7. 您觉得本次培训住宿安排情况怎样？
   很好（　）　好（　）　一般（　）　差（　）　很差（　）
8. 在本次培训正式开始之前您对本次培训的组织安排工作的印象怎样？
   很好（　）　好（　）　一般（　）　差（　）　很差（　）
9. 在本次培训结束后您对本次培训组织安排情况的印象怎样？
   很好（　）　好（　）　一般（　）　差（　）　很差（　）
10. 您希望今后的培训在组织方面应该怎样改进？

____

____

____

姓名：　　　　部门：　　　　岗位：　　　　时间：

表 92　培训环境及设施调查问卷

劳驾耽误您几分钟时间帮助完成此份调查问卷，您的评价对于改进培训工作来说非常重要。请在您认为相对应的内容后的括号中打上对号。谢谢您的配合。

1. 您觉得本次培训运用的视听器材对于帮助您听清授课内容的情况怎样？

很好（　）　好（　）　一般（　）　差（　）　很差（　）

2. 您觉得视听器材对于帮助您看清授课内容的情况怎样？

很好（　）　好（　）　一般（　）　差（　）　很差（　）

3. 您觉得本次培训地点的选择如何？

很好（　）　好（　）　一般（　）　差（　）　很差（　）

4. 您认为本次培训课室温度调控情况如何？

很好（　）　好（　）　一般（　）　差（　）　很差（　）

5. 您认为本次培训听课场所的光线控制如何？

很好（　）　好（　）　一般（　）　差（　）　很差（　）

6. 您认为本次培训所用的桌椅等设施的适用情况怎样？

很好（　）　好（　）　一般（　）　差（　）　很差（　）

7. 您认为本次培训讨论会场、活动场所安排如何？

很好（　）　好（　）　一般（　）　差（　）　很差（　）

8. 您认为本次培训设施运用现代培训设施的现代化程度如何？

很高（　）　高（　）　一般（　）　差（　）　很差（　）

9. 您认为今后的培训项目在培训环境和培训设施安排上应该怎样改进？

____

____

____

姓名：　　　　部门：　　　　岗位：　　　　时间：

表93　培训课程及教材评估调查问卷

劳驾耽误您几分钟时间帮助完成此份调查问卷，您的评价对于改进培训工作来说非常重要。请在您认为相对应的内容后的括号中打上对号。谢谢您的配合。

1. 培训前后发给您的有关培训内容的资料全面性和质量情况如何？
很好（　）　好（　）　一般（　）　差（　）　很差（　）
2. 培训教材的适用情况怎样？
很好（　）　好（　）　一般（　）　差（　）　很差（　）
3. 培训课程安排满足您的需求情况怎样？
很好（　）　好（　）　一般（　）　差（　）　很差（　）
4. 课程内容对于满足培训目标的程度？
很好（　）　好（　）　一般（　）　差（　）　很差（　）
5. 课程内容的正确性怎样？
很好（　）　好（　）　一般（　）　差（　）　很差（　）
6. 课程内容的系统性、逻辑性怎样？
很好（　）　好（　）　一般（　）　差（　）　很差（　）
7. 课程内容的创新性怎样？
很好（　）　好（　）　一般（　）　差（　）　很差（　）
8. 课程案例的适用情况怎样？
很好（　）　好（　）　一般（　）　差（　）　很差（　）
9. 课程的重点突出情况怎样？
很好（　）　好（　）　一般（　）　差（　）　很差（　）
10. 课程的讲授速度怎样？
很好（　）　好（　）　一般（　）　差（　）　很差（　）
11. 课程的深浅程度怎样？
很好（　）　好（　）　一般（　）　差（　）　很差（　）
12. 课堂练习的适用情况怎样？
很好（　）　好（　）　一般（　）　差（　）　很差（　）
13. 本次培训所学内容回到工作岗位的可用情况如何？
很好（　）　好（　）　一般（　）　差（　）　很差（　）
14. 培训过程中的讨论、练习与课程主题的相关性怎样？
很好（　）　好（　）　一般（　）　差（　）　很差（　）
15. 您认为今后的课程安排应该如何调整？

____

____

____

____

姓名：　　　　部门：　　　　岗位：　　　　时间：

表 94　培训形式及结构评估调查问卷

劳驾耽误您几分钟时间帮助完成此份调查问卷，您的评价对于改进培训工作来说非常重要。请在您认为相对应的内容后的括号中打上对号。谢谢您的配合。

1. 您认为课程编排顺序怎样？
   很好（　）　好（　）　一般（　）　差（　）　很差（　）
2. 您认为课时安排的长短怎样？
   很好（　）　好（　）　一般（　）　差（　）　很差（　）
3. 您认为培训中的练习安排情况怎样？
   很好（　）　好（　）　一般（　）　差（　）　很差（　）
4. 您认为培训中的活动对于增强培训效果的影响程度怎样？
   很好（　）　好（　）　一般（　）　差（　）　很差（　）
5. 您认为培训中活动安排的多少情况怎样？
   很好（　）　好（　）　一般（　）　差（　）　很差（　）
6. 您认为培训的参与性怎样？
   很好（　）　好（　）　一般（　）　差（　）　很差（　）
7. 您认为培训中的参与的多少情况怎样？
   很好（　）　好（　）　一般（　）　差（　）　很差（　）
8. 您认为培训中的讨论作用如何？
   很好（　）　好（　）　一般（　）　差（　）　很差（　）
9. 您认为培训中讨论的多少情况如何？
   很好（　）　好（　）　一般（　）　差（　）　很差（　）
10. 您认为培训中安排的练习、讨论和活动占用的时间长短情况如何？
    很好（　）　好（　）　一般（　）　差（　）　很差（　）
11. 您认为本次培训的培训形式的生动活波性怎样？
    很好（　）　好（　）　一般（　）　差（　）　很差（　）
12. 您认为培训形式上应该如何进行改进？

    ____

    ____

    ____

姓名：　　　　部门：　　　　岗位：　　　　时间：

表 95　培训讲师主持人和其他工作人员调查

劳驾耽误您几分钟时间帮助完成此份调查问卷，您的评价对于改进培训工作来说非常重要。请在您认为相对应的内容后的括号中打上对号。谢谢您的配合。

1. 讲师的仪表情况怎样？
很好（ ）　好（ ）　一般（ ）　差（ ）　很差（ ）
2. 讲师的动作举止情况怎样？
很好（ ）　好（ ）　一般（ ）　差（ ）　很差（ ）
3. 讲师的语言表达可理解程度？
很好（ ）　好（ ）　一般（ ）　差（ ）　很差（ ）
4. 讲师的语言表达准确程度怎样？
很好（ ）　好（ ）　一般（ ）　差（ ）　很差（ ）
5. 讲师的语调运用技巧怎样？
很好（ ）　好（ ）　一般（ ）　差（ ）　很差（ ）
6. 讲师授课速度的掌握情况怎样？
很好（ ）　好（ ）　一般（ ）　差（ ）　很差（ ）
7. 讲师授课与学员的互动性怎样？
很好（ ）　好（ ）　一般（ ）　差（ ）　很差（ ）
8. 讲师在调节课堂气氛方面做的如何？
很好（ ）　好（ ）　一般（ ）　差（ ）　很差（ ）
9. 讲师在接受学员意见方面做得如何？
很好（ ）　好（ ）　一般（ ）　差（ ）　很差（ ）
10. 讲师在回答学员提问方面做得如何？
很好（ ）　好（ ）　一般（ ）　差（ ）　很差（ ）
11. 讲师在讲课过程中对主题的把握情况怎样？
很好（ ）　好（ ）　一般（ ）　差（ ）　很差（ ）
12. 讲师在讲课过程中对学员的进步给予肯定情况如何？
很好（ ）　好（ ）　一般（ ）　差（ ）　很差（ ）
13. 讲师控制讨论、活动和练习的情况如何？
很好（ ）　好（ ）　一般（ ）　差（ ）　很差（ ）
14. 讲师在课程结束时对讲过的重点内容归纳情况如何？
很好（ ）　好（ ）　一般（ ）　差（ ）　很差（ ）
15. 讲师在课程结束时对如何运用培训内容给出的指导情况如何？
很好（ ）　好（ ）　一般（ ）　差（ ）　很差（ ）
16. 主持人的仪表情况如何？
很好（ ）　好（ ）　一般（ ）　差（ ）　很差（ ）
17. 主持人在控制培训纪律方面做得如何？
很好（ ）　好（ ）　一般（ ）　差（ ）　很差（ ）

（续表）

18. 主持人在提示有关培训计划调整或注意事项方面做得如何？
很好（ ）　好（ ）　一般（ ）　差（ ）　很差（ ）
19. 主持人在主持培训过程中对培训内容的引导和提示方面做得如何？
很好（ ）　好（ ）　一般（ ）　差（ ）　很差（ ）
20. 主持人在调动学员学习积极性方面做得如何？
很好（ ）　好（ ）　一般（ ）　差（ ）　很差（ ）
21. 主持人在调节培训气氛方面做得如何？
很好（ ）　好（ ）　一般（ ）　差（ ）　很差（ ）
22. 其他工作人员的仪表情况如何？
很好（ ）　好（ ）　一般（ ）　差（ ）　很差（ ）
23. 其他工作人员的言行礼貌情况怎样？
很好（ ）　好（ ）　一般（ ）　差（ ）　很差（ ）
24. 其他工作人员工作的主动性如何？
很好（ ）　好（ ）　一般（ ）　差（ ）　很差（ ）
25. 您对讲师的意见？
____
____
26. 您对主持人的意见？
____
____
27. 您对其他工作人员的意见？
____
____

姓名：　　　　部门：　　　　岗位：　　　　时间：

表 96　培训评估综合调查问卷

劳驾耽误您几分钟时间帮助完成此份调查问卷，您的评价对于改进培训工作来说非常重要。请在您认为相对应的内容后的横线上写下自己的答案。谢谢您的配合。

一、关于培训组织：

1. 在界定本次培训目标过程中您的培训需求是怎样让培训管理者了解的？

____

____

2. 本次培训的内容适合您的需要情况如何？

____

____

3. 有关本次培训的计划制订您了解情况如何？

____

____

4. 培训开展之前您收到的有关本次培训的详细资料情况如何？

____

____

5. 有关本次培训组织工作做得较好的有哪些？

____

____

6. 培训的组织工作有哪些应该进行改进，如何改进？

____

____

二、关于培训课程及教材：

1. 本次培训的课程安排有哪些非常适用？

____

____

2. 本次培训的课程有哪些不足，应该如何改善？

____

____

3. 本次培训课程教材有哪些优点？

____

____

4. 本次培训课程教材有哪些不足，应该如何改善？

____

____

（续表）

三、关于培训形式和结构：

1. 本次培训形式有哪些优点？

____

____

2. 本次培训形式有哪些不足，应该如何改善？

____

____

3. 本次培训的结构安排有哪些优点？

____

____

4. 本次培训的结构安排有哪些不足，应该如何改善？

____

____

四、关于培训环境和设施：

1. 本次培训环境安排有哪些优点？

____

____

2. 本次培训环境安排有哪些不足，应该如何改善？

____

____

3. 本次培训的设施应用有哪些可取之处？

____

____

4. 本次培训的设施应用有哪些不足，怎样改善？

____

____

五、关于培训讲师、主持人和其他工作人员：

1. 本次主讲讲师有哪些优点？

____

____

2. 本次主讲讲师有哪些不足，应如何改进？

____

____

（续表）

3. 本次培训的主持人有哪些优点？

____

____

4. 本次培训的主持人有哪些不足，应如何改进？

____

____

5. 本次培训的其他工作人员有哪些优点？

____

____

6. 本次培训的其他工作人员有哪些不足，应如何改进？

____

____

六、关于培训效益：

1. 您认为本次培训产生的正面影响有哪些？

____

____

2. 您认为本次培训投入的时间和费用对于培训收获来讲值得吗？为什么？

____

____

____

____

七、关于培训后的行动：

1. 您将如何运用您在本次培训所学的内容？

____

____

____

____

2. 如果您的同事也有同样的培训需求，您会给他什么样的建议？

____

____

八、请选择您对本次培训的整体评价：

很好（ ）　好（ ）　一般（ ）　差（ ）　很差（ ）

姓名：　　部门：　　岗位：　　时间：

表 97　培训学员自我评估调查问卷

劳驾耽误您几分钟时间帮助完成此份调查问卷，您的自我评价对于改进培训工作来说非常重要。请在您认为相对应的内容后的括号中打上对号。谢谢您的配合。

1. 您对参加本次培训的盼望程度？
很好（ ）　好（ ）　一般（ ）　差（ ）　很差（ ）
2. 您认为培训对您的工作帮助和个人成长的影响程度如何？
很好（ ）　好（ ）　一般（ ）　差（ ）　很差（ ）
3. 您对本次培训开始抱有的反对意见程度如何？
很高（ ）高（ ）一般（ ）低（ ）很低（ ）
4. 您对本次培训效果的期望程度怎样？
很好（ ）　好（ ）　一般（ ）　差（ ）　很差（ ）
5. 您在本次培训中的出席情况怎样？
很好（ ）　好（ ）　一般（ ）　差（ ）　很差（ ）
6. 您在本次培训中与工作人员的配合情况？
很好（ ）　好（ ）　一般（ ）　差（ ）　很差（ ）
7. 您在遵守本次培训活动纪律方面怎样？
很好（ ）　好（ ）　一般（ ）　差（ ）　很差（ ）
8. 您在完成本次培训课程中的练习情况怎样？
很好（ ）　好（ ）　一般（ ）　差（ ）　很差（ ）
9. 您在听课过程中注意力集中情况如何？
很好（ ）　好（ ）　一般（ ）　差（ ）　很差（ ）
10. 您对本次培训不满意的情绪影响您的学习情况程度如何？
很好（ ）　好（ ）　一般（ ）　差（ ）　很差（ ）
11. 您在听课过程中提出疑问和发表不同见解的主动性如何？
很好（ ）　好（ ）　一般（ ）　差（ ）　很差（ ）
12. 您在听课过程中回答讲师提问的主动性如何？
很好（ ）　好（ ）　一般（ ）　差（ ）　很差（ ）
13. 您对自己在本次培训活动中的表现的整体评价怎样？
很好（ ）　好（ ）　一般（ ）　差（ ）　很差（ ）

姓名：　　　　部门：　　　　岗位：　　　　时间：

表 98　培训者对培训学员评估调查问卷

劳驾耽误您几分钟时间帮助完成此份调查问卷，您的评价对于改进培训工作来说非常重要。请在您认为相对应的内容后的括号中打上对号。谢谢您的配合。

1. 学员在参加本次培训时表现的积极性怎样？
很好（ ）　好（ ）　一般（ ）　差（ ）　很差（ ）

2. 学员在进行培训需求调查时的配合情况怎样？
很好（ ）　好（ ）　一般（ ）　差（ ）　很差（ ）

3. 学员在进行培训计划制订时的配合情况怎样？
很好（ ）　好（ ）　一般（ ）　差（ ）　很差（ ）

4. 学员参加本次培训的出席情况怎样？
很好（ ）　好（ ）　一般（ ）　差（ ）　很差（ ）

5. 学员在遵守培训时间方面做得如何？
很好（ ）　好（ ）　一般（ ）　差（ ）　很差（ ）

6. 学员在遵守培训纪律方面表现如何？
很好（ ）　好（ ）　一般（ ）　差（ ）　很差（ ）

7. 学员在主动提出建设性意见方面做得如何？
很好（ ）　好（ ）　一般（ ）　差（ ）　很差（ ）

8. 学员在培训过程中出现溜号或睡觉情况怎样？
很好（ ）　好（ ）　一般（ ）　差（ ）　很差（ ）

9. 学员在完成培训中相关任务情况如何？
很好（ ）　好（ ）　一般（ ）　差（ ）　很差（ ）

10. 学员在听课过程中提出疑问的主动性如何？
很好（ ）　好（ ）　一般（ ）　差（ ）　很差（ ）

11. 学员在回答讲师提问时的主动性如何？
很好（ ）　好（ ）　一般（ ）　差（ ）　很差（ ）

12. 学员在培训结束进行考核时对本次培训内容的掌握程度如何？
很好（ ）　好（ ）　一般（ ）　差（ ）　很差（ ）

13. 您对学员在本次培训过程中的整体评价如何？
很好（ ）　好（ ）　一般（ ）　差（ ）　很差（ ）

姓名：　　部门：　　岗位：　　时间：

表 99　培训者自我评估调查问卷

劳驾耽误您几分钟时间帮助完成此份调查问卷，您的自我评价对于改进培训工作来说非常重要。请在您认为相对应的内容后的横线上填上自己的答案。谢谢您的配合。

1. 您在本次培训活动中的主要任务是什么？

____

____

2. 您认为您在本次工作中任务完成情况如何？

____

____

3. 您认为您在本次工作中哪些方面表现得比较出色？

____

____

4. 您认为您在本次工作中哪些方面做得不够好？

____

____

5. 您将如何改进自己的工作？

____

____

6. 您认为在本次工作中您的同事工作中有哪些做得较好？

____

____

7. 您认为在本次工作中您的同事工作中有哪些做的还有待改进？

____

____

8. 您认为您同事的工作应该怎样改善？

____

____

9. 您认为本次培训的安排有哪些合理的方面？

____

____

____

____

10. 您认为本次培训的安排有哪些不合理的方面？

____

____

____

（续表）

11. 您认为本次培训不合理的地方应该如何改进？

12. 对于本次培训取得的效果而言，您认为投入的时间和费用值得吗？为什么？

姓名：　　部门：　　岗位：　　时间：

第五节　做好培训跟进

有些企业培训评估调查简单得只有不足十个调查问题，这对于评价培训效果和效益是没有多大帮助的，因为通常情况下培训的效果需要一段时间来显效，短的大概三个月左右，长的一年半载，这要看培训的是哪方面的内容，技能性培训的显效时间相对比较快一些，而观念态度方面的培训则要相对慢一些，因此培训后的跟进工作是培训管理者不可忽视的一个重要问题。综合看来，培训跟进的作用有以下几个方面：

▲ 完善培训评估信息；
▲ 客观评价培训整体效益；
▲ 加强交流，增强培训效果；
▲ 为培训管理者提供再培训的参考；
▲ 鼓励学员参与培训的积极性；
▲ 保障培训工作形成发展循环。

一、培训跟进信息反馈

培训活动结束后，学员返回本职工作岗位的同时，培训管理者要发给学员的主管一份通知（参考样本见表 100 所示），请主管人员配合观察、收集学员返回工作岗位后应用培训所学内容情况，并提示主管人员为学员提供实践的机会，最后将有关培训后的变化信息汇总填写“培训跟进信息反馈表”（见表 101 所示）并反馈到培训管理者手中。

表 100　培训跟进通知参考样本

________经理：

您好！

贵部门的________按照原定计划已经参加了我部于________年________月________日至________年________月________日组织的培训项目，________________本次培训重点学习了如下几方面重点内容：

1. ________________________________
2. ________________________________
3. ________________________________
4. ________________________________

为达到学以致用的目的，请您在工作中尽力安排其实践机会，创造更好的工作绩效，同时请您费心观察、统计参加培训后的效果，并于三个月后将有关内容汇总填写“培训跟进信息反馈表”传真（邮件）给我们。

谨此多谢配合，祝工作愉快。

培训部

年　　月　　日

表 101　培训跟进信息反馈表

年　　月　　日

<table>
<tr><td>学员姓名</td><td></td><td>培训日期</td><td></td><td>培训项目</td><td></td></tr>
<tr><td colspan="2">培训内容</td><td colspan="2">应用情况</td><td colspan="2">工作成绩</td></tr>
<tr><td colspan="2"></td><td colspan="2"></td><td colspan="2"></td></tr>
<tr><td colspan="2"></td><td colspan="2"></td><td colspan="2"></td></tr>
<tr><td colspan="2"></td><td colspan="2"></td><td colspan="2"></td></tr>
<tr><td colspan="6">主管总评：

签名：　　　　年　　月　　日</td></tr>
</table>

二、通过对学员的观察获取反馈信息

对学员进行观察是一种——发现问题的方法，培训后的观察是检查问题解决情况的途径，而培训后的培训观察跟进持续的时间更长，一般为三个月到一年，观察的频率也应该高一些，以保证收集到全面的信息。应用的工具可以参照表102所示工具设计。

表102　培训跟进观察工具

学员姓名		培训时间		培训项目	
培训前情况		培训内容		培训后情况	

观察执行人：　　　　　　　　年　　月　　日

三、举办培训心得交流会

在培训活动结束后，学员对培训所学的应用情况不一，有的学员可能取得了很好的成绩，但有一些学员效果则比较差，“师傅领进门，修行在个人。”，举办培训心得交流会可以在学员间交流实际应用经验，同时也可以让一些没有参加培训的员工从培训心得交流中学到宝贵经验，因此有必要在培训活动后三个月到一年之间举办培训心得交流活动，一般可以采用报告会的形式进行，可以选择经过培训后取得工作改善和业绩突出的学员作为主要分享人员。应用工具可以参考表103所示样本。

表103　培训心得交流会通知

________经理：

您好！

兹定于　　　年　　　月　　　日在　　　　　举行培训学员交流会，交流的学员主要为　　　年　　　月　　　日参加某某培训项目的学员，有关具体安排见下表。

序　　号	时　　间	交流主题	交流人

届时请组织贵部门学员和相关工作人员参加。

谨此多谢配合！

培训部　　　年　　月　　日

第十二章 在线培训

公元前六百年，希伯莱作家耶利米曾经写：“我到了陶匠的家里，正遇上他在用陶轮做陶器。但是，他正在做的罐子在他的手中坏掉了，所以陶匠就用这陶土做了另一种器皿。他认为做成什么好，就做成什么——”。现今社会中人才的培养，从某种程度上来说，不正像这陶匠手中的陶土吗?

全球经济一体化进程不断加快，跨国经营早已成为优秀企业的重要战略之一，国内企业也正在纷纷走出国门，努力开拓国际市场，随着国际市场开拓范围的扩张，企业员工遍布世界各地，培训需求不断增多，培训管理者应接不暇，即使整天飞来飞去，还是苦于分身无术，怎样降低培训成本，如何满足员工个性化的培训需求，如何提高培训效率，正成为培训管理者亟待解决的问题。同时，网络技术的飞速发展，并正在成为新时代信息沟通的主流，为培训管理者提供了解决问题的途径——在线培训。

第一节 在线培训的魅力

喜欢上网的朋友一定都深有体会，网络虚拟世界是一个五彩缤纷的世界，网络的魅力从不断攀升的网民数量可见一斑。在线培训本身就是对网络技术和多媒体技术的应用，不论是对于培训管理者来说还是对于学员来说都存在无法抗拒的吸引力。对于培训管理者而言，在线培训主要有如下优势：

一、降低培训成本

分布在世界各地的分支机构如果都设有负责培训的组织机构，在员工配置方面要增加一大批人，这无疑会增加经营成本，而如果在分支机构只配备少量的专职培训工作人员又必须有总部的培训者支援方可完成工作，同样会增加大量运营成本，如果采用在线培训，虽然在软硬件配备方面需要大量的投资，但这种投资非常值得，其回报远远超出投入本身，IBM 等跨国公司的经验已经证明了这一点。

二、满足学员个性化需求

在传统培训中能够做到对学员培训需求的关注，但在实际培训中也只能做到适应学员的普遍需要，而对学员的个别培训需求则很难照顾到，在培训内容方面学员的选择性不强，培训的时间安排和地点也容易与工作发生矛盾，在线培训则很好地解决了这些问题，在网上培训内容中，学员可以根据自己的需要来选择适合需要的课程，而且可以随时参与培训，想要学习多长时间就可以学习多长时间，工作较忙的时候可以少学，工作相对轻松的时候可以多学。

三、提高培训效率

传统培训参加人数受很大局限，多的也超不过几百人，有些培训课程每次只能有二三十人参加，否则就会影响培训效果，如销售技能培训课程等，但通过网上在线培训就可以大大提高培训效率，在不同的网络终端，同时可以有上千人，上万人，甚至有几百万人参加同一项培训，培训信息资源得到最大限度的共享。像中国石化集团有上百万名员工，如果通过传统培训形式授课，最少需要上万名讲师同时授课，如果采用在线培训则只要几位指导顾问就可以解决问题。

四、使客户培训更加及时有效

传统的培训方法来培训经销商或代理商从时间、内容、地点、组织安排等方面都要付出更多的时间和人力物力，而且员工与客户之间的沟通速度、时间等方面都受到局限，采用在线培训，公司可以把有关企业经营的各项政策、有关新的信息、产品技术等培训内容开发成专门的客户培训网页，客户有不明白的技术问题可以随时进入并参加培训或找专家咨询，更可以随时掌握企业信息，增进客户与企业、客户与员工之间的沟通，并成为客户服务的有效途径之一。

五、信息长期储存

传统培训授课内容的正确性受授课讲师的影响比较大，授课讲师的水平和实践经验直接影响培训效果，而且授课讲师的授课内容即使可以通过录音或录像的形式得以保存，却不具备灵活性，修改调整困难，而在线培训的课程经过培训顾问团论证后就可以保证其正确性，修改也容易操作，并且课程内容可以长期储存，学员在接受培训过程中的反应能够随时记录并储存，为培训评估提供更加全面准确的信息，学员在培训过程中遇到困难，可以随时进行在线咨询或查阅学习指导资料。

六、形式丰富

通过在线多媒体，学员可参与讨论和随时提出问题，并且可以在网上进行虚拟实验，培训内容的声、像、画等具有生动、形象的特点，能够激发学员兴趣。对于培训学员来说，在线培训更是好处多多：

七、享有更多信息

学员不仅可在全方位课程系统中检索自己需要的培训课程，可以查阅大量的有关课程的辅导资料，同时可以参阅同事的学习经验和培训心得，从而帮助自己取得更好的学习效果。

八、更多参与

培训互动在线培训中体现得更加灵活，学员可以随时参与讨论、参与智力性游戏活动、参与练习，将培训与实际工作更加紧密地结合到一起，并且学习过程充满乐趣，真正变“要我学”为“我要学”。

九、降低学习成本

在跨国公司，员工参与培训有时要自己掏腰包，国内企业很少采用这一制度，但学员参与培训所花费的时间成本已经很高，有的企业组织培训活动学员来自全国四面八方，去掉正常上课的时间，有大部分时间都浪费在路上，通过在线培训则不存在这一浪费，培训的机会成本大大降低。

十、提高自学能力

在线培训配有辅助自学的软件，为学员提供丰富的自学指导方法。同时，在线培训的操纵过程全部由学员亲自动手完成，无形当中对网络技能进行了锻炼，养成学员自学的习惯，培养学员全面的自学能力。

第二节　在线培训系统建立

在线培训系统主要由五个部分组成，分别为管理组织、硬件设备、网络平台、支持软件、配套内容。具体组成见表104所示。

表104　在线培训系统主要构成元素

管理组织 　　在线培训经理 　　系统管理员 　　技术员 　　开发工程师 　　在线培训顾问
硬件设施 　　多媒体终端服务器 　　中央服务器 　　（记录器、回答分析器等）
网络平台 　　全球互联网 　　局域网
支持软件 　　教学测量软件 　　辅助自学软件 　　辅助课堂教学软件 　　辅助实验软件 　　智力性游戏软件
配套内容 　　系统课程 　　（含相关辅导资料、测试题、活动等） 　　资料库 　　课堂讨论会 　　良师益友专案

一、管理组织

我们前文探讨培训组织时提到的技术支持人员就属于在线培训管理组织中的一员，另外还有课程开发人员，在线培训顾问，在线培训管理员等。

二、硬件设备

硬件设备主要包括多媒体的网络终端计算机、中央服务器（包括回答分析器等），为适应在线培训需要和未来发展的需要，在配置方面要求较高，特别是在存储能力和运行速度方面，如果运行速度不够学员在培训时要浪费更多的时间等待。

三、网络平台

一般要建立在全球互联基础上，以局域网为传输平台对适应全球发展的需要能力不够。

四、支持软件

教学软件、辅助自学软件、辅助实验软件、智力性游戏软件、测试软件等都属于在线培训支持软件，目前比较先进的并且囊括了以上软件的支持软件系统当属 ENROLL 系统，IBM 等许多跨国公司在线培训系统采用的正是这一系统，因为其安全性与科学性都比较符合现代企业培训发展管理的需要。伴随着远程在线培训市场需求越来越大，以及现代网络技术、软件技术的不断升级，企业可以结合自身需求，选择采购或者开发相应的信息系统。在线培训系统的建设可以邀请企业内部 IT 技术专家或外部相关技术供应商提供相应备选解决方案。

五、配套内容

培训课程体系，为体现供应为先的培训管理模式和为学员提供更大的选择空间，学员参加的培训课程不应该因职位或本职工作岗位的不同而有所限制，因此在线培训课程一定要含概知识、技能、观念、态度、习惯养成各方面的课程内容，然后以此为主干再进一步分层次细化组合。具体课程结构可以参照前文相关内容。

第三节　在线培训运行

在线培训较为合理的运作流程为学员申请入学，参加培训、培训考核、培训心得交流。一般跨国公司采用的程序见图 34 所示。

就在线培训来说，比较难以控制的主要表现为以下几方面问题：

▲是否参加了足够的培训；

▲每次参加培训是否认真对待；

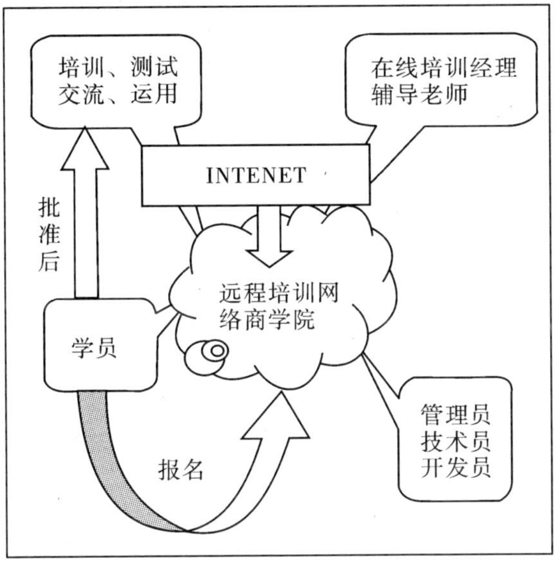

图 34　在线培训系统管理程序

▲培训结果的测定；

▲培训后的跟进。

在线培训既然存在这些与传统培训方式、方法比较相对的不足，运作管理过程就必须能够确保努力解决，否则在线培训就会失去控制。首先，要从学员申请入学来实现第一步控制，学员参加在线培训的第一步就是提出个人申请，申请经批准后反馈到学员，同时经批准后的申请资料保存到在线培训学员相关的档案中，作为检查学员是否参与培训的凭据。为收集有关第二和第三个问题的信息，在培训中采取随时记录学员参与培训情况的信息，如参与讨论，提出和回答问题等信息，培训后的跟进借用了传统培训的一种跟进方法——培训交流。只不过这种交流不是将学员集中在一起开交流大会，而是在虚拟的交流会上发言。

后记：学习型中国

2000 年 12 月，当新世纪的钟声即将敲响的时候，由几十家知名企业人力资源总监、培训总监和业界专家学者共同发起的“中国知名企业培训与发展研习会”在古老而又充满无限生机的北京召开。与会代表们的发言中无不充满了对学习的迫切需求，和对培训与发展工作的空前关注。在与他们交流的过程中，我深切地感受到新一代具有自我否定、自我超越心态的职业经理人群体即将浮出水面，荟萃具有这样开拓精神的企业团队正向着学习型组织迈进。我相信，未来的中国将是——学习型的中国。当这一天到来之日，也是我们中华民族屹立于世界经济强国之时，当然这需要我们共同去不懈努力！

在本次研习会落下帷幕之后，我和中国人事科学研究院副院长王通讯先生就培训管理话题再次展开讨论。这是一次具有建设性的谈话，当我们就培训管理从战略到战术等各项相关问题深入交流并提出一些新问题的时候，已经临近午夜。王先生与我在参加完一天的会议后都略显倦意，当他问起我为何要投入这样大的精力来写作《培训管理》这部书时，我一时语塞，思绪游开去。透过会议大厅的窗帏，街道上一辆辆夜行车流水般滚滚而去，消失在远方的静夜里，我仿佛看到改革开放 20 年以来，中国众多明星企业瞬间崛起，又像那如流的车灯，片刻间便消失在人们的视野里，由他们演绎的广告夺标热、价格大战热、合资控股热和国际化经营热好像依然炙烤着中国大地！不然，这深冬北国的千里冰封为何了无踪迹？从我那号码为 13521557558 的手机中，每天都能够接到来自大大小小企业邀请去培训或提供培训管理解决咨询方案的电话，从他们那急切的声音里，我油然升起几分顾虑：这是否标志着“培训热”的到来？而这种热度又能够持续多久呢？会不会像以往的广告夺标热、合资控股热一样，带着盲目的冲动而来，席卷空洞的希望而去呢？留给后人的会不会又是记载了众多企业家血泪的商败史呢？也许我利用一年以来商务劳顿之余写就《培训管理》一书，就是为了提供给“求才若渴，育才似火。”的企业家和业界的同人们一份理性的脚本，一份由衷的祝愿吧！

正是从这种期望与祝愿的心情中，我更加理解了前辈先驱们对培训与发展事业的不懈追求和贡献，从而油然而生对他们的敬意。并且有很多业内专家在本书写作过程中提供巨大帮助，他们分别是：

中国人事科学院副院长王通讯先生

长江商学院院长项兵教授

中国企业家杂志社社长刘东华先生

清华大学经济管理学院吴维库教授

北京大学光华管理学院王建国教授

深圳大学傅哲铭教授（著作《培训金典》等）

人民大学公共管理学院院长助理刘昕教授

国家公务员培训中心魏志勇教授

南开大学国际商学院副院长齐善鸿教授

国内知名营销专家韩庆祥教授

国家行政学院刘丰教授

人民大学商学院副院长宋远方教授

在此，向以上各位专家深深鞠躬，以表我对各位的敬佩和感激之情！

写作的过程是枯燥的，但正是有下面这些朋友的鼓励和帮助，才让我完成了这些文字：

可口可乐公司培训发展总监郑大年先生

IBM 中国公司培训总监王莹女士

乐凯集团培训中心主任陆燕宁女士

广发证券培训中心总经理萧成先生

中国石化集团人力资源部培训处谭忠阁处长

海信集团技术服务中心王春业先生

香港李锦记集团南方李锦记公司副总经理、HRD 俞江林先生

海尔集团文化发展中心、海尔大学邹习文先生

蒙牛集团前 HRD，实战派 HR 专家张文先生

实战派知名团队训练专家李刚先生

国内知名国学学者乾泉老师

还有很多很多无法一一在这里列出明细的朋友，是他们的鼓励和无私支持，才有我今天能够与各位分享的文字。向他们深表感谢！

同时，在这里要向我的两位工作中的好伙伴：原正大集团中国、力诺集团、水晶石科技集团 HRD、现能仕智达企业管理咨询公司董事资深顾问季冬迎先生和原中国航天科工、永泰地产集团 CIO、现能仕智达企业管理咨询公司董事资深顾问王小龙先生对我的支持和帮助深表感谢！

本书能够得以顺利再版，得力于广东经济出版社有限公司总经理姚丹林先生的大力协助和辛勤工作，向他的职业精神深表敬佩和感谢！

当然，无法用感谢来表达此刻心情的是我的家人，是他们在工作中、生活中给予我无微不至的理解和支持，在此祝愿我的家人健康、幸福，并为我的进步感到自豪！

“发展始于批判。”，诚请业界的朋友们就本书存在的不足与局限与本人探讨交流，并非常欢迎您通过电子邮件（本人邮件地址为：ngw001@163. com.）发来您对本书的建议，这将更加有助于我们通力推进培训事业的发展。在此深表感谢。

2011 年 9 月

作者　修订于北京

"广经企管白金书系"书目（第一辑）

外贸实操指南系列	
中小企业外贸一本通	进出口贸易实操手册
外贸英文信函范例与常用精句	进出口业务单证操作手册
生产管理实操指南系列	
采购管理实务	物流配送中心规划与运作管理
库存管理实务	班组管理：改善手法 80 例
班组管理：从基础到技巧	轻松管现场
六西格玛设计实战	SPC 实施指南
QCC 品管圈操作实务与案例	轻松管设备
5S 活动推行与实施	
培训管理系列	
世界五百强企业培训故事全案	培训管理
岗位培训问答系列	
人事与培训管理问答	总务与文件管理问答
采购与生产管理问答	货仓与 MRP－II 管理问答
岗位业务培训系列	
如何做好保安	如何做好报关员
如何做好采购员	如何做好餐饮服务员
如何做好餐饮经理	如何做好仓库管理员
如何做好仓库主管实务	如何做好促销员

（续表）

岗位业务培训系列	
如何做好导购员	如何做好店长
如何做好跟单员	如何做好工程技术部主管
如何做好工艺技术员	如何做好行政部主管
如何做好后勤主管	如何做好机电工务员
如何做好计划调度员	如何做好家政工作
如何做好酒店行政经理	如何做好酒店领班
如何做好酒店营销经理	如何做好客房服务员
如何做好客房经理	如何做好客服员
如何做好秘书	如何做好培训主管
如何做好品管部主管	如何做好前厅经理
如何做好人事	如何做好生产部主管
如何做好市场部主管	如何做好收银员
如何做好物料部主管	如何做好物料控制员
如何做好项目管理员	如何做好项目主管
如何做好销售员	如何做好销售主管
如何做好信息主管	如何做好营销主管
如何做好营业员	如何做好质量检验员